영축산에 울린

사자후

영축산에 울린

사자후

영축산에 울린

사자후

일우 지음

운주사

삶에 있어서 배움이란 끝이 없습니다.

부처님을 믿는 불자이건 그렇지 않은 사람이건 모두가 배움을 기초로 하여 살아갑니다. 그리고 그렇게 살아가는 동안 어릴 적 천진난만하던 모습은 어디론가 사라져버립니다.

어쩌면, 질풍노도로 앞만 보고 달려가는 것이 인생일 수도 있습니다. 내가 어디에 서 있고 어떤 일을 하건, 그리고 그것이 세상을 향한 일이든 믿음을 향한 일이든 끝없이 탐구하고 노력하며 사는 것은 다 같아 보일 수 있습니다. 하지만 세상을 향한 배움과 삶은 언젠가는 나를 좌절시키고 힘들고 괴롭게 할 것이며, 그 끝은 허망할 수밖에 없습니다.

왜냐하면 이 세상은 성주괴공成住壞空을 면할 수 없고, 생자生者는 필멸必滅하기 때문입니다. 바꾸어 말하면 영원한 것이 없기 때문에 그 꿈이, 그 끝이 허망할 수밖에 없다는 말입니다. 이에 대해 부처님께서는 "지혜 있는 이는 곧 능히 믿고 이해하지만, 지혜 없는 자는 이(성주괴공 생자필멸)를 의심하여 영원히 잃어버리기 때문이다"라고 말씀하셨습니다.

그렇습니다. 우리는 누구나 영원할 것으로 착각하며, 그 착각 속에서 향진 번뇌를 겪고 있습니다.

모든 삶의 끝은 허망으로 돌아올 수 있음을 이해하고, 믿음으로 의지하고, 따름으로 삶을 바꿔나가며, 의지함으로써 공포심에서 벗어나야 합니다. 오로지 지극한 마음으로 부처님의 가르침, 최후설법, 『법화경』에 의지하여 육도 중생의 뿌리를 끊고 영원한 삶, 행복한 삶, 믿음의 삶으로 다시 태어날 때 우리 모두 진정한 불자, 부처님의 자식이라 할 수 있을 것입니다.

이것을 애절히 여기시어 최후 8년간 영축산에서 『법화경』을 설법하신 부처님을 생각하면서 「영축산에 울린 사자후」라 이름해 보았습니다.

우리들이 제일 좋아하는 돈과 명예는 좇으면 좇을수록 돈의 하인, 명예의 하인이 되고 맙니다. 명예나 돈이 우리의 좋은 하인이 되어주기도 하지만, 반대로 나쁜 주인이 될 수도 있습니다.

좋은 하인의 역할보다는 나쁜 주인의 역할로 끝날 때가 많은 것을 보게 됩니다. 물질 우선, 명예 우선주의가 문명의 발전은 가져왔을지는 몰라도 결코 행복은 가져다주지 못했습니다.

오히려 더 많은 사람이 상대적 빈곤에 허덕이고, 가슴 가슴에 한이 맺히고 원망이 쌓이고, 정신적 공황을 겪으며 괴로워하는 것을 보면서, '아, 물질 중심주의가 이 세상을 메마른 사막처럼 정신없는 세상, 생함이 없는 세상, 황망한 인생살이로 변질시켰구나' 하고 탄식을 하게 됩니다.

우리는 여기에서 벗어나 참다운 삶, 행복한 삶, 영원한 생명의 삶을 살아야 합니다. 그러기 위해 『영축산에 울린 사자후』가 독자님들이 부처님을 믿고, 따르고, 의지하는 지침이 되기를 서원해 봅니다.

　참다운 신행 생활에 조금이나마 보탬이 되길 서원하면서, 이 책이 나오기까지 물심양면으로 힘과 노력을 아끼지 않으신 운주사 대표님과, 함께 신행을 하며 응원해주신 지인 분들 모두에게 부처님의 불은이 충만하시길 발원합니다.

성관음사 관음실에서
효동 일우 두손 모음

책을 내면서 ── 5

01 시작은 조금 불편해도 행복은 미루지 말자 ── 13
    서품·방편품

02 성공하기까지는 수많은 실패를 경험해야 한다 ── 32
    비유품

03 자비하신 부처님 아버지의 마음 ── 51
    신해품

04 보살의 행 ── 62
    약초유품

05 안일주의에 머물지 마라 ── 73
    수기품

06 도전을 위해 자신과 먼저 약속하고, 믿음대로 행하라 ── 84
    화성유품

07 이미 완성되어 있는 자기의 보배 ── 97
    500제자 수기품

08   나는 누구를 가장 사랑하고 아낄까? —— 114
수학무학인기품

09   오직 한결같은 마음으로 기뻐하는 이에게 —— 127
법사품

10   몸이 아닌 마음으로 보라 —— 139
견보탑품

11   내 삶의 거품을 빼고 살자 —— 152
제바달다품

12   널리 알리고 공유하는 시대 —— 164
권지품

13   기다리고 때를 아는 자가 승리한다 —— 177
안락행품·종지용출품

14   현상의 깨달음과 실상의 깨달음 —— 190
여래수량품·분별공덕품

15   기꺼이 따를 줄 알아서 구별된 인생을 살자 —— 203
수희공덕품

16   있는 그대로 보고 듣고 알고 뜻을 세우다 —— 214
법사공덕품

17   칭찬을 먹고 사는 사람들 —— 223
      상불경보살품

18   물길을 열어주듯 갈 길을 제시하라 —— 235
      여래신력품

19   대를 이어 유전되게 하라 —— 247
      촉루품

20   수승한 공덕과 이익 —— 256
      약왕보살본사품

21   감탄과 칭찬이 있는 인생과 삶 —— 269
      묘음보살품

22   보살과 동반자 —— 282
      관세음보살보문품

23   장애를 없애주고 막아주는 삶과 장엄할 줄 아는 삶 —— 292
      다라니품·묘장엄왕본사품

24   외적인 아름다움과 내적인 아름다움 —— 302
      보현보살권발품

01
시작은 조금 불편해도 행복은 미루지 말자

서품·방편품

제가 앞서 첫 번째 책에서는 법화정법으로, 두 번째 책에서는 법화신행으로 『법화경』을 살펴보았는데, 이번 책에서는 법화행자라는 주제를 통해 『법화경』을 만나보도록 하겠습니다.

부처님이 설법하신 경전을 흔히 팔만사천법문이라고 합니다. 팔만사천법문이란 인도 사람들이 좋아하는 숫자로 헤아릴 수 없다는 뜻도 담겨 있습니다만, 실제로 경전의 숫자도 8천에서 9천 사이라고 합니다. 부처님이 열반하신 뒤 마하가섭존자의 주도하에 다문제일多聞第一 아난존자가 낭송한 것을 기록한 것이 경전의 처음입니다. 이를 1차 결집이라고 합니다. 그렇게 몇 차례 결집된, 부처님의 마지막 경전이 『묘법연화경』이라고도 불리는 『법화경』

입니다.

우리 인간은 태어나 부모와 주위 사람들을 통해 자연스레 말을 배우고 유치원을 가고 초등학교를 가고 중학교, 고등학교, 대학교를 졸업하고 더 공부가 필요하면 대학원을 가고 유학을 다녀옵니다. 이렇게 일반 공부에 단계가 있듯이 부처님 공부도 마찬가지입니다. 저는 개인적으로 소승小乘이라 불리는 근본 불교에 배우고 공부할 점이 가득하다고 봅니다. 초기경전을 니까야Nikāya라 합니다. 니까야는 부처님의 말씀을 모았다는 뜻입니다. 사람들에게 공부의 기초를 가르쳐주는 생생한 말씀입니다. 기초란 말을 거꾸로 하면 초기라는 말이 되지요.

앞서 말했듯 공부에는 단계가 있습니다. 다른 말로 차제라고도 합니다.

우리가 유치원과 초등학교 때 무얼 배웁니까? 부모님 말씀 잘 듣기, 친구와 사이좋게 지내기, 교통법규 잘 지키기, 어려운 사람 도와주기 등등 도덕을 배우죠. 사람살이에 가장 중요한 것이 더불어 사는 법입니다. 그것이 도덕공부로 삶의 기초가 되는 것입니다. 간단히 말하면 착한 사람이 되어라 하는 것은 세상 공부나 부처님 공부에서나 똑같습니다. 그래서 십선十善을 행하고 십악十惡을 행하지 말라고 하는 등등의 말씀이 초기경전에 있습니다. 그 다음의 차제를 세상 공부로 치자면 중·고등학교, 대학교로 대승과 금강승불교입니다.

14

명확히 말하자면 초기 남방불교에도 깨달음이 있습니다. 대승 보살 공부에도 당연히 깨달음이 있고요. 그렇게 보면 근기에 따라 공부를 한다고 할 수 있는 것이지, 깨달음에 높다 낮다 할 것이 없습니다. 그리고 깨달음은 자기 문제입니다.

부처님 설법을 보면 초기불교, 대승불교, 밀교인 금강승불교 순으로 설법을 하셨습니다. 그리고 마지막으로『법화경』을 설하셨습니다.『법화경』의 중요한 가르침은 일승 초기불교, 이승 대승불교, 삼승 금강승불교 이 모두가 하나라는 일불승一佛乘입니다. 셋은 하나고, 하나는 셋이라는 말입니다. 부처님 가르침에는 분별이 없어야 합니다. 어느 때는 좋고 어느 때는 나쁘고 하는 것은 바른 공부가 아닙니다. 제가 오랫동안『법화경』을 보다보니 요즘에 조금이나마『법화경』에서 부처님이 말씀하시고자 하는 뜻을 알게 되었습니다. 조금이나마 알게 된 부처님 뜻이지만 여러분과 함께 나누고자 합니다.

첫 번째 책은 회삼승귀일승會三乘歸一乘이 최상의 바른 법임을 알고 깨달아 함께 길을 가자고 법화정법이라 명명했습니다.

두 번째 책은 법화신행이라는 주제였습니다. 부처님을 믿고 따르고 의지하라. 우리 인간은 뭐든지 조금 하다가 싫증을 내는 습성 또는 버릇이 있습니다. 이 어리석음을 가만히 보면 세 살 버릇 여든까지 간다고 자기를 사랑하는 자아自我 때문에 나쁜 습관이나 버릇을 못 버립니다. 그게 습기고 그것이 업력이에요. 그것으로 인한 가지가지 바람이 불고 가지가지 고통이 오고 그 습기로 인해서 우리는 고통의 바다를 윤회합니다. 현생에 다행히 부처님을 만났지만 그 귀중한 사실을 모르거나 부처님 법을 너무나 어렵게들 생각하는 무명無明에 사로잡혀 시간을 낭비하거든요. 그래서 법화신행에서는 과연 이 습기를 어떻게 빼는 것이 좋은가? 이 업력을 어떻게 다스려야 되는가? 문제의 답은 "부처님을 믿고 따르자."였습니다. 그 방법으로 『법화경』을 수지하고 독송하고 사경하고 다른 사람에게 알려 주는 공덕이 얼마나 큰지를 공부했습니다.

이번 책은 법화행자가 주제로, 신심을 통한 깨달음을 이야기하고자 합니다. 앞의 두 책을 읽으신 분들 중에 시절인연이 닿아 혹 단번에 습기로 훈습된 버릇과 습관을 싹 바꾸신 분도 있을 수 있겠으나 대부분 우리는 그 일이 쉽지 않습니다. 다생多生의 습기를 혼자서 제어하기 어렵고, 귀한 인간의 몸을 받았지만 깨달음을 얻기도 어렵습니다. 아무리 곰곰이 따져보아도, 노력에 노력을 더해도 이 미혹한 중생심을 벗어나기 어렵다는 걸 저도 알고 여러분도 압니다. 방법은 뭐예요? 법화정법과 법화신행에서 누누이 설명했듯 이제 불보살의 위신력과 부처님의 가피력으로 확 녹여버려야 합니다.

그게 신심이고 신앙입니다. 믿고 의지하고 순종하는 게 제일 중요하다고 머리로는 생각하지만, 막상 우리 불자들이 잘 안 되는 게 그 문제입니다. 부처님을 아버지로 모시고 믿고 따르고 의지하고 순종해라. 그 다음에 그 권속으로 부처님과 함께 살아라, 하고 제가 누누이 말하지만 왜 그런지 올바른 마음을 내지 못합니다. 거품 같은 이 세상의 즐거움에 빠져 끝없이 육도 윤회하는 습기와 중생심으로, 혀를 베이면서 칼날 위에 꿀을 핥아 먹는 그 1초의 즐거움을 바라고 평생을 허비합니다.

늘 인생을 고민하고 힘들어하고 괴로워하며, 어디로 갈까 방황하다 부처님을 찾아 위안을 얻고자 절에 와서도 진실한 믿음으로 부처님에게 의지하지 못하고 흉내만 내다가 집으로 돌아갑니다. 부처님을 아버지로 모시는 신심이 없으면 큰마음 내서 단기출가를 해도 망상만 떠는 꼴이 됩니다. 어떤 신앙생활을 하든지 마음이 먼저 되어야 함을 여러분은 꼭 인식해야 합니다.

첫 시작은 참회입니다. 참회의 참懺은 뉘우쳐 용서를 빈다는 뜻을 가진 말이며, 회悔는 또 다시 잘못을 저지르지 않겠다고 부처님 앞에 맹세하는 것입니다. 부처님만이 이 처지에서 자신을 구원할 수 있다는 믿음으로 잘못을 빌며 눈물 뚝뚝 흘려가면서라도 자신을 정화해야 합니다. 더러운 그릇에 맑은 물을 담을 수 없는 이치를 바꾸는 방법이 참회입니다.

참회한 다음에는 앞으로 어떤 유혹이나 고통이 와도 부처님을 아버지로 모시고 그 품을 떠나지 않겠다고 서원을 해야 합니다. 이렇게 하는 순서가 바른 공부법입니다.

"제가 어리석어서 먼 길을 돌고 돌아서 이제야 부처님 아버지를 만났습니다."라는 그 간절함으로 우리는 부처님 아버지의 가피를 입게 됩니다. 가피라는 것은 결국 뭔가 하면, 내 힘만으로 되지 않는 일이 이루어지는 것입니다. 자기 힘으로 되면 자기 힘으로 해결하지만 자기 힘으로 안 되니 남에게 의지하잖아요? 우리 인생살이에서도 내 힘으로 안 될 때 남의 힘이라도 빌리려고 합니다. 그런데 내가 힘들다고 도와 달라고 하면 부탁 받은 사람들이 선뜻 도와주나요? 자신에게 도움을 주고 힘을 줄 거라고 믿은 일가친척이나 주위 사람 중에 대다수가 거절하는 경우가 많을 것입니다. 사람끼리의 믿음, 의리가 실종되었다고 다들 넋두리를 합니다. 하지만 부처님 아버지는 집 나가 고생하는 자식이 돌아와 도움을 청하면 그 부탁을 흔쾌히 들어 주시고 보듬어 주십니다. 이 사실을 깊게 받아들여야 합니다.

부처님 입장에서 보면 우리들은 정신없이 물질만 쫓아가는 어리석은 집 나간 자식입니다. 지금 전 세계가 다 그렇습니다. 국민소득이 4만 불이다, 5만 불이다 하면 뭐 합니까? 미국 등 선진국이 되면 될수록 집집마다 뭐를 갖고 살아요? 총기를 갖고 살죠. 그만큼 위험하고 불안하니 집집마다 총기를 가지고 있습니다. 그러니 세 살 먹은 애가 총을 만지다가 형을 죽이는 이런 어처구니없는 일이 생기고, 이념이든 무엇이든 자기 마음대로 안 된다고 동료 학생이나 지나가는 행인에게 총을 쏴 살해합니다.

오늘날 인간문명의 수준이 이것밖에 안 되는 이유는 딱 하나, 바른 정신을 만들어 줄 가르침을 받아 지니지 않기 때문입니다. 미국이나 유럽이나 중동 지역이나 어느 지역 할 것 없이 세계가 한

꺼번에 미쳐 돌아가고 있어요. 전부 자기들의 욕심, 자기들의 믿음, 여기에서 벗어나는 것은 한 치도 받아들이려는 생각 없이 배타하고 배척하니, 이런 현상들이 차별 받는 사람으로 하여금 테러를 일으키게 하는 요인이 됩니다.

세상의 문제에 대한 가장 확실한 해답은 부처님의 지혜와 자비입니다. 공생하고 공존하고 상생하고 서로 평화롭게 살자는 것이 부처님의 가르침이어서, 21세기에 고통 받는 중생들에게 필요한 법이 바로 불법이라고 많은 사회학자와 과학자들이 이야기하고 이를 연구하고 있습니다.

지구 전체를 말하기 전에, 지금 이 자리에 계신 여러분의 마음을 스스로 들여다보세요. 본인에게 상처를 주거나 화가 일어나게 한 사람들을 용서하고 이해하고 화해할 수 있는지 따져보세요. 용서가 잘 안 될 거예요.

우리 각자가 부처님의 지혜와 자비심으로 평안해야 합니다. 우리는 우선 부처님 아버지의 자녀로 행복해야 합니다. 그 행복을 만드는 재료가 지혜와 자비입니다. 부처님 법을 제대로 공부하지 않으면 "돈이 전부가 아니야!" 한쪽 마음에서는 이렇게 말하지만, 생존만 바라는 짐승영역의 마음에서는 "돈이 많고 권력이 있어야 사람들이 나를 존경하고 두려워해!" 하고 이중 잣대를 가지게 됩니다. 사실은 그 이중 잣대가 어리석은 무명無明으로 끝없이 윤회하며 고통 속에 떠돌아다니게 합니다.

이 땅이 물질계이니 기본 생존은 할 수 있어야지요. 살아 있어야 부처님 법도 공부하여 태어난 목적을 이루지요. 그러나 뭐니 뭐니 해도 머니money가 최고라며 재물만을 쫓아가면 사람이 박절하고 야박하고 고약하고 자기밖에 모르고 개인주의로 흘러가 귀한 삶을 낭비하게 됩니다. 이런 어리석은 인생에서 부처님 자녀로 어떻게 거듭나서 인생의 목적을 달성하느냐는 지침을 배우는 것이 법화행자 공부입니다.

부처님은 왜 성문승, 연각승, 보살 이렇게 삼승으로 가르침을 주시다 『법화경』에서는 일불승─佛乘뿐이라고 선언하셨을까요? 『법화경』에서 회삼귀일승會三歸─乘을 강조하시는 건 어떠한 맥락일까요? 그것은 한량없는 부처님의 자비심입니다. 초기불교 성문승과 인연으로 깨달은 연각승과 보살도를 행하는 대승과 금강승이 하나라는 뜻은 모든 불법의 종착점이 믿음이라는 큰 뜻을 말씀하신 것입니다.

우리 중생은 정말로 최상근기가 아니면 깨달음을 얻기가 힘듭니다. 오죽하면 보리수 아래에서 도를 얻으신 부처님께서 아뇩다라삼먁삼보리 이 법을 받아 지닐 사람이 없다고 전법을 안 하시고 그냥 떠나시려고 했겠습니까? 그러다 범천의 간청과 인연 있는 이들이 떠올라 초전법륜을 굴리셨습니다. 그래서 유치원, 초등학교, 중학교, 고등학교, 대학교 이런 차제로 초기불교부터 대승불교와 금강승밀교까지 가르침을 주셨습니다. 많은 분들이 아라한과를 얻고 보살의 경지를 얻고 궁극의 깨달음을 얻었지만 아직도 많은 대중은 근기가 하열하여 부처님 법의 요체를 알아듣지 못합니다. 아마도 부처님은 자신이 열반하신 후 1천 년, 2천 년이 흐른 후 지금 이 말법시대의 불쌍한 중생들을 위해 『법화경』을 설하셨을 것입니다. 어느 누구도 가늠하지 못했던 모든 부처님의 진정한 법화 세계의 모습을 담아, 누구나 지극한 신심만 있으면 깨달음을 얻어서 구원 받을 수 있는 『법화경』으로 가르침의 마무리를 하신 것입니다.

부처님의 자비심, 여기에 의지하는 것이 『법화경』입니다. 『법화경』은 진리의 말씀이자 생명의 소리라고 그랬습니다. 그러니 여러분이 부처님께 의지하는 불자라면 부처님의 진리의 말씀에 의지하고, 그 다음에 생생하게 숨 쉬는 생명의 소리에 귀 기울일 줄 알아야 합니다.

이러한 『법화경』을 가지고 공부하면서 얼마만큼 믿고 따르고 의지하며 어떻게 살아야 하느냐? 첫 번째는 믿음을 통해 지혜를 닦아야 합니다. 그리고 자비심과 보리심을 일으켜 우리 주위를 돌보고 보듬어야 합니다. 이렇게 부처님의 진실한 권속이 되고 부처님의 자식으로 모든 것을 믿고 맡기면 편안하고 걱정이 없어집니다. 과거는 흘러갔고 미래는 오지 않았고 현재는 늘 변하는데 우리가 부처님 지혜로 마음자리를 잡으면 고통스런 삶은 행복하고 만족한 삶으로 바뀝니다. 오늘은 어떻게 살지, 내일은 어떻게 된다, 모레는 어떻게 된다, 그런 두려운 생각 자체가 없이 꾸준히 마음자리를 닦으면 무념무상이 됩니다. 그러기 위하여 우리는 부처님을 믿고 의지하는 공부법이 최상승最上乘 법임을 알아야 합니다.

모든 것을 믿고 맡기면 얼마나 편안합니까. 엄마 품에서 젖을 빠는 아이가 무슨 걱정이 있겠습니까? 예를 들어 우리가 집 안 장롱에 몇 억씩 넣어 놓고 있으면 마음 놓고 외출할 수 있겠어요? 못하죠. 하지만 은행에 맡겨 놓으면 안심하고, 필요할 때 필요한 만큼 꺼내 쓰면 되죠. 이렇게 모든 것을 부처님께 의지하고 믿으라는 근본을 이야기하는 것입니다.

유별과 차별의 차이는 무엇일까요? 남녀유별과 남녀차별은 어떻게 다른지 생각해 봅시다. 유별은 있는 그대로 다름을 보는 것입니다. 남녀는 음양으로 다르죠. 여자는 남자보다 힘이 약하지만 생명을 키우고 섬세하다는 실제 사실을 대비하여 적용시키는 것이 유별입니다.

차별은 실제 국면이 아닌 이익이나 욕심으로 상대를 종속시키는 것입니다. 아무리 능력이 있어도 여자는 진급도 느리고 연봉도 적지 않습니까. 남자에 비해 힘이 약하다는 약점만 보고 장점은 보지 않으며 종속시키려 하는 것이 차별입니다. 이런 식의 차별이 이 세계의 고통을 만들고 가중시킵니다. 요즘 갑질 논란을 일으키는 빈부의 차별이 있고, 또 그 다음에 권력과 비非권력의 차별이 있고, 또 공부를 잘하는 사람과 못하는 사람의 차별이 있습니다. 견주어 가치평가를 해서 인간등급을 나누는 것이 이 세상의 어리석은 무명無明 시스템입니다. 우리의 삶은 태어나면서부터 금수저, 흙수저를 물고 나온다고 요사이 이야기하죠. 아기들의 유모차도 가격차가 몇 백만 원씩 나고, 유치원도 학교도 차별이 있고, 성적도 차별로 작용을 합니다. 죽어서도 납골당과 호화 묘지로 차이가 있습니다.

우리 삶에서 가장 귀한 가치는 차별 없는 평등입니다. 그것이 진리입니다. 그것이 부처님 가르침이에요. 부처님의 깨달은 안목으로 봤을 때는 어때요? 모든 것이 평등합니다. 평등하다는 것은 근본 자성에서 평등한 것이고, 연기법으로 보면 자기의 업력에 따라서 길고 짧고 고저장단이 있을 뿐입니다. 이것은 유별입니다. 키가 큰 사람, 작은 사람이 있다지만 절대가 아닙니다. 상대적일 뿐입니다. 그런데 이런 상대적 잣대로 우리는 고민하고 고통을 받는 어리석은 무명에 사로잡혀 있습니다. 키가 작은 사람은 작은 대로 서러움이 있을 때가 있고, 키가 큰 사람은 큰 대로 불편할 때가 있습니다.

그런 상대적 불편함이 고통이 아니게 만드는 것이 마음공부입니다. 굽은 나무는 목재로 쓰이지 않아 산을 지켜 숲이 우거진다지요. 어느 집에 귀한 손님이 왔다고 집을 지키던 거위를 잡는데, 한 마리는 울지 못하는 거위고 한 마리는 우는 거위였어요. 어느 것을 잡을까요? 울지 못하는 거위를 잡을 것입니다. 하나는 굽은 나무라서 산을 지키고 있고, 하나는 울지 못해서 그냥 가마솥에 들어간 형국입니다. 그러니 인연에 따라서 상황이 달라진다는 것을 원망하지 마세요. 이것이 마음공부의 첫 걸음이고 행복의 첫 마음입니다.

여러분 스스로 분노하고 질투하고 괴로워하고 힘들어하는 습관과 버릇을 부처님을 믿고 의지하며 꼭 고쳐야 합니다. 사람이 가장 화가 날 때는 자존심에 상처 받았을 때입니다. 누가 뒤에서 험담한 걸 알고 화가 나고 속이 뒤집어져, '저 인간에게 복수하고 말 거야!' 하고 앙심을 먹으면 가장 먼저 자신에게 화가 돌아옵니다. 본인이 불행하고 건강 또한 나빠집니다.

이제 공부할『법화경』내용 중에 자비하신 부처님의 위대함이 여럿 있습니다. 그중에 하나를 예를 들면, 아라한 연화색 비구니를 때려죽이고, 부처님을 살해하려고 돌을 굴려 부처님 발에 상처를 입히고, 승가의 화합을 깨트린 오역죄를 범한 제바달다를 부처님께서 어떻게 대했는지 아세요? 제바달다가 나중에 성불하여 한 세계의 부처님이 된다고 수기하셨습니다. 우리가 이런 자비하신 부처님을 믿고 의지하지 않으면 무엇을 믿고 의지하겠습니까? 부처님을 믿고 의지해야 하는 당연함을 여러분 마음에 꼭 각인해야 합니다.

부모가 되면 자식에게 눈이 멀어 판단력이 흐려지는 경우가 많습니다. 내 자식을 위해 태양이 빛나고, 내 자식을 위해 세상이 돌아간다고 생각하듯 행동하는 부모를 예로 들 수 있습니다. 대부분의 부모는 험한 세상에서 자식을 지키려는 의지가 강합니다. 그래서 빚을 내어 공부를 시키고 집을 팔아 시집 장가를 보냅니다. 자식이 피해를 당하면 분노로 상대를 죽이고 싶어 하고, 가해자로 상대에게 피해를 입히면 부모는 감싸기 바쁩니다. 이렇게 자식을 키운 결과가 어떻습니까? 그렇게 모든 것을 바쳐 자식을 위했지만 나중에 천대를 받으며 어려운 노년을 보내는 일이 우리 사회에서 비일비재합니다.

모든 부모의 바람은 아이가 공부를 잘하고 착실하고 열심히 살며 부모에게 효경하고 어른을 모실 줄 알고 집안을 화목하게 하며, 밖에 나가서는 보란 듯 성공하거나 번듯한 직장에서 제몫을 잘하며 주위나 이웃에게 존경 받는 사람이 되는 것입니다. 자식 키우는 부모 중에 이런 선망羨望이 없는 사람이 있겠습니까? 그러나 현실은 어때요? 평지풍파 안 일으키고 저렇게 반듯하게 자랄 수 없다는 걸, 인생의 쓴맛 단맛 안 보고 바른 사람이 되기를 기대하는 것은 얼음 속에서 불을 찾는 것과 다름이 없습니다.

이런 걸 로망roman이라고 하지요. 그러나 로망은 허구란 뜻입니다. 실제로 일어나지 않는 걸 바라는 어리석음입니다. 자식에 대한 집착인 로망은 치매에 걸려 노망이 되고 귀한 자신의 인생조차 잊어버리는 망년忘年이 됩니다.

여러분, 자식은 부모의 거울이라고 합니다. 학창시절 자기는 공부와 담 쌓고 살고, 부모 속을 자근자근 썩였으면서 자기 자식은 공부 안 하고 말 안 듣는다고 야단치며 속상해 합니다. 그냥 유전자를 탓하고, 공부는 잘 못해도 좋으니 어느 일이든 너 좋은 거 하며 살아라, 하고 욕심을 버리는 게 현명한 것입니다. 사람이 행복할 때는 자기가 하고 싶은 일을 할 때입니다. 그러다보면 그 자녀는 그 분야에서 성공하게 되어 있습니다. 현명한 부모라면 집착을 버리는 데 있어서, 전쟁에서 적군의 대장을 먼저 치듯이 가장 큰 집착부터 잘라내야 합니다. 내 목숨보다 소중한 자식에 대한 집착부터 없애야 합니다.

부처님은 자식을 어떻게 대하고 가르치셨을까요? 부처님이 첫 번째로 고향 카필라바스투 성을 방문했을 때 아쇼다라는 부처님을 환속시키려는 욕심에 어린 아들 라훌라를 시켜 부처님을 졸졸 따라다니며 유산을 달라고 조르게 합니다. 하지만 부처님은 그 어린 아들을 출가시켜 불법의 유산을 줍니다. 아들 라훌라는 나중에 10대제자 중 한 분으로 부처님의 밀법을 받아 밀행제일密行第一로 불리셨습니다. 이 이야기에서 여러분은 떠오르는 생각이 있습니까? 부처님 자신이 얻은 이 법이 얼마나 좋으면 아들 라훌라에게 주었겠습니까.

여러분은 자녀들에게 부처님 아버지를 믿고 의지하고 그분을 따르는 수행 습관을 유산으로 주어야 합니다. 돈이나 그 어떤 것도 찰나의 만족이고 부작용이 있으나 부처님의 법을 유산으로 주면 자녀가 받는 이득은 이번 생뿐만 아니라 다음 생에도 가장 큰 유산이 됩니다. 부처님을 믿고 의지하는 것보다 더 큰 유산은 없습니다.

우리는 사람으로 태어나서 '아, 내가 어디서 왔다가 어디로 가지?' 적어도 이 정도는 생각해 볼 줄 알아야 사람입니다. 싯다르타 태자도 그 문제의식에서 출발하여 부처님이 되신 거예요. 그 다음에 녹야원에서 다섯 비구에게 초전법륜을 굴리기 시작해서 열반에 들 때까지 사람들을 깨우치는 법문을 어느 때나 설하시고, 마지막에 그 방편으로 부처님을 믿고 의지하는 법을 『법화경』에 설하셨습니다.

　『법화경』은 사부대중 모두에게 특효약이지만 일반 재가신도에게는 생명줄과 같습니다. 재가자는 출가자와 달리 출근하고 퇴근하고 집안을 돌보고 아이를 키우는 일상생활을 해야 합니다. 그러므로 생활 속에 불교공부를 해야 합니다. 새벽에 일어나 향을 올리고 절하고 참선하고 출근하는 재가 생활이라면 더 말할 나위 없이 바람직하겠습니다만 우리가 알다시피 쉽지 않잖아요. 재가자에게 『법화경』이 생명줄인 이유는 부처님을 믿고 따르고 의지하면 부처님과 불보살들의 가피로 깨달음에 이를 수 있다는 선언이기 때문입니다. 그렇게 되도록 하기 위해서 부처님은 마지막으로 설하신 『법화경』 처음에 성문, 연각, 보살 삼승이 사실은 일불승―佛乘이라고 분별을 먼저 제거하는 말씀을 하셨습니다. 삼승을 하나로 하면 간단하게 믿음, 신심만이 남는 것 또한 경전에 나옵니다. 출가자도 사람이라 생활을 하지만 분위기가 수행 일변도여서 마음을 추스르기가 세상에 부대끼며 사는 재가자보다는 여건이 좋습니다.

그러면 재가자는 생활 속에서 어떻게 수행해야 할까요? 모든 수행법은 '멈춰 바라보는' 지관止觀이 기본입니다. 생활 속에서 이 수행을 습관 들여야 합니다. 『법화경』을 토대로 간단한 지관수행을 이렇게 해 보십시오.

첫째, 저는 부처님을 간절하게 믿고 따르고 의지하며 부처님의 권속으로 살고자 합니다. 늘 이 생각이 떠나지 않도록 노력해야 합니다. 이것이 염불念佛입니다.

둘째, 남편과 시댁식구와 친정식구와 만나는 모든 사람과 자식까지도 부처님으로 생각하세요. 부처님을 시봉하듯 지극한 정성을 들이십시오.

간단한 이 두 가지를 훈습하여 몸에 배이면 차츰 잡념이 없이 일구월장 기쁨이 늘어나고 행복해지고 따라서 가정에서는 아내로서 중심을 잡고, 절에서나 어디서나 만나는 모든 사람을 편안하게 해줄 수 있는, 절 보살이 아닌 진정한 보살도菩薩道에 들게 됩니다.

『법화경』 서품에서 부처님은 말씀 없이 묘법연화妙法蓮花 법화세계法華世界의 동방으로 오천세계를 한눈에 보여 주십니다. 이게 서품의 내용입니다. 왜 그러셨을까요? 예를 든다면 영화홍보와 같은 것입니다. 영화홍보를 할 때 흥미를 끌기 위해 예고편이나 티저광고teaser advertising 등을 많이 이용합니다. 이처럼 본편을 보기 전에 이 영화의 내용과 스케일은 어떻다고 대략 알려 주어 본편 영화에 대한 기대를 높이는 홍보방법과 같은 것입니다. 인간의 한계로 짐작할 수 없는 법화세계를 일부분 보여줌으로써 우리들이 준비도 하고 공부에 대한 열정도 올리도록 하시려는 것입니다.

그 다음 방편품에서 부처님께서는 현재에 인연한 과거와 현재에 인연한 미래, 이 삼세의 인과因果의 업력을 아는 지혜의 힘이 있기 때문에 사람의 현재 상태를 보고 앞으로 나아갈 길을 가르쳐 인도하시고, 사람의 마음과 사물의 참모습을 잘 아는 지혜의 힘이 있기 때문에 여러 가지 미혹을 제거하는 가르침을 주십니다. 또한 본연의 궁극인 불성의 자리에서 모든 중생은 이미 깨달음을 얻어 붓다가 되어 있는 존재라는 말씀을 하십니다. 여타 방법이 아니라 부처님께 의지하고 믿고 따르는 권속이 된다면 일생에 성불할 수 있는 인연을 지어 줄 수 있는 것이 바로 이 『법화경』이라고 하셨습니다. 이것이 무량의처삼매에 드신 부처님의 『법화경』 방편품 첫 가르침입니다. 우리들은 『법화경』은 부처님의 진신이요, 부처님의 참 진리의 말씀이고 생명의 소리라는 사실을 깊이 새겨야 합니다. 그리고 그런 『법화경』을 수지하고 독경하고 사경하며 그 내용을 여러 사람에게 들려주어 무량한 공덕과 가피를 받으시길 바랍니다. 우리의 불자로서의 소원은 당연히 깨달음을 얻는 것 아닙니까? 성취에 제일 빠르다고 생각하시고 이 귀한 『법화경』을 수지하고 독송하고 사경하는 데 게으르지 말아야 합니다.

問 스님, 아들이 직장만 들어가면 오래 있지 못하고 나옵니다. 옮겼다 하면 며칠 못 가고 그만두니, 우리 아들이 불자로서 어떻게 수행하면 될까요?

答 사람이 한평생 살려면 그만큼 끈기가 있어야 합니다. 요즘 젊은 친구들에게 없는 것 중에 하나가 끈기입니다. 끈기란 일반적으로 참는 성질을 말합니다. 그걸 부처님 법에서는 육바라밀 중 하나인 인욕바라밀이라고 합니다. 참고, 참으며 아주 열심히 하면 결과를 얻을 수 있습니다.

『법화경』에 이런 비유가 있습니다. 우물을 파는데 처음에 뽀얀 흙이 나오면 '아직도 멀었구나.'라고 생각하고 파고, 그 다음에 촉촉한 흙이 나오면 '아, 물이 나올 때가 얼마 남지 않았구나.'라고 생각하고 파고, 이렇게 끝까지 파 들어가면 물이 나온다는 것이죠. 참고 인내하며 한 가지 길을 목표로 열심히 꿋꿋하게 걸어가라는 비유입니다.

요즘 젊은이들은 처음 시작은 작심한 듯 설치다가 어려움이 닥치면 손 놓고 그냥 돌아서버립니다. 젊은이들이 누구나 집안에서는 왕자 공주로 떠받들며 자라서 인간관계가 자기 마음에 조금만 안 들면 '내가 여기 아니면 일할 데 없는 줄 아냐?' 하고 박차고 나갑니다. 직장 일이나 마음공부나 참는 마음이 중요합니다.

불교에서 육바라밀은 가장 중요한 공부입니다. 그런데 그 시작이 참고 견디는 인욕바라밀입니다. 직장 상사가 뭐라고 해도 모든 것은 변하니 저 사람도 변할 거야 하며 참고 미운 마음을 안 가지면 직장 생활도 마음공부도 탄력을 받을 것입니다.

이렇게 살기 위해서는 아드님 같은 분은 첫 시작을 『법화경』 사경을 하게 하면 좋을 듯합니다. 보살님이 먼저 지극하고 진실하게 사경하는 모습을 아드님에게 보여야 합니다. 말을 물가로 데려가도 말이 스스로 먹지 않으면 소용이 없잖아요. 어머니가 본을 보이면 자녀는 변하게 되어 있습니다. 보살님이 사경한 공덕, 필사한 공덕이 쌓이면 모든 일은 좋게 변할 수밖에 없는 게 부처님께서 말씀하시는 진리입니다. 그러면 보살님이 먼저 변하고 아드님은 인욕바라밀과 정진바라밀을 할 수 있는 힘이 생깁니다. 간절한 마음으로 사경하면 분명 문제가 해결됩니다. 그것이 제대로 부처님을 믿고 의지하고 따르는 삶입니다.

 합장하겠습니다.
거룩하고 대자대비하신 부처님 고맙습니다.

오늘 이렇게 서품과 방편품을 가지고 법화행자라는 주제로 부처님의 대자대비한 『법화경』 가르침을 함께했습니다. 무엇보다도 제가 부처님의 지혜와 자비를 옳고 바르게 전달할 수 있는 지혜 있는 제자가 되게 하옵소서. 우리 모두가 늘 부처님의 가르침대로 살고, 인도하는 대로 노력하는 그런 불제자로서 거듭나길 지극한 마음으로 발원합니다.

나무석가모니불 나무석가모니불 나무시아본사석가모니불.

02
성공하기까지는 수많은 실패를
경험해야 한다

비유품

"여러분은 현재 우리나라가 잘 돌아간다고 보십니까?" 이렇게 물으면 소수를 빼고는 다들 잘못되고 있다고 답하실 겁니다. 제가 보기에도 우리가 살고 있는 대한민국 사회가 가치관이 무너져 늘 혼란스러워 어느 것이 앞인지 어느 것이 뒤인지 잘 모르겠습니다. 세상이 온통 불분명한 안개 속입니다.

안개 속에서 어떻게 벗어나야 하죠? 어떻게든지 안개를 뚫고 나가야 합니다. 깨달은 분들은 날개 있는 새처럼 높이 날아올라 안개를 관찰하다 다시 안개 속으로 편안하게 내려앉아 자유자재할 수 있지만, 어리석은 우리들 무명의 중생들은 한 발 한 발 더듬거리며 안개 속을 헤맵니다. 그러다 안개를 벗어날 수 있는 이정표,

팻말을 발견하면 그 방향을 따라 모호함에서 탈출할 수 있습니다. 이런 이정표가 바로 불법입니다. 바른 방향으로 나아가기 위해서는 먼저 팻말이 가리키는 방향, 즉 부처님을 바로 보아야 합니다. 그것이 부처님 자녀의 삶이고 법화행자로서의 삶입니다.

법화행자法華行者는 『법화경』을 토대로 붓다의 길을 따라가는 사람입니다.

행자가 목적지까지 지치지 않고 꾸준히 길을 걷는 것은 목적지에 이를 수 있다는 믿음이 있기 때문입니다. 따라서 행자는 신앙信仰을 말합니다. 바른 신앙은 믿고 따르고 의지하고 순종하고 공경하고 공양하고 찬탄하고 받들어 모시는 것입니다. 그른 신앙은 자기 위주로 편안한 지경에서는 '부처님 감사합니다.'라고 하다 어려움이 닥치면 부처님을 원망하는 조석변개朝夕變改하는 마음입니다. 아버지가 사탕을 줄 때는 좋아하고 아버지가 미처 사탕을 준비하지 못했을 때는 울고불고 난리치는 자식이라면, 그래도 자식이니 어쩌지는 못해도 부모 입장에서 실망할 것입니다.

여러분, 자신이 바른 신앙을 가지고 있는지, 그른 신앙을 가지고 있는지 스스로 솔직히 따져 보십시오. 그리고 얼마만큼 자신이 부처님을 믿고 의지하고 감사하는지도 헤아려 보세요. 전생에 100퍼센트 바른 신앙을 가졌다면 우리는 이미 윤회를 떠나 부처님 품 안에 있을 것입니다.

아직도 업력으로 육도 윤회하는 중생인 우리는 그 많은 생에서 한 번도 100퍼센트 바른 신앙이 없었다는 분명한 사실을 알아야 합니다. 자식은 부모의 유전자를 물려받죠. 부처님 아버지의 자녀로 우리 모두는 궁극의 자성본불自性本佛의 씨앗을 가지고 있습니다. 그 씨앗을 발아시켜 키우고 열매 맺으면 우리 모두 부처를 이루는 것입니다. 『법화경』에서는 가장 확실한 수행방법으로 부처님 아버지를 믿고 의지하고 따라가라고 명확히 말하고 있습니다.

부처님은 비유품에서 불타는 집 이야기로 우리에게 믿음만이 구원받는 첫걸음임을 밝히고 있습니다.

큰 집에서 많은 식구가 함께 살고 있었습니다. 경전에는 오백 명이 함께 사는 집이라고 하지만, 그 집은 이 세상을 말합니다. 어느 날 그 집에 불이 한꺼번에 일어나 집을 태우기 시작했습니다. 그 집 아버지는 빠져 나왔으나 그 불타는 집 안에는 많은 아이들이 놀고 있었습니다. 그런데 아이들은 불이 났는지도 모르고 장난감놀이에 빠져 있었습니다. 아버지는 어떻게 아이들을 구할까 생각합니다. '이 집의 문은 하나뿐인 데다가 좁기까지 하여 내가 아이들을 한 명씩 구할 수도 없다. 게다가 불길이 빠르게 번지니 빨리 아이들을 불러서 나오도록 해야겠다!'

그 아버지가 목청껏 큰소리로 부르지만 아이들은 장난감놀이에 빠져 듣지를 못합니다. 아버지는 아이들을 구할 방법을 생각해 냅니다. 아이들이 좋아하는 장난감으로 유혹하여 아이들이 나오게 해야겠다고 판단하여 큰소리로 외칩니다.

"애들아, 어서 불타는 집에서 나오너라! 너희들이 좋아하는 장난감을 달라는 대로 다 주겠다."

아버지의 말을 들은 아이들은 좋은 장난감을 받으려고 불타는 집에서 다들 빠져나왔습니다. 그 아버지는 기쁨에 차 장난감을 달라고 조르는 아이들에게 원하는 장난감을 한 수레씩 선물로 주었습니다.

앞에서 세상이 안개 속 같다고 부드럽게 표현했지만, 사실 이 지구는 불타는 집, 끔찍한 화택火宅입니다. 우리 중생은 어떻습니까? 불타는 집 안에서 장난감놀이에 빠진 아이처럼 허망한 오욕락(五欲樂: 재욕財欲, 색욕色欲, 식욕食欲, 명예욕名譽欲, 수면욕睡眠欲의 즐거움)에 빠져 폼을 잡고 살고 있습니다. 우리의 하루하루는, 인간 삶 전체가 오욕락에 빠져 그 즐거움이 행복인 줄 알고 살아갑니다. 허망한 줄 알면 빠져나올 수 있는데, 오욕락의 장난감에 빠지면 헤어 나오기 참으로 힘듭니다. 그러니 불타는 집에서 장난감놀이에 빠져 사는 것이지요.

불타는 집에서 빠져 나오는 방법을 부처님께서 비유품으로 명확히 말씀하십니다. "아버지 말을 들어라!" 이 말입니다. 아버지의 거짓말이 방편이든 뭐든 그 말을 따르라는 것입니다. 그러면 일단 불타는 집에서 빠져 나옵니다. 그 뜻은 부처님을 아버지로 믿고 의지하고 따라 그 권속으로 살면 불타는 집에서 빠져 나올 수 있다는 것입니다. 믿음이 마음공부의 시작이자 끝입니다.

인간세계의 불행은 오욕락에 대한 집착에서 일어납니다. 남의 땀과 노력을 빼앗아서라도 자기만 즐겁고 행복하면 된다는 욕심이 빈부격차 등 모든 문제를 일으킵니다. 사실 마음공부와 밖의 일은 똑같은 무게로 중심을 잡아야 합니다. 그 중심을 2,500년 전에 오신 부처님은 중도中道로 말씀하셨습니다.

부처님은 지금의 네팔 중부, 당시 카필라바스투 성의 정반왕의 아들로 태어나셨습니다. 그러니 권력과 재물과 명예 등 없는 것이 없이 살았습니다. 거기다 지혜도 출중하셨고 몸도 건강하여 무술 시합에서 우승했으며 야소다라 공주를 배필로 맞았습니다.

그러다 인생의 허무와 무상함을 느끼고 모든 것을 버리고 출가 하셨습니다. 궁궐에서의 비단옷에 안락한 생활을 버리고 사냥꾼이 입던 누더기 옷을 대신 걸쳐 입고 동굴로 들어가서 어렵고도 어려운 힘든 고행을 6년 동안 하셔서 아뇩다라삼먁삼보리, 무상정 등정각無上正等正覺을 얻으셨습니다. 싯다르타 왕자가 오욕락을 버리지 않았으면 부처님은 없었지요. 우리도 부처님 자녀로서 버리는 삶, 비우는 삶을 살아야 합니다. 그래야 우리가 오욕락의 갈증을 줄이고 편안할 수 있습니다.

부처님께서는 우리 중생의 살림살이를 고해라고 합니다. 고통의 바다에서 헤엄치고 살고 있다는 말이지요. 바다가 잔잔하면 문제가 적습니다. 그러나 바람에 따라 파도가 일어나면 어떻습니까? 죽지 않으려고 발버둥을 쳐야 합니다. 우리 중생들은 수많은 전생 동안 그 고통의 바다에서 허우적거리며 살았습니다. 고통의 바다에서 벗어나는 방법은 딱 하나입니다. 육지로 올라오는 것입니다.

바다에 있으면서 파도가 사라지길 바라지 마십시오. 파도는 늘 바람을 따라서 일어나는 것인데 그 바람이 이득/손해, 명성/악명, 칭찬/비방, 즐거움/괴로움 여덟 가지 세속팔풍世俗八風입니다. 이 여덟 가지 바람이 오욕락에서 나오는 것입니다.

마음이 해탈이고, 마음이 번뇌 망상입니다. 요리하는 칼은 많은 사람을 행복하게 하지만 강도질에 사용되는 칼은 사람을 다치게 하고 아프게 하지요. 즉, 마음 씀에 문제와 해답이 다 있습니다.

요즘 가방 하나가 몇 백만 원 한답디다. 어느 아주머니가 동창들을 만났는데 다들 누이똥인지, 누나똥인지를 들고 은근히 자랑질을 하는 걸 보고 심사가 뒤틀렸습니다. 그러나 그런 가방을 살 형편이 안 되니 갑자기 남편이 무능해 보이고 밉기까지 합니다. 그러던 어느 날 큰 맘 먹고 중국에서 만든 짝퉁 똥을 하나 사 보란 듯이 동창들을 만났습니다. 그러나 짝퉁을 들고 온 친구를 못된 여편네들이 살살 비꼬며 사람 취급을 안 합니다. 집으로 돌아오며 아주머니는 비참함에 몸서리를 치죠. 그리고는 독하게 마음먹습니다. 작은 돈으로 시장 통에서 일수놀이를 시작해 돈을 벌기 시작합니다. 싸움도 서슴지 않고 악착같이 사니 모습도 악마를 닮아갔죠. 그렇게 돈을 많이 모았지만 그녀는 돈을 벌기만 할 뿐 이제는 쓸 줄을 모르게 변했습니다. 누구똥 가방으로 시작된 욕심이 그녀의 인생을 송두리째 잡아먹어 버린 것입니다.

오욕락은 안이비설신의眼耳鼻舌身意가 오근五根의 만족만을 취하려는 욕심입니다. 미각은 맛있는 쪽으로 따라가고, 귀는 좋은 것만 들으려 하고, 눈은 좋은 것만 보고, 이렇게 몸과 뜻이 허망한 욕심으로 생기는 즐거움만 쫓아가다가 그냥 죽는 게 우리 삶입니다. 이런 고통의 바다에서 벗어나 안전한 피안彼岸의 땅에 도달하는 법을 몸소 보여주시고 방법을 알려주신 부처님 아버지를 우리는 믿고 의지해야 합니다. 다른 방법이 없습니다.

고통의 원인은 내 마음에서부터 시작되는 고해의 파도이며 내 마음에서부터 시작되는 화택, 즉 불타는 집입니다. 부처님은 이 비유품에서 세상을 불타는 집이라고, 거기서 건져내기를 바라는 것입니다. 예를 들어 큰 부자가 평상시 일을 잘하는 하인에게 "내가 여행을 다녀올 테니 너는 집을 잘 지켜라. 보물이 집안에 다 있으니 문단속을 잘해라." 하고는 여행을 갔습니다. 그런데 이 하인은 어떻게 했을까요? 밖에서 쿵짝쿵짝 음악소리가 들리니까 하인은 대충 문을 걸어 잠그고 그냥 후다닥 구경을 나갔습니다. 그러니 사이에 어떻게 되겠어요? 도둑놈이 들어 그냥 전부 다 챙겨 가져가 버렸어요. 우리 살림살이가 이렇다는 것입니다. 귀한 보물이 있는 집단속을 잘 안 하고 밖의 놀이에 빠져 다 도둑맞고 있습니다.

『법화경』이 부처님의 진리의 말씀이고 생명의 소리라 하니 그 글자에 매여 '그게 무엇인가?' 파헤치듯이 머리로만 매여 있는 건 대충 문을 잠가 도둑이 들 빌미를 주는 것과 같습니다. 『법화경』에서 부처님이 말씀하신 대로 믿고 의지하고 따르는 마음이 중요합니다. 믿고 따르는 게 뭐예요? 하라는 대로 하는 것입니다. 집을 잘 보라고 하면 잠을 자지 않고 잘 지키는 것이 믿고 의지하고 따르는 것입니다. 스스로 보물을 지킬 줄 아는 것은 『법화경』을 수지하고 독송하고 사경하는 것이고, 보물을 쓸 줄 아는 것은 이 귀한 『법화경』을 주위에 널리 알려 주는 것입니다. 이 공덕에 관하여 부처님은 누누이 말씀하셨습니다. 여러분 한 분 한 분이 제대로 『법화경』에 눈을 뜨고 부처님의 가르침에 눈을 떠서 근본도리를 알아 진정한 법화행자로 살기를 바랍니다.

　여러분은 나이가 드는 걸 늙어간다고 생각하지 마시고 익어간다고 생각하세요. 나이 들어 익어간다는 건 열매를 맺어 추수할 때입니다. 봄에 씨앗을 뿌려 한여름의 땡볕을 견디며 농사를 지어 가을에 추수하잖아요. 지나온 삶을 돌이켜보면 얼마나 많은 어려움이 있었습니까. 그 여름을 견디고 추수할 가을이 우리들 나이로 익어갈 때입니다. 가을날 파란 하늘 아래 빨간 감이 잔뜩 매달린 감나무와 누렇게 익은 벼이삭들을 보면 마음이 풍요해집니다. 여러분의 나이가 열매 익어 풍성할 때입니다. 나이 드는 게 허망하다고요? 우리 중생에게 허망하지 않은 게 있을까요. 남편과 아이들, 가정 중심으로 살아 왔건만 다들 알아주지도 않고 나이만 먹으니 인생에 자기 몫이 하나도 없게 느껴지시죠. 하지만 대통령이든 회장이든 무슨 일을 했든 인간은 후회와 허망을 느낄 수밖에 없습니다. 일반적으로 성공해서 오욕락을 다 누리고 사는 듯 보여도 실상을 들여다보면 그만큼 고통이 있습니다. 오죽하면 싯다르타 왕자가 다 버리고 참 진리를 얻어 부처님이 되셨겠습니까.

밥은 식탁에서 먹고 잠은 방에서 자듯이, 때와 장소를 가려서 일상생활과 수행생활을 해나간다면 생활과 수행이 순일純一해집니다. 때와 장소를 아우르는 힘이 무엇인가 하면, 믿음입니다. 믿음, 신심이 기초라는 말입니다. 부처님 말씀을 적은 경전 중에서 믿음으로 가는 길에 관해서는 『법화경』이 최고입니다. 이 비유품에서 부처님 아버지의 말씀은 불난 집에서 빠져 나오라는 것입니다. 그와 같이 바른 가르침을 보고 실생활에 오로지 믿음으로 중심을 세우고 부처님의 가르침대로 살아보겠다고 결심하시길 바랍니다.

온몸과 정신과 마음을 길들인 오욕락에서 벗어나게 하는 데는 처음에는 분명 고통이 있지만, 몸과 정신과 마음이 부처님의 바른 법에 익숙해질수록 고통이 없어지며 즐거움이 늘어납니다. 계속해서 고통스럽다면 자비로우신 부처님 아버지가 우리 자식들에게 이 길이 제일이라는 말을 하지 않으셨을 것입니다. 수행할 때 얻는 상락아정常樂我淨의 기쁨, 이것만큼 더 행복한 것이 없다고 부처님께서는 『법화경』에서 직접적으로 말씀하셨습니다. 더불어 너도 부처고 나도 부처, 모든 중생이 부처지만 자신이 부처임을 안 부처와 자신이 부처임을 모르는 부처만 있다고 말씀하신 것이 『법화경』입니다.

우리는 부모의 유전자를 받고 태어납니다. 부처님 아버지의 자식이면 모두 부처 유전자가 있습니다. 다만 자기가 부처인 줄 모르는 부처라는 겁니다. 그러니 우리 삶의 목적은 부처님의 자식으로 아버지를 따라 부처가 되는 것입니다. 또한 공부 과정에서조차 진정한 행복, 즐거움을 보너스로 받습니다. 이 모든 것의 시작은 부처님을 믿고 의지하고 따르는 데 있습니다. 그 속에 길이 있기 때문에 여러분은 주위 친구나 아는 분들에게 『법화경』을 따라 나처럼 행복해져라, 하며 권할 수 있어야 합니다. 그러기 위해서 여러분은 오늘부터라도 이 『법화경』을 수지하고 독송하고 사경해야 합니다. 하루하루 수행의 습관이 들어 『법화경』과 하나가 되면 여러분은 의도하지 않아도 수행의 향기를 뿜는 법화행자가 되어 주위 사람을 행복하게 이 법으로 이끌 수 있는 것입니다.

부처님을 믿고 의지하고 따르는 법화행자로 살면 먼저 '나'라는 상이 떨어져 나갑니다. 아상我相을 없앤 자리에 무엇이 채워지는가 하면, 지혜와 자비심입니다. 지긋지긋한 원수 같던 남편이 부처님으로 보이고 잔소리하는 시어머니와 시누이들이 보살님으로 보입니다. 자식들이 공부를 못하고 장가를 못가고 취직을 못해도 때가 되면 잘할 거고 다들 부처님 유전자를 가졌으니 다 잘될 거라는 평안한 마음이 됩니다. 받아들이고 인정하고 수긍하게 됩니다. 그 자리가 깨달음으로 가는 첫걸음입니다.

방편이라는 게 딴 게 아닙니다. 모두가 고통의 바다에서 벗어나 육지로 올라와 행복해지는 길, 그것이 부처님 방편입니다. 수행에도 여러 방법과 방편이 있습니다. 참선, 염불선, 위파사나 남방수행, 금강승 밀교수행 등등 나라마다 문화권마다 많은 수행법이 있습니다. 수행이 빠르고 늦는 것은 개인의 근기에 따라 다른 것이지 어느 방편이 높고 낮다고 하는 것은 분별입니다. 부처님은 대중을 가르치실 때 근기에 따라 여러 방편을 주셨습니다. 사리불처럼 최상근기들은 부처님의 말씀을 듣자마자 깨우쳐 아라한과를 얻으셨지만, 전생의 업으로 바보로 태어난 추소비구에게 가르쳐 주신 방법은 빗자루를 들고 청소를 하며 먼지를 쓸어라 하는 단순한 화두였습니다. 매일매일 청소를 하고 사람들의 신발을 닦으며 먼지는 뭘까 의정擬定을 내다가 아라한과위를 얻었습니다. 그러면 부처님께서는 『화엄경』, 『반야경』 등등 팔만사천법문을 하시고, 왜 마지막 가르침인 『법화경』에서 단순하게 생각할 수 있는 믿음을 강조하셨을까요? 믿음이 처음 시작이지만 또한 공부의 마지막 순서임을 천명하신 것입니다. 그래서 우리는 부처님을 아버지로 모시고 믿고 의지하고 따르면 궁극의 깨달음을 얻을 수 있는 것입니다.

매일매일의 생활 속에서 우리는 과연 부처님 자녀로 잘 살아가는지 혹 부처님의 뜻과 다르게 살고 있는 것은 아닌지 늘 점검해야 합니다. 얼마 전에 영화배우 출신 서우림 보살의 인생사를 TV에서 보았습니다. 나이가 대략 칠십이 된 이 보살님은 일찍 혼자되어 사내아이 두 명을 키워 둘 다 유학을 보냈습니다. 열심히 살았더군요. 아무리 연기자라지만 자식 둘을 유학을 보내고 그 뒷바라지를 하는 것이 쉬운 일은 아니잖아요. 그렇게 살다보니 이래저래 많은 빚을 졌던 모양입니다. 빚에 시달리며 힘들던 어느 날, 모든 빚을 다 갚아주겠다는 부자가 나타나서 재혼을 했답니다. 그렇게 미국으로 가서 살게 됐는데, 그동안에 두 아들은 유학을 끝내고 한국에 들어왔답니다. 그런데 어린 나이에 미국생활을 혼자 해서 그런지 잘 적응을 못했나 봅니다. 큰애보다 둘째가 어딜 가도, 앞 장에서 보살님이 한 질문처럼 직장에 적응하지 못하고 오래 못 있고 하면서 점점 사회 적응력이 없어지며 술에 의지하고 그렇게 알코올중독자가 되어 요절을 했더랍니다. 참 가슴 아픈 일입니다. 그때 당시에 어머니는 미국에 살고, 그러니 큰아들은 어디 말할 데도 없고 어디다가 하소연할 데가 없이 혼자서 마음고생을 많이 한 모양입니다. 그 TV 프로그램이 갈등을 겪고 있는 가족을 힐링 차원으로 외국에 보내 그 갈등 해소과정을 보여주는 방송입니다.

그 보살님과 큰아들이 간 곳은 중국 남서부 윈난성雲南省이었습니다. 윈난성은 날씨가 따뜻해 차가 많이 나는 곳입니다. 여러분이 좋아하는 보이차普洱茶가 많이 생산되어 그 동네에서 티베트까지 차를 운반하는 길을 차마고도茶馬古道라고 합니다. 첫 장면은 차마고도 초입에 있는 리장(麗江)이고, 그 다음 행선지로는 호도협虎跳峽이 나왔습니다. 티베트로 올라가는 차마고도는 풍경이 좋고 고도가 높다보니 사람을 슬프게도 하고 차분하게도 하나 봅니다.

엄마를 원망하는 큰아들하고 그렇게 둘이 간 여행에서 어디를 가도 먼저 간 아들이 생각나서 그리워하며 (큰아들이 알면 가슴 아파할까봐) 몰래 혼자서 눈물을 흘리더군요. 부모는 자식이 먼저 가면 가슴에 묻는다고 그러잖아요. 이 보살님이 그 자식을 먼저 보내고 난 뒤에 너무 상심이 크고 건강이 나빠져 병원에 갔는데 폐에 암이 발견되어 폐암제거 수술을 하였습니다. 암 환자로 큰아들과 사는데 그 아들이 직장도 그만두고 어머니를 보필하며 함께 다니는 모습을 보면서 가슴이 찡하니 감동이었습니다.

리장은 중국 내 소수민족 나시족이 많이 사는 동네로 중국전통의 기와집을 볼 수 있는, 우리로 치면 한옥마을과 같은 곳입니다. 풍광이 뛰어나고 인심도 좋아 중국 사람들도 평생에 리장 쪽을 한번 여행해보는 것이 소원이라고 하는 곳입니다. 리장을 거쳐 호도협으로 트레킹을 합니다.

2박3일 산길을 걷는 힘든 일정을 보살님이 잘 견디더군요. 아들은 어머니가 양말을 신지 않은 걸 보고 막 화를 내더군요. "엄마 양말 신으라고 그랬잖아." "나는 안 신어.' 엄마가 이렇게 대답합니다. 두꺼운 등산양말을 신어도 힘든 산길에 맨발에 운동화를 신은 엄마에게 아들은 자기 말을 안 듣는다고, 마음에 안 든다고 성질을 부리더니 앞으로 휙 가더군요. 아들도 암에 걸린 어머니를 사랑하지 않았으면 직장까지 그만두고 어머니를 모시지 않을 것입니다. 아들은 착하지만 어릴 때 미국으로 유학 보내져 혼자 동생의 죽음을 감당해야 했고 또 그 죽음을 막지 못한 죄책감으로 어머니에 대한 사랑과 미움이 섞여 애증愛憎이 된 듯 보였습니다. 표현하는 방법이 서툰 앞서가는 아들을 따라가며 뒤에서 "내가 저 자식 가슴 아플까봐, 내가 저 자식 가슴 아플까봐 울지도 못해!" 혼자서 그렇게 또 울면서 산길을 걸어가는 거예요.

호도협은 협곡이 좁아 호랑이가 뛰어 건넜다고 해서 호도협이라 하더군요. 티베트 쪽 높은 고원에서 급하게 흘러내리는 물이 호도협의 작은 물목을 지날 때는 무서울 정도로 거칠어져 물보라를 일으키더군요. 아들과 같이 호도협에 도착하여 호랑이 동상 앞에서 이제 여기서 모든 것을 다 띄워 보내고 내가 앞으로 다시는 울지 않으련다. 이런 말로 끝맺음을 하였습니다.

상처 없는 영혼이 없다고 하듯이, 이런저런 아픈 상처를 가지고 살아가는 우리가 중생입니다. 크고 작고 뭐든지 간에 각자의 가슴 속에는 설움이나 복받침이나 괴로움이나 응어리가 있습니다. 모두가 경중의 차이지 똑같다는 말입니다. 인간사 그냥 국솥에 국 끓고 밥솥에 밥 끓듯이 집집마다 한 사람 한 사람마다 고통이 다 있습니다. 그러면 우리 중생이 가지고 있는 고통이나 앞으로 다가올 피하지 못할 고통에 어떻게 대처해야 할까요?

그 해결 방법은 부처님을 믿고 의지하고 따르는 것입니다. 불타는 고통의 집에서 장난감놀이에 빠져 있는 우리를 빠져 나오게 하려고 노력하시는 모습을 그린『법화경』이 구원의 길임을 명심해야 합니다.『법화경』에서 부처님이 확실하게 말씀하신 수행법이『법화경』을 수지하고 독송하고 사경하고 주위 사람에게 알리는 것입니다. 부처님을 아버지로 둔 자식이 아버지 말씀을 믿고 의지하고 따라야 하는 것 아닙니까?

『법화경』을 열세 번째 사경을 하시는 분이 계십니다. 연세가 72세인 보살님이신데, 돋보기를 끼고 먼저 간 자식을 위해서『법화경』 사경에 아주 지극하게 매달리고 계십니다. 처절하게 간절합니다. 기도라는 것은 이렇게 간절하고 절박함이 있어야 되는 것입니다. 간절하고 절박하면서 그것이 가슴의 응어리를 풀어내고 맺혔던 모든 것을 하나하나 『법화경』 한 자 한 자에 써 넣으며 부처님 아버지께 자신의 한을 다 풀어내는 것입니다.

예를 들어 길을 가는데 100킬로그램의 짐을 든 사람과 빈손으로 가는 사람 중에 누가 빨리 갈까요? 유치원 아이들도 아는 답이지요. 100킬로그램의 짐이 우리의 한과 설움과 두려움 등등의 번뇌 망상입니다. 『법화경』을 수지하고 독송하고 사경하며 중생의 응어리진 마음을 완전히 풀어내면 마음이 자유롭게 됩니다. 그 다음 공부 길은 휭 하니 가는 것이고, 때가 이르면 깨달음을 얻어 여러분의 마음 그 자리가 본래 부처(佛)임을 여실히 알게 됩니다.

요즘은 잘 쓰지 않는 표현이지만, 이런 말이 있잖아요. "부처 위해서 중질 하나? 자기 몸 위해 중질 하지." 옛날 어른들이 그러더라고요. 이게 절집을 비하하는 소리이지만, 그러나 결론은 뭐냐 하면, 부처님을 닮으려고 하고 부처님이 좋기 때문에 부처님 쪽으로 가는 것이라는 타당한 말입니다. 부처님 아버지를 믿고 의지하고 공경하고 찬탄하고 예경하면 세상 부모도 기특해 할 터인데 무량 자비하신 우리 아버지 부처님은 얼마나 기뻐하시겠습니까. 세상 부모도 자식이 부모 뜻대로 잘하면 없는 돈에서도 용돈을 주시잖아요. 하물며 부처님께서는 깨달음은 자신의 문제로 치더라도, 먼저 복덕자량을 무한히 쌓을 수 있는 돌보심, 즉 가피를 주십니다.

이와 같은 도리를 알아야 합니다. 복덕자량은 우리 중생이 깨달음을 얻는 기초입니다. 그렇게 귀한 복덕자량이 구족해지려면 스스로 노력하고 기도하고 방일하지 않으며, 지혜를 키우고 자비심을 키워야 합니다. 연세가 70이 넘으신 보살님이 사경을 열세 번씩 이렇게 하는 이유가 어디 있겠습니까? 『법화경』 열세 번 사경 그게 정성이요 기도입니다. 그것이 발원이 되어 좋은 일이 생기면 가피로 생각하니 날이면 날마다 즐겁고 좋은 날이 되는 것입니다.

밤손님도 훔치는 자루에 보물만 집어넣고 아무거나 함부로 안 넣는데, 여러분 마음속에 아무거나 함부로 넣어서 쓰레기장을 만들면 되겠습니까? 『법화경』의 부처님 가르침을 따라 제대로 살아가다보면 마음이 맑고 고요해지고 거기에서 상락아정의 즐거움이 저절로 일어납니다. 부처님 가르침이 아닌, 스스로가 자꾸 즐거움을 찾으려고 애쓰는 그것이 바로 오욕락에 빠져 이번 인생을 낭비하는 것입니다. 부처님께서 사람 몸 받기가 얼마나 힘든지 여러 번 말씀하셨습니다. 감정의 즐거움, 몸의 즐거움에 집착해 살다가 업력대로 끝나면 또다시 육도 윤회하는데, 이번에 사람이었다고 내생에도 사람이겠거니 하는 것은 착각도 유분수입니다. 오욕락에 살며 복덕을 다 까먹으면 다음은 소가 되거나 개가 되거나 물고기가 되거나 늘 배고픈 아귀가 될지도 모릅니다. 잘 생각해보세요. 여러분이나 저나 언제 죽을지 모르잖아요. 티베트속담에 "내일이 먼저 올지 내생이 먼저 올지 누가 아는가?"라는 말이 있습니다. 옳은 표현 아닙니까? 지금 잘 살아야 합니다. 내일을 기대하지 마시고 부처님 아버지를 믿고 의지하고 따르며 오늘을 잘 사시기 바랍니다.

問 자식들이 30대 중반이 됐는데 결혼할 생각을 안 합니다. 이 문제를 어떻게 풀어야 될까요?

答 간단합니다. 아들이면 머리 깎아서 동화사 보내고, 따님이면 머리 깎아 비구니 도량인 운문사로 보내면 됩니다. 이 말은 진심 반 농담 반입니다만, 허망한 인생, 눈 떴다가 감으면 염라대왕 앞이라는 말처럼 쏜살같은 인생에서 출가야말로 참으로 귀한 삶입니다.

요즘 젊은 세대는 결혼을 기피하는 가장 큰 문제가 돈 때문입니다. 사랑하는 사람이 있어도 결혼을 꺼리는 것은 남자는 통상 전세든 월세든 집을 장만해야 하는데 여러분이 알다시피 웬만한 전셋집이 일억 원이 넘는다잖아요. 직장을 잡은 사회 초년생이 십 년을 일해도 일억이란 돈을 만들 수 없을 것 같아요. 그러면 집안에 기대야 하는데, 부모가 집을 팔아 전셋집으로 가고 아들 신혼집을 해준다는 얘기를 들은 적 있습니다. 옳은 생각이 있는 자식이라면 평생 고생하여 키워 주신 부모님에게 기대어 남은 집 한 채를 팔아서까지 장가가기 싫을 것입니다. 혼기가 찬 여성은 걱정이 더 많습니다. 우선 가난하게 살기 싫죠. 누구나 가난은 싫지만 여성은 또 다른 게, 아이를 낳아 길러야 하기 때문입니다. 지금 대한민국에서 아이를 키우는 비용과 정성이 엄청난데, 결혼해서 그 고통을 떠안기 두려운 것입니다. 요즘 젊은이들의 생각이 어른들보다도 더 빠르고 현실적이에요. 이런 염려와 걱정 때문에 장가나 시집을 가지 못합니다. 부모들은 "야야, 가서 저질러 놓고 나면 다 된단다." 이 소리만 하는데, 사실 나라를 경영하는 못난 정치권과 부모세대도 책임이 있습니다. 첫 단추는 요즘 젊은이들이 결혼을 미루는 이유를 알아 나라가 해결하려고 노력해야 합니다. 적은 돈으로 신혼집을 마련하게 하고, 아이 키우는 부담을 적게 해주어야 합니다. 그게 국민을 행복하게 하는 복지정책이에요.

젊은이들이 결혼을 포기하는 세상, 왜 이런 현상이 오느냐? 모든 것이 물질만능주의로 흘러가고 물질에 견주어서 모든 것을 보기 때문에 이런 현상이 오는 것입니다. 우리 부모들과 잘못된 국가운영이 만든 문제예요.

그렇다고 문제가 해결될 때까지 결혼을 미룰 수는 없잖아요. 그러니 불편하고 불만족스러워도 혼수비용을 줄이고 결혼식 비용을 줄이고 월세부터라도 시작해야 합니다. 부모들도 혼수를 따지지 말고 신혼집의 크기도 따지지 말아야 합니다. 사윗감과 며느리를 고를 때 그 사람의 인성과 인품이 됐느냐, 안 됐느냐를 보고 고르면 후회가 없을 것입니다. 그러니까 사랑하는 사이라면, 믿을 만한 사람이라면 무조건 미래를 겁내지만 말고 시작해 보라고 하세요.

합장하겠습니다.

거룩하고 대자대비하신 부처님 감사합니다.

거룩하고 자비로우신 부처님 아버지, 오욕락에 빠져 고통 받는 모든 중생이 『법화경』으로 말미암아 어려운 이 고통을 다 거두고 우리 모두 행복에 이르는 이고득락離苦得樂의 인연을 짓도록 해주시길 간절히 기도드립니다.

나무석가모니불 나무석가모니불 나무시아본사석가모니불.

03
자비하신 부처님 아버지의 마음

신해품

이번에 함께 공부할 곳은 신해품입니다. 신해품은 믿고 따르고 의지하는 명료한 마음을 가르치는 것입니다. 먼저 어떤 것이 부처님의 마음인지 알아보겠습니다.

아침뉴스, 저녁뉴스 할 것 없이 세상은 늘 어수선하여 마음에 걸리는 생각이 많고 고민이 많고 번뇌심이 많습니다. 이 시대는 디지털 방식이어서 한순간에 전 세계에서 일어나는 일을 알 수 있습니다. 잠자는 시간을 빼놓고 늘 핸드폰을 가지고 다니다가 손가락으로 누르기만 하면 모든 일을 알 수 있습니다. 소통이 쉬워졌다는 말입니다. 예전에는 사람을 만나려면 전화를 걸어서 자리에 없으면 다음날이나 그 다음날로 약속을 잡아야 했습니다.

유선전화가 없던 시대의 옛 어른들은 편지를 보내 상대의 의중을 안 다음 서너 번 편지가 오간 후에 약속장소를 정해 서로 어렵게 만날 수 있었습니다. 그 이전 조선시대에는 사람이 걸어가거나 말을 타고 가서 편지를 전달했을 것이니 더 어려웠겠지요.

21세기 지금은 어떻습니까? 생각나면 핸드폰으로 바로 연락해 만날 수 있습니다. 그도 아니면 영상으로 서로 얼굴을 보며 통화할 수도 있습니다. 사람과 사람 간의 소통이 그만큼 빠르고 쉬워졌습니다. 그런데 이렇게 서로 만나기 쉬운 환경에서 사람들 간의 관계가 깊고 넓어졌나요? 그렇게 보이지 않습니다. 오히려 옛날보다 관계들이 최악입니다. 여러분은 그렇지 않겠지만, 즉각 소통이 되는 디지털시대에 그 이로운 물건을 서로 험담하는 데 쓰고 있습니다. 그 인간이 이렇고 저렇더라고 수다를 떨며 사람관계의 불신의 벽만 높이고 있습니다. 뭔 증거를 잡는다고 핸드폰으로 녹음을 하고 사진을 찍어 많은 사람이 한 사람을 매장시키는 '왕따' 풍조에 일조를 하기도 합니다. 세상이 어수선하고 혼탁한 것은 본받을 만한 부모도 없고 스승도 없는 이유가 큽니다. 가정에서 본을 보일 아버지, 어머니는 "돈, 돈" 하다 돌아버리고, 민중을 위로해야 할 저명한 사회 인사나 종교지도자들도 한 꺼풀 벗겨보니 일반 대중보다 더 타락한 모습을 보여 본받을 만한 부모도 존경할 만한 스승도 없는 세상이 되었습니다. 이런 불신 사회가 팽배할수록 사람은 개인주의로 흘러가고, 그 흘러가는 만큼 더 외로워집니다.

어려웠던 1960년대, 70년대를 살아왔던 우리 아버지들은 어떠했습니까? 여러분도 기억하시겠지만 그 시대는 먹을 게 없어서 보릿고개가 있었습니다. 21세기 지금은 도리어 건강식이라 한다지만, 그때는 먹을 것이 없어 소나무 껍질을 벗겨 먹고 봄에는 산나물로 명줄을 이었습니다. 초근목피草根木皮로 연명했던 그 시절만 해도 가족중심이었어요. 여러분 형제자매도 최소 4, 5남매 이상이 될 거고 당시에 보면 7, 8남매 되는 집도 많았습니다. 그만큼 어려운 시절에 아버지들은 소 한 마리를 가지고 밭을 갈고 논을 갈고 어떻게 하든지 자식들을 먹여 살리려고 등 넘어 재 넘어 지게 짐을 지고 다니며 애를 쓰고 노력을 했단 말이에요. 저희 아버지만 해도 그래요. 새벽에 별을 보고 들로 나가시고 밤에는 달을 보고 집에 들어오시던 그 모습이 아직도 눈에 생생합니다. 고생만 하시다 돌아가신 아버지를 생각하면 짠한 마음에 가슴이 울컥합니다. 어떻게 하든지 가족의 가장 노릇을 하고 자식들을 굶기지 않으려고 노력하시던 아버지의 모습이 아직도 역력하고 생생합니다.

여러분도 자식이었다가 부모가 되었잖아요. 자식 입장일 때는 여러분도 아마 스스로 혼자 컸다고 생각했을 것입니다. 그러나 자식을 키워봐야 부모심정을 안다고 하잖아요. 이제 자식을 키워보니 그 어려운 시절에 부모님들의 노고를 알게 되지 않습니까.

어느 날 TV를 보니, 아들이 학교를 도중에 그만두고 가난하니깐 서울로 가서 막노동부터 안 해본 일 없이 다 했다고 합니다. 그 어머니는 객지에 나간 자식이 밥은 굶지 말아야 한다는 생각으로 늘 밥상에 아들 몫의 밥을 떠 놓았답니다. 그런데 아들이 그야말로 고생고생 하다가 참으로 안타깝게도 뇌졸중이란 병에 쓰러졌습니다. 그 아들이 한쪽 수족이 마비가 되어 어머니를 찾아 고향 가는 모습을 봤어요. 아마도 그 부모는 쓰러져 돌아온 아들을 따뜻하게 보듬었을 것입니다.

우리 풍습에 '몫에밥'이 있어요. 전쟁터에 간 자식이나 생사를 모르는 남편이나 부모를 위해 곡식이 귀하던 시절에도 밥을 떠 놓고 무사귀환을 바라는 마음 챙김이었어요. 그 아름다운 풍습이 이제는 사라진 시대입니다.

이런 미풍양속이 있었던 게 불과 몇 십 년 전입니다. 요즘 백세 시대라 하지만 백년이란 세월도 금방 지나갑니다. 지나가고 사라지고 없어질 것인데도 살아 있는 짧은 동안 자기가 최고인 줄 알고 자기가 제일인 줄 알고 자기가 잘난 줄 알고 겸손하지 않고 주위를 돌보지 않고 삽니다. 끼니를 때울 수 없던 우리가 좀 살게 되니 '돈, 돈' 하며 사람의 가치를 깡그리 잃어버렸습니다. 가장 먼저 무엇을 잃었는가 하면 부모님께 감사하는 효도입니다. 키워준 부모님께 효도하는 모습을 자라는 아이들에게 보이지 못한 우리들 탓입니다. 앞으로 가족 간의 단절은 더 심해질 것입니다. 그렇게 고생하며 1960, 70년대를 살아왔던 부모님들은 이제 연로한 할아버지가 되고 할머니가 되어서 국가에서도 돌보지 않고 자식들에게도 외면당하며 외롭게들 살고 있습니다. 지금 시골에 가보면 그런 어른들이 조그마한 밭이라도 일구면서 아직도 집을 지키고 고향을 지키며 살고 계십니다. 그 힘든 가운데서도 자식들에게 주기 위해서 참깨도 조금 심고 고추도 조금 심어 거두는 그 애잔한 마음을 알아야 합니다. 여러분은 부모님께 잘하는 모습을 자녀들에게 보여야 가정이 온전해집니다. 다하지 못한 효가 있다면 후회하지 마시고 돌아가시기 전에 잘 하세요. 거미의 습성이 여러 새끼가 알을 까고 나오면 어머니의 몸부터 먼저 잡아먹고 습기를 빼먹는다고 합니다. 거미는 그런 생존의 습성으로 유전이 되고 그것이 업력이 되기 때문에 그렇게 하는지는 몰라도, 형태는 다르지만 우리 인간의 부모들도 자기가 가진 것을 다 주고 가시는 것은 매한가지입니다.

자식이 사람도리를 하고 살기를 바라는 게 모든 부모님의 마음입니다. 지금 공부하는 신해품은 부처님 아버지께서 자식들을 바라보는 마음이 어떠한지를 명확히 보여줍니다. 육신의 아버지에게 가족이 중심이라면, 부처님에게는 불자佛子가 중심입니다. 자식이 중심이라는 것입니다. 그러면 그 가운데서도 어떤 자식이 가장 중심일까요? 제대로 부처님 아버지께 귀의하고 부처님 아버지 법에 귀의하고 부처님 아버지 가르침대로 지혜와 자비심으로 보살행을 행하는 자녀들이 중심입니다. 우리가 부처님 자녀로 완전하게 가족이 되어야 한다는 것이 신해품의 가르침입니다. 부모가 자녀에게 좋은 것만 주려 하듯 부처님을 아버지로 모시면 가피를 받습니다. 여러분이 천일 만일 기도를 하고 참선을 하고 명상을 하더라도 진실한 부처님의 자식이 아니고 진실한 부처님의 자식으로 들어와서 살지 않으면 바닷가에 모래성을 쌓은 것입니다. 흔한 말로 공염불이라고 하죠. 여러분이 필요할 때만 '나는 부처님을 믿는 사람입니다.'라고 한다면 어떤 가피도 받지 못합니다. 다른 집 자식에게 그냥저냥 친밀한 것이지 내 자식처럼 모든 걸 주지는 않는 것과 같습니다.

그렇다면 우리는 어디서, 어떻게 부처님을 만날까요? 그것은 팔만사천 가지가지 설법을 기록한 경전을 통해서입니다. 우리가 초등학교에 들어가서 처음 글씨를 배울 때도 책을 보고 배우잖아요. 그다음에 영어는 영어책을 보고 배우고, 도덕윤리를 배우고 싶으면 도덕윤리 책을 놓고 배워야 합니다.

이렇듯 책이 없으면 가르칠 수도 가르침을 받을 수도 없습니다. 근본인 책 없이 가르침을 받고 공부한다면 엉뚱한 길로 가기가 쉽습니다. 부처님의 가르침, 이 귀중한 경전이 없다면 무엇을 가지고 참선을 하고 무엇을 가지고 염불을 하겠습니까? 부처님이 가르쳐주신 이 경전에 입각해서 공부를 해나가야 합니다. 경전에 나와 있는데도 많은 출가자와 학자들이 왜 엉뚱한 소리를 하고 딴소리를 해서 부처님의 바른 정법이 헛길을 가고 곁길을 가고 곁가지를 잡는지, 그 어리석음이 안타깝습니다. 부처님은 출가하셔서 깨닫기 전에 여러 수행방법대로 어렵고도 어려운 난행고행을 6년이란 세월 동안 하셨습니다. 그러다 궁극의 깨달음은 고행으로 이룰 수 없다는 사실을 깨닫고 고행을 멈춥니다. 같이 수행하던 다섯 비구가 부처님을 멸시하며 떠난 뒤 보드가야 숲속 보리수 아래에서 위없는 최상의 아뇩다라삼먁삼보리를 얻고 붓다를 이루셨습니다. 이렇게 일체 종지를 깨달으신 부처님 아버지께서 어렵게 공부를 하라고 할 이유가 없습니다. 어떤 부모가 내가 고생한 만큼 너도 똑같이 고생하라고 자식을 이끌겠습니까? 당연히 내가 한 고생을 안 시키고 키우려는 게 부모마음입니다. 그 마음이 바로 『법화경』이고, 자식을 사랑하는 그 마음을 표현한 것이 오늘 배우는 신해품입니다.

한 나라에서 가장 부자인 아버지가 하나뿐인 아들을 어릴 적에 잃어버렸습니다. 환장할 노릇이지요. 부모를 잃은 아들은 거지가 되어 이곳저곳 다니며 밥을 빌어먹고 살았습니다. 그 아버지는 온 천지사방에 사람을 보내 잃어버린 아들을 찾았습니다. 그러다 아들을 찾았다는 소식을 듣고 아들을 자신의 집으로 불렀는데, 영문을 모르고 따라온 아들은 큰 집에 겁을 먹고 대문에서 졸도합니다. 부자 아버지는 곰곰이 생각하기를 '아들에게서 거지근성을 뽑아내어 자신이 세상에서 가장 부유한 사람을 아버지로 두었고, 자신이 그 재산을 상속받을 유일한 아들임을 알아도 심장이 터져 죽지 않게 교육을 시켜야겠다.'고 마음먹습니다. 그 아버지는 하인을 시켜 돌아온 아들에게 똥거름을 치우는 일을 주선하게 합니다. 그리고 부자 아버지는 똥거름을 치우는 일을 함께합니다. 아버지는 아들과 함께 일하며 친해져 자연스럽게 아들 교육을 시킵니다. 그렇게 지내다 때가 이르자 부자 아버지는 "사실 너는 내 아들이고, 세계에서 가장 큰 부자인 나의 아들이란다. 그러므로 그 모든 재산은 다 너의 것이다."라고 이렇게 아들에게 사실을 알려줍니다. 거지로 빌어먹던 아들이 사실은 세상 최고 부자의 자식이었습니다.

이제 비유로 알게 된 진실은, 우리도 부처님 자식으로 부처님 아버지의 유전자를 받은, 불성이라는 종자를 지닌 부처라는 것입니다. 하지만 부처인 줄 모르고 이 허깨비 같고 물거품 같은 세상에 속아 용렬하고 치졸하게 살고 있습니다. 큰 부자 아버지를 두고도 밥을 빌어먹는 거지 아들과 우리가 다를 바 없다는 얘기입니다. 그러니 결론은 아버지를 찾아야 합니다. 부처님 아버지를 찾아 믿고 의지하고 따르는 삶을 살아야 합니다.

부처님 아버지의 자식이 되면 먹이고 가르치고 씻기고 입히고 키워 궁극에는 불성이라는 자리를 완전히 보게 하여, 그 속에서 부처님과 똑같은 완전한 깨달음을 얻습니다. 부처님 아버지의 자식으로 부모의 유산인 아뇩다라삼먁삼보리, 위없는 깨달음을 얻어야 하는데, 그 시작이 『법화경』을 수지 독송하고 사경하며 다른 사람들에게 『법화경』의 위신력과 자비하신 부처님의 마음을 알리는 것입니다. 『법화경』만큼 근기를 따지지 않고 믿음으로 수행할 수 있는 경전은 없습니다.

또한 『법화경』 사경을 정성을 들여 하면 현실의 문제도 해결됩니다. 저희 절에 사경을 하는 거사님이 있습니다. 거사님의 아들이 술만 먹으면 인사불성이 되어 부모도 몰라보고 물건을 부수고 생난리를 피우니, 이 거사님이 속이 상해 부처님 앞에서 엉엉 울고 대성통곡을 해요. 저에게 어떻게 했으면 좋겠냐고 상담을 하시길래 『법화경』 사경을 하게 하였습니다. 『법화경』 사경을 1년 동안 했는데도 자식이 변하지 않고 또 술을 먹고 횡액을 부리고 난리를 피우는데 거사님은 자기도 모르게 대성통곡이 나오더랍니다. 아버지가 술에 취해 난동을 부리는 아들을 붙잡고 "미안하다. 내가 몰랐다. 미안하다." 계속 그 말만 했답니다. 흔히 하는 말로 부부나 자식은 원한으로 오는 경우가 있다고 하잖아요. 딱히 사연이 없어도 가족인연이 풍비박산되는 건 어쩌면 원결怨結 때문일 수 있습니다. 술에 취한 아들이 난동을 부릴 때마다 "아들아! 내가 미안하다. 내가 잘못했다."는 소리를 진심으로 했다고 합니다. 물론 『법화경』을 읽고 쓰며 그렇게 했습니다. 그랬더니 망나니 아들이 어느 날부터 술을 딱 끊고 새사람이 되었다고 거사님이 저에게 기쁘게 말했어요. 그 이후로 그 아들은 부모를 섬길 줄 알고 사회생활도 잘 했답니다. 『법화경』 사경을 하면서 그 거사님은 자기 자신부터 변하여 망나니 아들을 껴안을 마음이 일어난 것입니다. 우리가 『법화경』 사경을 함으로써 큰 부자가 되기도 하고 큰 병이 낫기도 하는 등 큰 기적이 일어날 수 있으나, 사랑하는 아들이 제자리로 돌아오는 이런 예가 그 가족에게는 가장 큰 기적일 겁니다. 이러한 가피가 『법화경』 사경에 꼭 있다는 것을 아시고, 우리 모두 『법화경』 한 자 한 자를 발원하며 기도하는 마음으로 써나가는 참된 부처님 자녀가 되길 바랍니다.

問 제 남편은 절에 다니고 싶어 합니다. 그런데 불교를 너무 어려워합니다. 쉽게 읽을 수 있는 경전은 어떤 게 있는지요?

答 경전에는 『화엄경』, 『아함경』, 『방등경』, 『반야경』 외에 많은 경전이 있습니다. 부처님께서 팔만사천법문을 설하셨으니 얼마나 많겠습니까. 그렇게 많지만 그 핵심, 궁극은 하나입니다. 바로 석가모니 부처님을 믿는 마음입니다. 석가모니 부처님은 우리와 같이 사바현장에 오셔서 우리와 같은 몸으로 성도하신 분이며, 하늘에서 뚝 떨어진 외계인이 아니라 우리 중생과 다름이 없는 분이 깨달음을 얻어 부처가 되신 것입니다. 그래서 그분을 아버지로 모시는 거죠. 『금강경』도 좋고 『반야심경』도 좋지만 『법화경』이 제일입니다.

『법화경』에서는 믿음이 제일이라고 했습니다. 믿고 따르고 의지하라! 이 공부법만큼 수승하면서도 쉬운 방법이 없습니다. 남편분에게 『법화경』을 선물하시고 늘 가지고 다니며 읽고, 한 발 더 나아가 사경까지 한다면 더 이상 좋을 수 없겠지요.

 합장하겠습니다.
거룩하고 대자대비하신 부처님 감사합니다.

오늘은 신해품으로 부처님께서 우리 중생들을 자식처럼 보듬어 보살펴주시며, 우리의 불성을 밝혀 니르바나의 세계로 이끌어주심을 보았습니다. 저희들도 부처님을 아버지처럼 믿고 따르고 의지하며 부처님의 바른 권속이 될 수 있기를 발원합니다.

나무석가모니불 나무석가모니불 나무시아본사석가모니불.

04

보살의 행

약초유품

부처님은 우리 중생들을 어떻게 제도하시는가? 부처님은 근기마다 차별이 있다고 하셨습니다. 다시 말해 같은 땅에서 자라며 똑같이 비를 맞아도 성장이 다른 것과 같다고 하셨습니다. 부처님께서는 중생들의 근기가 영리한지 둔한지, 정진하는지 게으른지를 살펴서 감당할 만큼의 근기에 맞춰 설법을 하신다고 하셨어요. 벚꽃나무들도 한 줄로 줄지어 서 있지만 나무마다 꽃피는 시기가 다르더군요. 모양이 다 같고 비슷비슷해 보여도 근기의 차별이 있습니다. 차별이라면 언뜻 나쁜 것처럼 느껴지는 표현입니다. 그러나 똑같은 건 하나도 없고 서로 다르다는 것을 인정한다고 보면 됩니다. 남자는 여자가 될 수 없고, 여자는 남자가 될 수 없는 걸 이야기하는 거지요. 바꿀 수 없는, 규정지어진 상태의 차이라는 거죠.

절에서 남자 분들을 거사님이라고 부르죠. 거사란 말은 부처님 당시 깨달음을 원만히 성취한 유마힐거사에서 유래합니다. 절에 오시는 여자 분들을 보살이라고 부릅니다. 보살菩薩이란 범어 보리살타(Bodhisattva, 菩提薩埵)의 준말로 사실은 보살수행으로 십지十地의 깨달음을 얻은 분을 말합니다. 그런데 우리나라는 절에 어제 들어와도 보살이고 오늘 들어와도 보살이고 내일 들어와도 보살이에요. 그 이유는 단순해요. 유치원생도 학생이고 초등학생도 학생이고 대학생도 학생이기 때문에 다 학생으로 부르는 것처럼 그냥 보살이라고 통칭합니다. 아마도 전 세계에서 여성신도 우바이優婆夷로서 가장 큰 칭호일 것입니다. 절에서 그렇게 큰 칭호를 받지만 그러나 여성들의 삶을 들여다보면 만만치 않은 여자의 일생이지요.

1960, 70년대 우리나라 여성의 처지는 지금 21세기와는 너무도 달랐습니다. 결혼하기 전까지는 당연히 부모의 뜻에 따라야 했으며 자기 뜻대로 하려다가는 혼이 났습니다. 행동거지도 조심해야 하고 정숙하고 얌전해야 했으며, 엄마를 도와 집안을 이끌어 나가야 했습니다. 그러다 결혼하고 난 뒤에는 남편한테 가로막혀 이러지도 저러지도 못하고, 늙어서는 자식한테 가로막혀서 이러지도 저러지도 못하고 살아왔습니다. 이렇게 어머니 세대는 평생을 살면서 부모와 남편과 자식에게 세 번이나 가로막히는 인생을 살았

습니다.

그런데 요즘은 홀로 서기를 잘하는 미혼 여성들이 많아져 경제 자립을 한 30대가 시집을 안 가고 당당하게 사는 경우도 많습니다. 그래서 출산율이 떨어져 다들 걱정입니다. 능력이 있는 여성은 그렇다 치고, 결혼을 하고 싶어도 어떻게 결혼을 하느냐, 결혼해서 둘이 먹고 사는 데도 힘든데 아이는 어떻게 낳아 기를 것이냐, 이러니 젊은이들의 연애도 없어지고 결혼도 없어지고 당연히 아이를 낳는 것도 없어지니 앞으로 대한민국이 텅텅 비지 않겠느냐고 걱정들이 많습니다.

국가의 재산이 뭘까요? 국민이 재산입니다. 더욱이 땅이 작고 천연자원이 적은 우리나라는 인재가 재산입니다. 그런데 이런 사실을 몰라서 70년대에는 산아 제한을 했습니다. 여러분도 기억하시겠지만 그 당시 표어를 떠올리면 황당해서 슬플 지경입니다. 1960년대는 "많이 낳아 고생 말고, 적게 낳아 잘 키우자"라는 구호를 귀에 못이 박히도록 들었고 아이를 많이 나면 미개인 취급을 받았습니다. "3·3·35운동"도 벌였지요. 3명의 자녀를 3년 터울로 낳고, 35세에는 단산斷産하자고 정부는 보건소와 가족계획 지도원을 파견하여 무료로 불임시술까지 해주었습니다. 21세기 지금은 딸을 낳으면 홈런을 쳤다 하고 아들을 낳으면 파울 볼이라 한답니다. 하지만 70년대 당시 우리 사회에는 남아선호사상이 뿌리 깊게 박혀 있어 아들을 낳기 위해 출산을 계속하는 사람들이 많았습니다. 이러한 현실 때문에 나온 표어가 "딸 아들 구별 말고 둘만 낳아 잘 기르자!"였습니다. 지금 인구감소의 문제는 제한을 안 해도 될 것을 제한했기 때문에 발생한 것입니다.

무엇이든 자연스럽게 놓아두면 스스로 조절됩니다. 부처님께서 『법화경』약초유품으로 말씀하시는 요지가 자연스러움입니다. 똑같이 심어 비를 맞고 같은 땅에서 자라지만 성장은 다릅니다. 부처님은 그 각기 다른 근기에 차등을 두어 가르침을 내리시는 것입니다. 예를 들어 최상근기는 단박에 알아들을 법문으로, 최하근기에게는 이야기를 빌려서 거듭거듭 설법하시는 것입니다. 자라는 게 늦다고 뽑아버리는 강제를 쓰지 않으시고 각각에 알맞게 자연스레 양육하십니다.

이와 같이 사람들마다 생각도 다르고 근기도 다른데, 내 중심적인 생각이나 자아自我가 근기를 가름합니다. 나라는 존재를 버리지 못하니 부처님의 가르침이 들어갈 공간이 없는 것입니다. 소견을 넓게 써야 마음도 넓어져 누구에게나 부드럽게 대하며, 외모가 잘생기지 않아도 자연스레 "야 뚝배기보단 장맛이네", 이 소리를 들을 수 있습니다. 머리는 지혜롭게 쓰고 마음은 바다같이 쓰며 행동은 여우처럼 하면 누구나 그 사람을 좋아합니다. 이렇게 참사람이 되려면 부처님 아버지를 믿고 의지하고 따르며 부처님 말씀으로 훈습하면 됩니다.

사람도 동물과 마찬가지로 환경의 지배를 받습니다. 옛날에 인도에서는 코끼리를 동원해 전쟁을 했습니다. 코끼리 코에다가 창을 묶고, 몸에는 철갑을 둘러서 덩치 큰 코끼리들이 적진에 뛰어

들어 사람을 밟아 죽이게 했답니다. 어느 나라에 전쟁을 잘하는 코끼리, 즉 아주 잔인하고 난폭한 코끼리가 있었습니다. 어느 날 코끼리 우리가 불에 타서 절에 그 코끼리를 옮겨 놨다고 합니다. 그때부터 이 난폭하고 잔인한 코끼리는 염불을 듣게 됩니다. "자비하신 관세음보살님… 살생중죄금일참회殺生重罪今日懺悔…"를 듣고는 '아! 내가 이제까지 했던 살생…' 코끼리가 어느 순간 그 염불소리에, 부처님 법문에 교화되어 성정이 바뀌기 시작했습니다. 순한 양처럼 되어간 것이죠. 날카롭고 난폭하던 코끼리 성질은 어디 가고 전쟁터로 끌고 나가봐도 사람을 밟아 죽이기는커녕 넘어져 있는 사람을 코로 벌떡 일으켜 세워 주었습니다. 자비심 깊은 코끼리가 전쟁에 무슨 소용이 있겠습니까. 사정을 파악한 군사들은 "저거 안 되겠다." 하고 도살장 옆으로 우리를 옮겼습니다. 날이면 날마다 죽이는 것을 보고 날이면 날마다 가죽을 벗기는 모습을 보여주고 이렇게 하니 이 코끼리가 또다시 난폭해지더라는 것입니다.

이렇게 어떤 환경에 있느냐가 중요합니다. 집에서 『법화경』을 사경하다 집중이 안 되면 절에 가서 여러 도반들과 함께 읽고 함께 사경하는 것도 좋은 방편입니다.

절은 산에 있고 침대는 안방에 있으니 어디로 들어가기 쉬울까요? 눈에 바로 보이는 침대로 들어가니 나날이 나태해지고 게을러지고, 식구들과 먹고 남은 영양가 있는 음식을 있는 대로 먹다 보니 불필요한 살만 찝니다. 삶의 태도를 바꾸어 부처님 아버지를 믿고 의지하고 따르는 그 큰 즐거움 놓치지 말아야 합니다.

　부처님께서는 약초유품에서 어떻게 비유했냐면, 먹구름이 몰려와 산하대지에 똑같이 비를 내려줘도 큰 나무는 큰 나무대로 받아들이고 큰 수풀은 큰 수풀대로 받아들이고 작은 나무는 작은 나무대로 받아들이고 초목은 초목대로 받아들이고 풀잎은 풀잎대로 받아들이는 것은 똑같다는 것입니다. 한 예로 우리 모두에게는 1년 365일이, 내리는 비처럼 똑같이 평등하게 주어져 있습니다. 하지만 하루하루 불타는 집에서 장난감놀이에 빠져 365일 내내 노는 사람과 자신이 화택지옥에 있으니 촌음을 아껴 공부하겠다고 하는 수행자의 365일은 그 차이가 얼마나 클까요? 이것이 부처님께서 약초유품에서 말씀하신 잘 자라고 느리게 자라는 이유입니다. 이것이 근기입니다.

　근기에 따라 빨리도 느리게도 자랄 수 있습니다. 그러나 자신을 속이지 말라는 것입니다. 내가 내 자신에 충실하면서 속이지 않는 삶을 살고, 속이지 않으려고 하니까 정말 열심히 하게 되어 프로가 됩니다. 세계 최고의 피겨 스케이팅 선수였던 김연아 같은 경우 잠을 자지 않고 노력했다고 합니다. 남들은 스케이트를 한 번 사면 1년을 신는데 김연아 선수는 2주 만에 다 닳는다고 했습니다. 그만큼 노력을 하니까 세계적으로 인정받는 사람이 되는 것입니다.

　무엇이든지 최고가 되려면 자기가 좋아하는 일이어야 어려움을 이겨내고 성공할 수 있습니다. 이처럼 부처님의 자식인 우리들은 첫째로 부처님 말씀을 좋아해야 합니다. 그 다음, 수행의 즐거움으로 어려운 난관을 헤쳐 나가 똑같이 주어진 365일 시간을 알차게 써야 합니다.

좌복 위에 앉아 고래집을 지었다 부수는 헛된 망상만 부리지 말고, 1년 365일이라는 시간을 자신이 얼마만큼 활용하고 있는지, 모두에게 공평하게 주어진 시간을 알차게 쓰려고 얼마나 노력하고 있는지 스스로 살펴보십시오. 그래서 내 근기를 파악하고, 더 나은 사람이 되도록 노력해야 합니다. 이렇게 같은 시간에 같은 머리를 쓰더라도 어떤 머리를 쓰느냐에 따라 천차만별의 차이가 벌어지는 것입니다.

같은 물을 마셔도 소가 마시면 우유가 되고, 뱀이 마시면 독이 됩니다. 똑같은 시간에 어떤 생각을 갖느냐에 따라 그 시간 이후에 내 모습이 달라지고 내 업장이 달라지는 것입니다. 가정생활도 마찬가지입니다. 똑같은 환경에서도 어떤 마음을 가지느냐에 따라 불행과 행복이 달라집니다.

어느 거사님이 제게 상담하기를, 퇴근해도 집에 들어가기 싫고 아내와 아이들도 자꾸 정이 떨어져 집을 나가고 싶다고 했습니다. 가만히 들어보니 그 거사님의 아내가 불만이 많은 사람으로, 경제적으로 남편이 돈을 많이 벌어오지 못한다고 남의 집 남편과 비교하며 자기의 모든 불행을 남편 탓으로 돌린다고 합니다. 아이들도 머리가 커가며 엄마의 영향으로 아버지가 퇴근해 집에 들어가도 방에서 나와 인사 한 번 안 한다고 합니다. 그분에게는 집이 지옥이었던 것입니다. 집에서 그러면 남편이 회사나 사회에서 대인관계가 좋을 수 있을까요? 그 거사님에게 물어보니 직장도 괜찮고 월급도 적은 편이 아니었습니다. 그런데도 아내는 돈을 못 번다고 닦달을 하고 자식들에게 무시를 당하니 살맛이 나겠습니까? 행복하려면 비교하지 마세요. 왜 그리 어리석게 상대적 빈곤감에 휩싸여서 스스로 불행해지는지 모르겠습니다. 예를 들어, 대한민국 최고 부자가 미국의 빌 게이츠에 재산을 비교하여 자신이 재산이 적다고 불행해 한다면 얼마나 어리석은 일입니까. 우리도 마찬가지입니다. "부러워하면 지는 거다!" 이런 말이 있더군요. 남과 자신을 비교하는 순간 불행이 시작됩니다.

저와 상담한 거사님 부인을 어렵게 만나게 되었습니다. 제는 혹시 그 부인이 어릴 때부터 유복하게 자라서 현재 남편의 벌이로는 양이 안 차는 건가, 하고 생각했습니다. 그런데 아니었습니다. 힘든 집안에 태어나 어렵게 고학으로 최고의 명문대학을 나와 지금의 남편을 만나 결혼한 것입니다. 결혼할 때 시부모의 반대가 심했던 것이, 그리고 어릴 때 사랑을 받지 못하고 자랐던 상처와 무뚝뚝한 경상도 남편의 무관심이 부인을 이상하게 왜곡시킨 것입니다. 그 부인에게 가타부타 말을 안 했습니다. 그 남편 거사님에게 집에서 『법화경』 사경을 하라고 했습니다. 남자가 집에 들어가기 싫으면 술집을 몇 군데 들러 보통 정신줄을 놓고 집에 들어가잖아요. 그래서 술을 마시지 말고 사경을 하라고 한 것입니다. 그런데요, 몇 달 안 가서 그 부인과 아이들이 바뀌기 시작했답니다. 그리고 1년 만에 온 가족이 행복한 집안이 되었습니다. 지금 그 부부와 아이들의 얼굴이 얼마나 밝은지 모릅니다.

일단 가장의 체면을 세워주면 자녀들이 아버지를 존경합니다. 더불어 어머니도 존경하는 것은 당연하고 형제간에도 우애합니다. 남편의 체면을 세워주고 용기를 주는 걸로 가정이 행복해질 수 있는데, 보살님이라고 높은 호칭으로 불리는 분들이 그것 하나 못하면 부처님 자녀로 부끄러운 일입니다.

내 가슴에 원한이나 괴로움이나 고통이나 분노나 질투가 있음으로써 내가 나를 가로막는 걸림돌이 됩니다. 부정적인 그것들을 먼저 들어내고 그 자리에 겸손을 채우면 지혜와 자비심이 자연히 우러나옵니다. 그러면 부처님의 가피를 입게 되어 있습니다. 복과 지혜가 넘쳐 나시는 분인데 복과 지혜를 자식에게 안 주고 누구에게 주겠습니까? 모든 법화행자들이 함께 평화롭게 부처님 앞에서 기도하고 사경하며 가정 중심으로, 절 중심으로, 믿음 중심으로 살아가시기를 바랍니다.

問 저는 시골에서 육남매의 맏이로 자랐습니다. 어렸을 때부터 아버지가 집안일을 많이 시켰습니다. 중학교 때까지는 아버지가 시키는 일을 다 했는데 고등학교에 올라가고부터는 아버지의 말씀에 반항을 했습니다. 그 도피처로 저는 고등

학교 3년 동안 불교학생회에 가입하여 토요일만 되면 절에 가서 학생회 활동을 하였고, 졸업하고서는 일하기 싫고 아버지가 싫어서 무작정 서울의 친척집으로 왔습니다. 한 1년 그러다가 비서직으로 취직을 하고 결혼도 하였습니다. 그런데 아버지하고 화해를 못한 상태에서 갑자기 아버지가 돌아가셨습니다. 아버지는 56세에 일찍 돌아가셨는데 그 원망이 지금까지 안 풀립니다. 그리움이 한 80퍼센트라면 미움이 20퍼센트 정도입니다. 그걸 어떻게 해야지 풀 수 있는지요.

答 지금도 미워서 미운 게 아니라 아버지가 안 계시기 때문에 풀 수 없어 미운 거예요. 제가 봤을 때는 보살님을 그렇게 고생하고 힘들게 한 것은, 괜시리 만딸을 괴롭히려고 했던 것이 아니라 6남매를 다 키워 거두려니 그러셨을 거예요. 당시로서는 만이가 안팎으로 일해야 하는 것은 당연했잖아요. 그런 부모의 마음을 알고 나니까, 그 당시에는 밉고 싫고 일하기 싫고 어떻게 나만 이렇게 일을 시키나 싶기도 하고 싫었겠지만, 보살님도 이제 나이를 먹고 80퍼센트는 그립고 아버지가 안 계셔서 풀어낼 길이 없잖아요. 그러니 풀 길 없는 그 아버지 때문에 더 미움이 커지는 것 같군요. 그것은 다른 방법이 없어요. 이제까지 내가 지어놨던 업장 중에 아버지와 나 사이에 있었던 인과이니 절에 가서 그것을 부처님 앞에 지극하게 발원하면서 기도를 해보세요. 봄날의 눈은 어디서부터 녹아요? 따뜻한 곳부터 녹잖아요. 원망

이 녹고 난 뒤에는 아버지에 대한 애틋한 정만 남을 것입니다. 보살님 같은 경우에는 좀 더 부처님 앞에서 기도하면서 그 응어리를 풀어내고 나면 아버지의 오롯한 정만 남을 것 같습니다.

 합장하겠습니다.

거룩하신 부처님 감사합니다.

오늘도 이렇게 약초유품으로 삼라만상 모든 중생이 근기 근기마다 부처님의 자비와 부처님의 지혜로 성숙되어 거듭나서, 모든 중생에게 보살도를 행하기를 간절히 기원드립니다.

나무석가모니불 나무석가모니불 나무시아본사석가모니불.

05

안일주의에 머물지 마라

수기품

이번 장은 수기품입니다. 수기受記는 부처님이 제자들에게 미래의 어느 때 깨달음을 성취하여 부처가 되리라고 예언하는 것입니다. 때가 되면 부처가 되리라고 보증해 주고 인정하는 것입니다.

부처님은 여러 방편으로 길을 가거나 오거나 서거나 앉거나 열반하면서까지 행주좌와行住坐臥 어묵동정語默動靜으로 팔만사천 가지가지 설법을 하셨습니다. 앞서 다른 가르침을 펴실 때는 한 번도 누구에게 부처가 된다는 수기를 주시지 않았습니다. 그런데 맨 마지막에 설하신 이『법화경』에서 수기설법을 베푸십니다. 마지막 가르침인『법화경』에 수기품이 있는 것은, 달리 말하면 제자들에게 때가 이르렀다는 이야기입니다. 즉 무르익었다는 말입니다.

때가 되는 것은 많은 과정을 거쳐야 합니다. 아기를 낳아 씻기고 먹이고 입혀가면서 걸음마를 가르치고 놀이방에 보내고 유치원 졸업장을 받게 하고, 초등학교 졸업장을 받게 하고, 중·고등학교를 졸업시키고 대학교까지 졸업시키면 이제 제 할 일을 시작하듯이, 마음공부 수행에도 단계가 있습니다. 그것을 수행차제修行次第라고 합니다. 그 순서에 입각하여 과정을 끝낸 후 부처님께서는 이제 미래의 어느 때 어느 불국토에서 그대는 어떤 이름의 부처가 된다고 수기하시는 것입니다. 『법화경』에 수기품이 있는 이유는 무엇일까요? 부처님은 우리에게 무엇을 말씀하시는 걸까요?

『법화경』에서 사리불부터 마하가섭존자 목건련존자 등등의 순서로 수기를 주십니다. 그 순서를 하나하나 짚어 가면 어디가 나오는가 하면, 저와 여러분, 부처님의 모든 권속에 닿습니다. 그러니 여러분이 미래의 부처님이라는 이야기를 수기품에서 하시는 것입니다. 이 얼마나 영광스런 축복입니까.

붓다의 길을 따라가려면 세상 속에 살아가되 모든 것에 끄달리지 말고 자유스러워야 합니다. 초기경전 『숫타니파타』에 보면 "그물에 걸리지 않는 바람처럼 살다 가라. 무소의 뿔처럼 혼자 가라."라는 말이 나옵니다. 제가 수행의 지침으로 이 경구를 좋아합니다.

우리가 살아가면서 안일한 게으름에 빠지면 불행이 빚쟁이처럼 찾아옵니다. 그래서 늘 눈을 시퍼렇게 뜨고 마음자리가 늘 성성惺惺해야 합니다. 스님들이 산중에서 참선을 하고 앉아 있고 화두를 참구하며 잠을 자지 않고 공부를 할 때 가장 고통스런 것이 몰려오는 잠입니다. 세상에서 가장 무거운 것이 눈꺼풀입니다. 아무리 강해도 내려오는 눈꺼풀은 이기기 힘듭니다. 그래서 공부하는 수행자는 눈을 시퍼렇게 뜨고 있어야 합니다.

선방에서 하안거・동안거를 지낼 때 이 조그만 눈꺼풀이 그렇게 천하를 뒤덮을 정도로 무거워 깜박 졸면 죽비가 사정없이 어깨를 내려칩니다. 졸다가 맞는 것은 억울하지 않지만 안 잤는데 뒤에서 죽비를 들고 친단 말이에요. 안 그래도 잠이 오는데, 그 수마를 이기고 간신히 앉아 있는데 뒤에 와서 한방 때리니까 억울해서 성질 나고 속이 뒤집어지기도 합니다. 속으로 '야! 나 안 잤어!' 이러기도 합니다.

세상에서 이기기 어려운 것이 잠이라면, 반대로 생각하면 잠은 꼭 필요한 것이라는 얘기입니다. 고문을 할 때 기본이 잠을 안 재우는 것이랍니다. 잠을 못 자면 사람이 미친다고 합니다. 그렇게 꼭 필요한 잠도 개인의 생체 리듬에 따라 다릅니다. 7시간을 자도 괜찮은 사람이 있고, 10시간을 자도 모자란 사람도 있습니다. 그 잠이라는 게 회복한다는 뜻이거든요. 내 몸의 신체 리듬을 다시 회복시켜주는 것이 잠입니다. 개인마다 다른 회복시간의 잠이지만 평균 7시간 정도가 적당하다고 합니다. 절에 스님들은 저녁 9시에 자서 새벽 3시에 일어납니다. 그런데 딱 9시에 잠드는 분들은 적고 대개 10시나 11시에 자는 스님들이 많아요. 사실 공기 좋고 물 좋은 산중에서는 잠자는 시간이 모자라도 피곤하지 않습니다만, 오염된 도시에서는 10시간을 자도 뻐근하고 무기력합니다. 재가자들이 이처럼 피곤한 몸을 이끌고, 때로는 하기 싫은 일도 하면서 살아가는 모습을 보면 존경스럽기까지 합니다.

공부 길에 누구나 조금 수행의 진척이 있으면 거드름을 피우며 교만을 떨고 게으르고 나태한 안일에 빠지는 경우가 많습니다. 그래서 부처님이 이 수기품을 말씀하신 것입니다. 부처님 당시 10대 제자들과 오백나한들은 아라한과를 얻어 성자의 반열에 드셨습니다. 그분들은 '아 나도 이제 아라한과를 증득했으니까 이것만 해도 부처다.'라는 생각을 가졌습니다. 그 착각을 부처님이 마지막 가르침 『법화경』으로 깨트리는 것입니다. 수보리존자나 아난존자 등 모든 분이 그런 착각에 빠져 있으니까 부처님께서 사실 너희 깨달음은 종착지가 아니라 앞으로 더 나아가 진정한 깨달음 아뇩다라삼막삼보리를 얻어야 한다고 말씀하십니다.

당시 아라한과를 얻은 존자들은 모두 '내가 깨달음을 얻었으면, 일체 종지의 깨달음을 얻었다면 부처님처럼 대각세존으로 그 모습을 나도 갖춰야 되는데 그렇지 못하다'는 생각을 하고 있었습니다. '왜 무슨 이유로 나는 부처님처럼 안 될까?' 하고 고민한 것입니다. 그 마음을 아는 부처님께서 지금 아라한과를 얻어 공부가 끝난 줄 아는 제자들에게, '그대는 언제 어느 곳에서 위없는 무상정등정각無上正等正覺 아뇩다라삼막삼보리를 얻어 부처가 된다'는 사실로 깨우쳐 주는 게 수기품입니다. 일일이 제자들에게 수기를 준다는 거죠. 부처님이 상수제자인 마하가섭존자에게 수기를 주는 대목을 제가 읽어 보겠습니다.

　나의 제자 마하가섭은 오는 미래 세상에 마땅히 삼백만억의 여러 부처님 세존을 친견하고 받들어 공양하고 공경하고 존중하고 찬탄하여 널리 여러 부처님의 한량없는 큰 법을 설하고 윤회 최후의 몸으로 성불하리라. 그 이름은 '광명 여래 응공 정변지 명행족 선서 세간해 무상사 조어장부 천인사 불세존이니라.'라고 하셨습니다.

　'삼백만억의 여러 부처님 세존을 친견하고 받들어 공양하고 공경하고 존중하고 찬탄하고'라는 이야기가 나옵니다. 이 말씀이 어떤 뜻인가 가만히 생각해 보세요. '미래 세상에 삼백만억의 여러 부처님을 공경하고 공양하고 찬탄하고 예경한 이후에 너는 부처 되리라.' 그러면 부처가 됐다는 소리입니까, 아직 안 됐다는 소리입니까? 아직 안 됐다는 소리잖아요. 하지만 부처님 제자들은 이걸 다 하고 난 뒤에 부처가 된다, 라는 말에 뛸 듯이 기뻐했습니다. 뭐 십만 억겁이든 이십만 억겁이든 그 겁을 지난 가운데 수많은 부처님께 공양하고 공경하고 찬탄하고 이렇게 부처님을 모시고 난 뒤에 너는 부처가 되리라고 해도, 부처님이 주신 수기는 틀림없기 때문에 '아, 나도 부처가 되는구나!'라는 생각으로 뛸 듯이 기뻐한 것입니다.

　우리도 그래야 합니다. 부처님의 자식으로 우리도 언젠가 부처가 될 수 있습니다. 그러려면 어떻게 해야 합니까? 끝없이 부처님을 찬탄하고 공경하고 공양하고 예배하고, 내 스스로 백겁천생百劫千生 윤회를 거듭하는 수많은 생애 동안에 많은 부처님을 친견하기를 서원하고 발원해야 합니다. 그렇게 마지막에 태어나 무상정등정각, 위없는 깨달음을 얻을 때까지 수많은 부처님을 친견하고 예배하고 공경하고 공양한다는 것은 먼저 석가모니 부처님의 가르침대로 사는 게 그 시작입니다.

가장 빠른 공부 길은 지혜와 자비로 함께 가는 것입니다. 부처님 가르침대로 모든 중생이 고통에서 벗어나 행복에 이르기를 발원하고 서원하며 지혜롭게 보살도를 행해야 합니다. 우리가 보살이 되어 이제 중생의 고통을 떠안고 살아야 하는데 사실 그렇게 행하고 살기 힘듭니다. 보살의 마음으로 살려고 해도, 걸리는 것들을 살펴보면 자신에게 올 고통스런 상황이 미리 걱정되기 때문에 보살심이 증장하고 발전하지 못합니다.

예를 들어 전 재산이 10만 원 있는데 조카가 와서 "숙모, 제가 돈이 급해서 그런데 10만 원만 주세요." 한다고 자기 호주머니에 있는 10만 원을 다 줘버리면 당장 쓸 돈이 없잖아요. 이것을 줘야 되나, 말아야 되나 고민하다가 "5만 원이 전부다." 하고 생색내며 주거나 아예 없는 척할 것입니다. 조카의 부탁에도 그러한데 만일 생판 남이라면 돕는 일에 고민할 필요도 없이 모른 척할 것입니다. 보살은 자신의 전부를 주는 행동입니다. 보살행이 안 되는 것은 두려움 때문입니다. 두려움은 생존하려는 어리석음입니다. 내일도 모르고 사실은 한 시간, 한 치 앞도 모르는 게 사람의 목숨인데 백년 살 걱정을 하지요. 그것이 어리석음이고 두려움이고, 우리를 고통의 바다에 윤회하게 하는 십이연기의 첫 번째인 무명無明입니다. 앞날이 두렵기 때문에 재산이 많아야 한다고 생각하여 '돈, 돈' 하며 돈만 벌다 죽습니다. 생존에 대한 욕심과 집착이 많으면 행복할 수가 없습니다.

　나누는 행복에 대해 들어보셨는지요? 나누는 만큼 즐거움을 느낀다는 것이죠. 기쁨을 느끼고 환희심이 납니다. 여러분 스스로가 베풀 줄 아는 사람이 되는 것이 뭐냐? 부처님의 가르침대로 인욕바라밀을 하면서 참아내고 이겨낸 가운데서 보시바라밀이라는 것을 하는 것입니다. 남에게 베푼다는 마음조차 없이 육바라밀(六波羅蜜: 보시布施, 지계持戒, 인욕忍辱, 정진精進, 선정禪定, 지혜智慧)을 행하는 것이 보살행입니다. 절대 쉽지 않은 일입니다. 그러나 우리는 일단 나누는 행복, 보시의 기쁨에 길들여져야 합니다.

　죽을 때 1원 하나 못 가져가는 것 아시죠? 못 가져가는 돈을 모으느라 남의 눈에서 피눈물 나게 한 사람은 모아놓은 돈 때문에 십중팔구 자식들이 싸우고, 죽는 본인도 제 인생을 허비한 죄에 더하여 그 과보로 태어날 때마다 누누이 그 값을 치러야 합니다.

　부자 중에 아름답게 베풀고 나누는 사람들이 간혹 있습니다. 그런 분들은 젊은 시절 노력으로 돈을 벌었지 부동산 투기나 부패한 권력을 등에 업고 돈을 벌지 않았습니다. 올바르게 돈을 벌고 나누는 분들의 공통점은 자기 자신에게 엄격한 것입니다. 자기와 가족들은 근검절약합니다. 옷소매가 헤진 옷을 입고 다녀도 베풀 때는 앞뒤 계산하지 않고, 큰돈이 들어도 학교도 지어 주고 그냥 나눈다고 생각합니다. 그런 분들이 보살입니다. 따지지 않고 그냥 베푸는 사람들이 의외로 많습니다.

저는 오탁악세에도 그런 보살행을 하는 사람들이 많은 원인을 여기 수기품에서 찾았습니다. 수기품에 보면 시간 단위가 어마어마합니다. 이십만 억겁 뒤에 십만 억겁 뒤에 이런 이야기가 굉장히 많이 나옵니다. 그래서 그렇게 아직까지 부처가 되지 못한 부처님의 제자들과 불자들이 오늘도 불타는 화택火宅 세상에서 보살로 보리심을 행하는 것입니다. '그분들이 여기저기 많은 사람을 돕고 여기저기 많은 사람을 이익 되게 하고 여기저기 많은 사람의 병을 낫게 해주는 그런 일을 하는구나.' 저는 이렇게 생각합니다.

모든 사람이 돈을 무척 좋아합니다. 이 세상에서 살아가려면 돈, 물질이 중요합니다. 그런데 물질을 추구하는 불자들의 태도는 이중적입니다. 돈을 그렇게 좋아하면서도 밖으로는 아닌 척합니다. 절 산문 밖을 나서면 '돈, 돈' 하다가 절에 와 부처님 앞에서는 '돈은 똥입니다' 이럽니다. 이런 이중 잣대의 위선이 만든 문제는 결국은 진실하고 맑은 본래성품을 잃어버리게 합니다. 어릴 때, 그리고 젊을 때 가졌던 정의로운 생각이 나이를 먹으면서 사라지는 것은 결국 위선이 만든 벽 때문입니다. 돈이 나쁩니까? 그 위력 있는 돈을 잘 못 쓰는 우리 중생이 문제지요. 화폐가, 돈이 나쁜 것이 아닙니다. 돈의 가치에 집착하고 욕심을 부리는 우리가 부처님 법을 빗대서 아닌 척, 거룩한 척한다고 깨달음에 이를 수 있습니까? 돈을 버는 것이 나쁜 게 아닙니다. 방법이 문제지요. 출가자 승려라면 돈을 멀리해야 합니다. 그러나 재가불자는 돈을 벌어야 합니다. 솔직히 재가자 여러분의 보시가 아니면 저 같은 비구가 어찌 밥을 먹겠습니까. 비구란 산스크리트어 비쿠bhikkhu에서 나온 말로 '밥을 빌어먹는 자'를 말합니다. 간단히 말해 거지죠. 여러분이 버는 돈으로 부처님 삼보 중 승가가 돌아가니 그 돈을 버는 여러분의 행위와 그 보시하는 돈이 얼마나 귀합니까. 그러니 돈이 나쁜 게 아닙니다. 명확히 말하면 세상에는 좋은 것도 나쁜 것도 없습니다. 다만 쓰는 사람에 달려 있습니다. 요리하는 칼과 강도질하는 칼은 같지만 다르듯 말입니다.

우리 모두 부처님의 제자로 언젠간 부처를 이루리라는 그 사실을 어느 때 어느 자리에서든 잊지 않는 것을 수행 그 자체로 인식해야 합니다. 이것이 지극한 정성의 발원입니다. 부처님을 닮으려는 마음으로 살아가면 우리도 부처를 이룬다는 사실을 밝힌 것이 수기품입니다. 이 사실을 굳게 믿으시길 바랍니다.

問 아들이 다음 달에 군대를 갑니다. 근데 요즘 총기사고도 많이 나고 구타사건도 많이 나서 불안합니다. 저와 처지가 같은 어머니들에게 조언을 부탁드리겠습니다.

부모 마음에 가장 불안하고 늘 걱정되는 문제가 자식입니다. 그리고 아버지보다 어머니의 자식 생각이 더 지극합니다. 군대는 나라를 지키는 일이지요. 나라를 지킨다는 것은 전쟁을 대비하는 일이고 전쟁이 나는 상황을 예상하고 훈련하고 학습하다보니 군대문화가 수평이 아니라 수직구조로 명령이 최우선합니다. 그래서 나라가 민주화되기 전에는 군대에서 일어난 사고나 부정비리는 신문이나 매스컴에서 보도하지 않았어요. 군대에서 벌어진 일들은 다 은폐를 해버렸습니다. 요즘엔 민주주의로 군대문화가 바뀌고 있지만 또 왕따라는 나쁜 문화가 군대에 들어앉아 폐해가 심각합니다. 결국 우리 부모세대의 잘못입니다. 하지만 남자가 군대 가는 것은 국방의 의무이기 때문에 피할 수 없습니다.

또한 역사적으로 보면 우리나라 불교는 호국불교입니다. 임진왜란 때 서산대사와 제자인 사명대사를 중심으로 수많은 승병들이 모여 나라를 지켰습니다. 이런 호국불교가 우리나라의 불교의 기초입니다. 때문에 절에서는 군인들의 무운장구를 위해 늘 기도를 하고 있습니다. 국방의 의무를 잘 하라는 기도를 하니, 보살님도 거기에 동참하셔서 열심히 기도하시면 그 정성으로 아드님이 무사히 국방의 의무를 마치게 될 것입니다.

 합장하겠습니다.
거룩하고 대자대비하신 부처님 감사합니다.

오늘 이렇게 수기품으로 우리가 언젠가 부처님 자녀로 당연히 부처가 된다는 수기를 받았습니다. 백겁천생 긴긴 시간 동안 한시도 우리가 부처님의 자녀임을 잊지 않게 도와주십시오. 그리고 한시도 지혜를 바탕으로 보살행을 멈추지 않게 도와주십시오. 제 주위에 있는 모든 중생이 고통에서 벗어나 안전과 평화와 행복하기를 거듭거듭 발원하고 간절히 서원합니다.

나무석가모니불 나무석가모니불 나무시아본사석가모니불.

06
도전을 위해 자신과 먼저 약속하고, 믿음대로 행하라

화성유품

여러분은 살아가며 어렵고 힘들고 좌절될 때 어떻게 하나요? 살면서 그런 난관에 봉착하면 많은 사람들이 거기에 휘말려 헤어 나오지 못하기도 하고, 상황이 나아져도 어렵고 힘들었던 때가 마음에 큰 상처로 남거나 트라우마가 되어 평생 거기에서 헤어 나오지 못하는 경우도 있습니다. 근본 마음의 상처가 치유되지 않고 잠재되어 시한폭탄처럼 때를 기다리다 어느 순간 터지기도 합니다. 갑자기 성격이 변하거나 현실을 잊어버리고 미치는 것도 잠재의식 속 시한폭탄이 터진 것입니다.

20대는 철없고 혈기왕성해서 '안 되면 그냥 힘으로라도 밀고 나가야지'라고 생각하고, 20대가 지나고 30대가 되어 '아, 인생 이거 아니지', '장난이 아니네' 이런 걸 느끼기 시작하면서부터 옆을 돌아보면 부모는 장가가라 시집가라 하니 슬슬 압박감이 들기 시작합니다. 그러면서 '나이 서른이 되도록 뭐를 했던가?' 이렇게 생각하는 젊은 사람들도 많습니다. 사람들을 만나보면 의외로 자신의 삶의 목표, 인생관, 가치관, 꿈을 찾지 못한 사람들이 많습니다. 나이가 오십, 육십이 넘어서야 젊을 때 내가 좋아하고 이 일밖에 없다고 생각하는 그런 일을 왜 찾지 않고 살았을까 후회하는 사람도 많습니다.

정말 이 일이 아니면 나는 못 살겠다고 시작하여 고생을 즐거움으로 알고 살아온, 그런 진실한 즐거움을 가진 사람은 폭이 넓습니다. 깊은 강물은 넓게 흐르지만 소리가 없습니다. 소리 없이 흐르는 깊은 강물과 같은 사람들이 있습니다. 그런 사람을 만나면 그냥 편안합니다. 하지만 그 반대로 만나기 싫은 사람들이 더 많지 않습니까. 꼭 자기 잘난 것만 자랑하고 있는 사람이 있습니다. 잘난 것도 별로 없어 보이는데 가지가지 자랑 삼매경에 빠진 사람은 만나기 싫지요. '저런 말은 자기 입으로 할 게 아닌데, 듣고 있는 내가 부끄러울 정도인데 저 사람은 부끄러움도 모르네.' 그래서 『법구경』에 보면 "사랑하는 사람은 못 만나 괴롭고 미운 사람은 만나서 괴롭다.'라고 부처님이 말씀하셨어요.

인연이란 게 좋은 사람만 만날 수는 없지요. 만날 수밖에 없는 인과는 피할 수 없습니다. 소크라테스 말처럼 "너 자신을 알라!" 스스로 깨달아야 되는 것입니다만, 그렇게 자랑을 늘어놓거나 부끄러움을 모르는 사람들과 친해져 깊이 들여다보면 상처가 많고 그 사람 속에 나약한 어린아이 하나가 울고 있는 것을 알게 됩니다. 어렸을 때 부모한테 사랑을 못 받은 것도 상처일 수 있고, 어릴 적에 친구와 같이 가는데 아버지가 지게 짐을 짊어지고 가는 것을 보고 그것이 트라우마가 됐을 수도 있고, 친구들은 하얀 쌀밥 도시락을 싸 가는데 검정 보리밥을 싸 갔던 그게 트라우마가 됐을 수도 있잖아요? 그러니까 그런 게 다 쌓이고 쌓여서, 어른이 되어도 그 속에서 헤쳐 나오지 못하면 그 상처에 대한 보상욕구로 자랑을 늘어놓는 일에 매달리거나 폭력적이 되거나 등등 부정적으로 표출되는 것입니다. 그래서 그런 사람을 만나면 안타까워해 주고 보듬어 주어야 합니다. 거기서부터 친해지고 함께 부처님의 자식이 된다면 보기 싫었던 그 사람과 도반이 되어 깨달음의 길을 함께 가는 것이죠.

어떤 상처나 트라우마도 마음의 힘을 기르면 치유가 됩니다. 마음의 힘이 강해지면 나쁜 의도가 없어지고 착함을 따라가는 의지가 강해지며 생활이 긍정적으로 바뀝니다. 그렇게 마음의 힘이 생기고 강해지면 이제 '내가 할 일은 모든 사람에게 이익을 줄 수 있어야 한다'는 목표를 갖게 될 것입니다. 그 사람은 그 목표를 향해 즐겁게 노력에 노력을 더하면 고통도 앞으로 나아가는 에너지가 됩니다. 본인 스스로 부처님을 믿고 의지하고 따르며 행복하게 일하면서, 모든 사람이 행복하기를 바라는 마음으로 삶을 살며, 깨달음을 얻기 위해 한 발 한 발 평생을 나아가게 될 것입니다.

즉 내가 나를 가장 잘 아니까 스스로를 알아보고 관찰하고, 그 다음에 부처님께 의지하여 기도하고 공경하고 찬탄하고 예배하면서, 궁극에는 내 속의 응어리를 풀어내야 한다, 이런 말입니다. 한 마디로 화성유품은 "삶이 힘들고 고통스럽고 괴롭지? 부처님 앞에 와서 다 털어놔봐. 그러면 부처님이 다들 원하는 보배가 있는 곳으로 데리고 가실 거야."라는 말을 하고 있습니다.

화성유품化城喩品은 사리불에게 처음 수기를 주셨던 부처님께서 수기품에서 마하가섭 존자와 수보리, 목건련, 마하가전연 존자에게도 수기를 주신 이후에 『법화경』을 듣고 있는 모든 이에게 수기를 주시기 전에 대통지승여래 부처님에 대해 말씀하십니다. 과거 무한한 아승기 겁 시간 이전에 아뇩다라삼먁삼보리를 이루셨던 대통지승여래 부처님의 이야기를 들려주십니다. 화성유품을 설하시는 석가모니부처님의 뜻은 무엇일까요? 아뇩다라삼먁삼보리를 이루신 대통지승여래의 16번째 왕자가 석가모니부처님이셨기 때문일까요? 제 견해는 그 먼 아승기 겁 전 대통지승여래의 아들 때부터 수행을 해서 현세에 카필라바스투 성 석가족 싯다르타 왕자로 태어나 드디어 석가모니부처님이 되신 것입니다. 일단 시간으로 따져도 무한이라 할 정도의 시간 동안 수행을 닦아 이 자리에 오신 것을 말함으로써 우리 중생들에게 '지치지 말라! 지혜와 자비로 온전히 수행을 하면 때가 이른다', 이 메시지를 전하시는 것입니다.

과거 일곱 부처님과 그 먼 이전 여러 부처님들, 화성유품에 등장하시는 대통지승여래 부처님까지 공통점은 무엇일까요? 모든 부처님은 12연기법十二緣起法으로 깨달으셨습니다. 결국 12연기 관찰이 핵심입니다. 화성유품에서 대통지승여래가 설한 12연기법에 관한 내용을 읽어보겠습니다.

"무명無明이 조건이 되어 행行이 있게 되고, 행이 조건이 되어 인식(識)하게 되며, 인식이 조건이 되어 명색名色이 생기고, 명색이 조건이 되어 여섯 군데 인식기관(六入)이 생겨나며, 여섯 군데 인식기관이 조건이 되어 접촉(觸)하게 되고, 접촉이 조건이 되어 느낌(受)이 생기며, 느낌이 조건이 되어 갈애(愛)가 생기며, 갈애가 조건이 되어 집착(取)이 생기며, 집착이 조건이 되어 생존에 대한 본능(有)이 생기며, 생존에 대한 본능이 조건이 되어 태어나게(生) 되며, 태어남이 조건이 되어 늙고 병들고 죽음으로 인한 근심과 슬픔 등 갖가지 고통(老病死)이 생겨나느니라."

12연기법의 처음은 무명無明입니다. 무명은 어리석음과 두려움을 뜻하는데, 말 그대로 빛이 없으므로 실상을 아는 지혜가 없다는 것입니다. 우리가 근본을 없애는 것을 싹을 자른다고 하지요. 싹을 자르면 자라지 못하잖아요. 이처럼 무명을 제거하면 나머지 것들이 일어날 토대가 없는 것입니다. 깨달음은 거창하게 얘기할 필요가 없습니다. 무명을 제거하는 것이 깨달음이고, 그 다음 아뇩다라삼먁삼보리를 얻어 몇 억겁 동안 쌓인 다생의 습기까지 없애는 것이 완전한 깨달음입니다. 우리가 앞서 수기품에서 배웠듯이 사리불, 마하가섭존자 등등 제자들이 아라한과를 얻고 만족했지만 부처님께서 그대들은 갈 길이 아득히 멀다고, 나중 어느 때 아뇩다라삼먁삼보리를 얻어 어느 세상에 부처가 된다고 수기하신 것도 이 맥락입니다.

『법화경』을 체득하려면 여러분은 부처님의 자녀로 부처님 말씀을 잘 알아야 합니다. 자식이 부모가 한 말을 새겨듣고 따르듯이 말입니다. 일단 먼저 이 세계는 고통이고(苦), 고통의 원인은 집착이며(集), 집착을 멸하는 방법(滅)은 바른 길을 가는(道) 공부인 사성제四聖諦를 명백히 알아야 합니다.

그 다음에 깨달음으로 이끄는 수행의 올바른 여덟 가지 방법인 팔정도八正道를 익숙하게 익혀야 합니다. 자신과 세상 이치를 바르게 보고(正見), 바른 말을 하고(正語), 모든 중생에게 도움을 주는 바른 직업을 가지고(正業), 바른 생활태도로 생명을 유지하고(正命), 번뇌 망상에 끄달리지 않고 바른 생각을 유지하고(正念), 안과 밖 경계에 흔들리지 않은 바른 선정(禪定)에 들고(正定), 무명의 뿌리인 탐욕과 분노와 어리석음 탐·진·치(貪瞋癡) 삼독(三毒)을 없애는 바른 생각으로(正思惟), 부처님과 같은 깨달음을 얻을 때까지 좌절하지 않는 용기를 가지고 바른 길을 따라 수행해 나가는 것(正精進)이 팔정도입니다.

그 다음이 앞서 얘기한 12연기법입니다. 사성제, 팔정도, 12연기법을 이해만 해도 『법화경』을 공부할 때 큰 복덕자량福德自量이 됩니다.

저는 제 자신에게 가끔 묻습니다. 제가 부처님께 "부처님 감사합니다!"를 얼마나 자주 하고 어떤 때 감사함을 표하는지를 말입니다. 그런데, 매번 부끄럽습니다. 편안한 지경에서는 감사하다는 찬탄이 나오지 않고, 어려운 일이 잘 풀리면 기쁜 마음에 부처님을 찾거든요. 이것은 마치 아버지가 용돈을 줄 때만 아버지에게 고마움을 느끼는 어리석은 자식과도 같습니다.

우리가 기쁨과 행복이 넘쳐 사는 분들을 가만 보면, 공통적으로 모든 것에 감사하는 마음이 습관들여져 있는 것을 알 수 있습니다. 사람은 습관대로 그 방향으로 자꾸 가게 돼 있다는 거예요. 나쁜 습관은 들이기는 쉽고 고치기는 힘듭니다. 그러나 좋은 습관은 들이기 어렵지만 한번 습관을 들이면 누누 생생生生에 복덕자량이 됩니다.

부처님과 모든 중생에게 감사하는 습관이 보리심菩提心을 증장시킵니다. 그 보리심으로 깨달음에 이르는 것입니다. 그러니 감사하는 습관이 얼마나 중요한지 우리는 알아야 합니다. '고맙습니다. 감사합니다.' 늘 이 두 문장을 마음과 입에 달고 사는 것이 바로 수행입니다. 모든 일에 감사하고 고마움을 느끼는 그 자체가 보살행임을 명심하시기 바랍니다.

요즘 초등학교 아이들의 장래희망을 알아본 통계를 보고 너무나 놀라고 참담한 심정이 되었습니다. 여러분도 아시는 내용일 것입니다. 예전에는 장래희망을 물으면 한 반에서 서너 명은 대통령,

과학자, 의사, 선생님을 직업으로 하고 싶다고 했었습니다. 그런데 지금 자라는 아이들은 지극히 현실적이더군요. 가장 놀란 것은, 아이들 중에 건물 주인이 되고 싶다는 아이들이 나타난 것입니다. 임대료를 받아 쉽고 편하게 사는 것이 초등학교 아이들이 장래희망이라는 거죠. 이 기사를 보고, 대한민국 사회가 미래에 어떤 희망이 있는가 생각해 보았습니다.

아이들이 '돈, 돈' 하는 것은 그 아이들 부모만의 책임일까요? 제 생각은 우리 모두의 책임입니다. 물질보다 정신, 정신 중에서도 부처님의 법을 알려 주지 않은 탓입니다. 부모가 건물 주인을 부러워하며 '돈, 돈' 하는 모습을 보고 자란 아이들에게 건물 주인이 꿈인 것은 그들의 잘못이 아니잖아요.

또한 돈이 나쁜 것이 아니라 집착하는 인간의 욕망이 나쁜 것입니다. 적당히 내가 살 만큼만 가지는 것에 만족하지 못합니다. 무조건 많이 가지려 하는 것은 불안한 미래 때문입니다. 노후 복지가 제대로 안 되어 있는 것도 원인이고, 우리 민족의 전통인 더불어 사는 미풍양속을 잊어버린 것도 원인입니다.

저 어린 시절만 해도 살기 어려웠지만 나누고 사는 정이 많았습니다. 정신없이 달려 이제 먹고 살만 하니 우리 민족이 가지고 있던 귀한 가치를 잃어버린 사실을 알게 되었습니다. 되살릴 방법이 있을까요? 당연히 부처님 법에서 찾아야 합니다. 부처님 법은 무아無我지요. 나라고 고집할 것도, 내 것이라고 집착할 것도 없습니다. 나와 남이 둘이 아니니, 당연히 내 것이 나만의 것은 아닌 것이죠. 또한 베푼다는 상도 내지 말고 베풀라는 보시바라밀도 부처님의 소중한 가르침 아닙니까?

그러니 우리나라와 전 세계의 문제는 부처님의 법으로 해결할 수 있습니다. 이런 부처님 아버지를 믿고 의지하고 따르는 교육만이 이 땅의 어린아이들이 바르게 커갈 수 있고 모든 중생이 행복에 이르는 방법임을 명심하시기 바랍니다.

이제 여러분에게 '불행 끝 행복 시작'의 방법을 알려드리겠습니다. 그 방법은 부처님 아버지의 손을 꼭 잡고 가는 것입니다. 어떤 사람이 수만금의 보물이 숨겨져 있는 보물지도를 손에 넣었어요. 그날로 당장 보물을 찾아 나섰습니다. 가다보니 산은 높고 험하고 계곡은 깊고 기암절벽을 타 넘어야 하고, 숲에서는 짐승의 울음소리가 들리고 하늘에선 독수리가 빙빙 나니 보물지도를 든 그 사람은 이런 생각이 들었습니다. '이 지도를 어떻게 믿어. 이거 혹시 있지도 않은 보물로 사람을 유혹하는 가짜 지도 아냐? 이제 보물도 귀찮다. 돌아가자, 돌아가자.' 이러고 산을 내려갑니다. 두려움 때문에 보물지도를 가짜로 몰아붙이고 자기위안을 삼는 것이죠. 그런데 같은 보물지도를 얻은 다른 어떤 사람은 현명하게 보물이 있는 산을 잘 아는 가이드를 동반하고 산에 올라 보물을 얻습니다.

보물지도는 부처님의 말씀인 경전입니다. 그런데 경전을 자기 머리로 이해하고 자기 분별로 파악해서는 공부가 갈수록 어려워집니다. 그러니 중도에 포기하는 사람이 많습니다. 그러나 현명한 사람은 부처님을 의지하고, 더 현명한 사람은 부처님을 아버지로 모시고 손을 꼭 잡고 보물을 찾아가는 것입니다. 경전이 보물이면 그 말씀을 하신 부처님이 최고의 안내자가 아니겠습니까. 우리는 경전을 보며 부처님을 믿고 의지하고 따르는 마음이 있는 사람이 신심 없이 읽는 사람보다 수행길이 빠를 수밖에 없습니다. 그리고 함께 공부하는 도반을 소중하게 생각하세요. 가난한 이웃과 함께 나누고, 절에서도 가난한 신도가 있다면 그 사람의 자존심을 다치지 않게 십시일반 베풀어 힘이 되어 줄 수 있고, 그 사람이 용기를 잃지 않고 살아갈 수 있도록 도와주는 절이 되고 스님이 되어야 합니다. 함께 고통을 여의고 함께 즐거움을 누리는 이고득락離苦得樂을 하며 함께 깨달음에 이르는 것이 대승불교입니다. 험한 길을 잘 인도하시는 부처님을 안내자인 줄 알면 다함께 무리 지어 서로 위안하고 용기를 주며 부처님을 따라가세요. 도반은 많을수록 좋습니다. 우리가 옛날에 호랑이나 산적들이 출몰하는 산을 넘으려면 산 아래에서 무리를 지어야 넘을 수 있었습니다. 그것과 똑같은 얘기입니다.

화성유품에서 비유를 들어 부처님이 어떻게 우리들을 이끄는지 자세히 나옵니다. 보물이 있는 곳으로 이끌기 위해 신통력으로 큰 성을 만들어 지치고 힘들어 하는 우리 중생들을 쉬게 한 후에 다시 길을 가게 하십니다. 한 단계 한 단계 이끌다가 마지막 『법화경』에서 성문 연각 보살승도 아닌 일불승一佛乘임을 말씀하신 것은 팔만사천법문 모두가 험한 길을 인도하기 위한 방편이었음을 말하는 것입니다. 결국 모든 법을 『법화경』에서 집대성하여 밝히십니다.

화성유품으로 부처님이 우리 자식들을 어떻게 인도하는지 알게 되었습니다. "이미 너희들은 불성의 종자를 가지고 있는 나의 아들딸이니, 너희들은 아버지를 믿고 따르라." 부처님께서는 신통력으로 사막에 오아시스 도시를 만들어 자식들이 충분히 휴식하게 하고 난 뒤에 다시 이끌고 길을 떠나십니다. 그렇게 열반까지, 우리 모두 무상정등정각無上正等正覺 깨달음을 얻을 때까지 이끌어 주시는 분이 바로 부처님 아버지임을 믿어 의심하면 안 됩니다.

 스님, 저는 미래가 걱정 되어서 머릿속이 터질 것 같습니다. 편하게 지내는 방법이 없을까요?

答 70, 80년대 대학가에서 많이 부르던 노래 중에 〈사노라면〉이란 노래 가사에 '쩨쩨하게 굴지 말고 가슴을 쫙 펴라! 내일은 해가 뜬다. 내일은 해가 뜬다.'라는 내용이 있습니다. 여러분도 들어 보셨을 것입니다. 인생을 배짱 있게 긍정적으로 살아가자는 노래입니다. 긍정적으로 생각해야 밝은 기운이 들어오고 몸도 마음도 밝아집니다. 또 배짱이 있어야 당당해지고 힘든 상황도 잘 헤쳐 나갑니다. 그런 마음의 힘을 키우는 방법은 부처님을 믿고 의지하고 따르면 됩니다.

내 옆에서 누가 죽는 것보다 자기 손에 박힌 가시 하나가 더 신경쓰입니다. 다들 그러시죠? 왜 그럴까요? 아직 철저히 연기법을 깨닫지 못한 중생이기 때문입니다. 생로병사도 마찬가지입니다. 어느 누구도 거스를 수 없는 이 과정을 중생들은 두려워하고 고통스러워합니다. 하지만 이 모든 고통에서 벗어나게 해주는 것이 바로 부처님의 가르침입니다.

앞으로는 평균수명이 백 살이 된다니 좋아해야 할지 슬퍼해야 할지 잘 모르겠습니다. 사는 시간, 삶이 길어지면 더불어서 웃을 일도 울 일도 많아질 것입니다. 부처님의 법을 공부하는데 오래 살면 더 많이 공부할 수 있어 웃을 일이지요. 그냥 중생으로 아무 생각없이 오래 산다는 것은 분명 고통이고 울 일입니다. 하지만 부처님의 자녀로 부처님을 믿고 공부하면서 남은 인생을 살아간다면 이는 행복이고 웃을 일입니다.

여러분도 노후는 물론 다음 생까지도, 수많은 억겁의 시간까지도 부처님이 함께하심을 믿고 의지하고 따르면, 화성유품에서 보물섬에 도달하듯 부처를 이룰 수 있을 것입니다. 모든 것을 부처님께 믿고 맡겨 해결되는 실상을 바로 보기 바랍니다.

 합장하겠습니다.

거룩하고 대자대비하신 부처님 감사합니다.

오늘은 화성유품에서 수 억겁 동안 중생 모두가 부처를 이룰 때까지 우리를 이끌어주시는 부처님을 만날 수 있었습니다. 부처님,

너무나도 고맙고 감사합니다. 늘 부처님을 닮으려 노력하고, 늘 부처님을 따라 행하려고 노력하고, 늘 부처님을 대하듯이 만 중생을 대하려고 노력하는 불자가 되겠습니다. 오늘도 참되고 진실된 길을 가되 잘못된 구업의 업장은 영원히 사해 주시기를 간절히 기도드립니다.

나무석가모니불 나무석가모니불 나무시아본사석가모니불.

07
이미 완성되어 있는 자기의 보배

500제자 수기품

근래에 어릴 적 학대 받은 상처로 고통 속에 살다가 묻지마 살인을 저지르는 경우가 종종 일어나고 있습니다. 이렇게 극단적으로 표출되지 않더라도, 어릴 때의 상처로 불행한 삶을 사는 사람들을 심심찮게 볼 수 있습니다. 상처가 어릴 때만 있겠습니까? 죽을 때까지 마음에 상처를 받습니다. 그래서 인생이 고통의 바다이지요.

프랑스의 랭보라는 시인이 쓴 「상처 없는 영혼이 어디 있으랴!」라는 시가 있습니다. 여기서 상처란 넘어져 다친 상처가 아니죠? 마음의 상처를 말합니다. 랭보는 우리 견해로 보면 개차반으로 살다 37살에 암으로 죽었습니다. 그런데 시는 좋아요. 자신의 상처, 트라우마를 시로 승화시켰기 때문입니다.

어쩌면 기나긴 윤회 속에서 지은 인과를 현생에 해결해야 하는 것이 사람의 몸을 받아 태어나는 목적이 아닐까 하는 생각도 듭니다. 즉 받은 상처와 트라우마를 자신이 받을 수밖에 없는 것으로 받아들이고 이를 해결하는 것이 삶의 또 다른 목적이라는 것이죠. 그런데 사람이 나이를 먹는다고 꼭 현명해지지는 않습니다.

인과, 근본, 우리가 쉽게 말해 집안내력이라고 하지요. 상처도 학습되고 답습되며, 결국 언젠가 같은 상황을 만들게 됩니다. "나는 정말 우리 아버지 같은 사람에게는 절대 시집 안 갈 거야." 딸들이 그런 말로 결심을 나타내잖아요. 그런데 점점 자라다보면 꼭 자기 아버지 같은 사람을 만나서 결혼을 하더라는 거예요. 아버지가 술을 많이 먹고 엄마를 괴롭히고 귀찮게 하는 꼴을 보고 자란 사내애들 같은 경우에 "나는 우리 아버지 우리 어머니 같은 사람은 안 되어야지." 하면서도 자신도 모르게 그렇게 되어 갑니다. 왜 그럴까요? 너무나 싫었던, 부모의 굉장히 싫었던 모습을 자기도 모르게 보고 배운 것입니다. 자기도 모르게 습이 들어간다는 것입니다. 그렇게 되어 제일 싫어하던 아버지의 그 추한 모습을 닮아 갑니다. 아버지가 알코올 중독자이면 아들도 중독되는 확률이 높습니다. 어머니가 잔소리꾼이면 딸도 남편에게 똑같이 잔소리꾼이 되어 갑니다. 이런 것을 종속從俗이라고 하지요.

또는 종속에 반항하는 경우도 있습니다. 착하고 공부를 잘해서 부모와 주위로부터 인정을 받던 아이가 어느 순간부터 삐딱하게 나간단 말이에요. '저놈이 과격한 놈이 아니었는데?' 어느 날부터

인지 마구 과격해지고 난폭해지고 입이 거칠어지고 하는 이런 현상은 주위의 기대에 대한 부담이 상처로 된 경우입니다. 큰 기대에 대한 스트레스로 종속되는 자신이 싫어 반항을 하는 아이들도 있습니다.

결국 상처와 트라우마에 반응하는 양태가 수만 가지여서 심리학자나 정신과 의사들도 사실은 이야기를 들어줄 뿐 치료방법 없이 헤맬 수밖에 없어요. 왜냐하면 정신과 의사도 자기 문제를 못 푼 불안정한 사람일 뿐이니까요. 하지만 그 어떤 상처도 부처님을 믿고 의지하고 따르면 자연히 치유됩니다. 사람을 백 명이나 죽이는 걸 목표로 했던 희대의 살인마 앙굴라마도 부처님 가르침에 아라한 과위를 얻은 성자가 되었습니다. 그런 부처님께 의지하지 않는 것은 크고 평탄한 길을 놓아두고 까마득한 낭떠러지 길을 가는 어리석음이 되는 것입니다.

그런데 사람마다 부처님을 믿는 마음도, 가르침을 받아들여 따르는 태도도 천차만별입니다. 이것을 근기라고 합니다. 상근기, 중근기, 하근기로 나누고 각각을 다시 상, 중, 하로 세분해서 크게 아홉 단계의 근기로 구분합니다. 학교에서 우열반으로 나누어 우등생과 공부 못하는 아이들을 차별을 두어 공부를 시키는 이유는 학습 진도 때문입니다. 수준에 맞춰 반을 나눈 것입니다. 수행도 마찬가지입니다. 상근기는 상근기에 맞는 수행을, 중근기는 중근기에 맞는 수행을, 하근기는 하근기에 맞는 수행을 해야 합니다. 그리고 단지 그뿐입니다. 부처님 앞에서는 똑같은 자식이고 똑같은 가능성입니다. 근기는 옷 사이즈처럼 자기 몸에 맞는 것을 입는 것입니다. 그래서 『법화경』에서 부처님께서는 성문·연각·보살 이 모두가 회삼귀일會三歸一 일불승一佛乘으로, 모든 공부가 하나라고 천명하시고 확신을 주신 것입니다. 그러니 모든 공부 맛이 하나입니다. 제가 이 말을 하는 이유는 출가자나 재가자로서 공부하는 분 중에서 자신의 근기를 가지고 고민하는 분들이 계시기 때문입니다.

근기는 간단합니다. 번뇌 망상의 많고 적음입니다. 번뇌와 망상, 잡념이 많다는 것은 달리 말하면 상처와 트라우마가 많아 순일純一하지 않다는 것입니다. 이번 생에 최상근기들은 오랜 백겁천생 동안 닦은 오래된 분들입니다. 그들을 부러워할 필요가 없습니다. 부처님을 믿고 의지하고 따르는 이 『법화경』 공부로 충실히 살아가는 것이 최선입니다.

우리 중생은 대부분 트라우마가 있고 마음에 병이 있고 정신적으로 나약하고 힘들어 하는 이런 사람들입니다. 이것을 하근기라고 할 수 있겠습니다만, 부처님께서 하근기도 성불할 수 있다고 한 내용이 바로 이 500제자 수기품에 비유로 명확히 나옵니다. 그 방법은, 위축되지 말고 상처나 트라우마에 끄달리지 말고 원래부터 자신 속에 보물이 있음을 알고 찾으라는 것입니다.

밥을 빌어먹는 어떤 가난한 사람이 친구 집에 갔다가 융숭한 대접을 받고 술에 취해 잠들었습니다. 때마침 친구가 일이 있어 나가게 되었습니다. 친구는 술에 취해 잠든 친구의 안주머니에 값으로 따질 수 없는 보배구슬을 넣어 주고 집을 나섰습니다. 그 사실을 잠든 가난한 친구는 알지 못했습니다. 잠에서 깨어난 친구는 다시 세상 이곳저곳을 떠돌며 밥을 빌어먹고 살았습니다. 보배구슬이 자기 품속에 있는지조차 모르는 그는 이것저것 잡일도 하고, 일거리가 없으면 밥을 빌어먹으며 고생고생하며 살았습니다. 그러던 어느 날 길에서 보배구슬을 준 친구를 만나게 되었습니다. 친구가 말했습니다.

"이 한심한 사람아! 어찌 옷과 밥을 빌어먹고 사는가? 내가 예전에 자네를 편하게 살게 하려고 우리 집에서 자네 품속에 귀한 보배구슬을 넣어 주지 않았는가? 자네는 그것을 모르고 이리 고생하며 궁색하게 살고 있는가. 아, 정말 바보가 따로 없군. 그 구슬은 지금도 자네 품속에 그대로 있을 걸세."

우리들은 부처님이 주신 귀한 보배구슬이 있는 줄 모르고 지지리 궁상으로 밥을 빌어먹고 옷을 얻어 입으며 살고 있는 것입니다. 저와 여러분 가슴속에는 값을 따질 수 없는 귀한 보배구슬이 있습니다. 수많은 상처와 트라우마와 자신의 근기 탓이나 하는 것은 보배구슬을 품에 두고 밥을 얻어먹고 사는 것과 다를 것이 없습니다.

모든 문제의 해결방법은 무엇이냐 하면, 단지 자기 품속에 보배구슬이 있다는 것만 알면 되는 것입니다. 그러니 비실비실하고 남보다 똑똑하지 못하게 보일지라도 누구나 부처님이 주신 그 보배구슬을 꺼내 안락한 지경에 이르고 궁극에는 자식이 부모를 닮듯이 위없는 아뇩다라삼먁삼보리를 얻어 성불할 수 있습니다.

내가 지금 이렇게 살아가는 것은 그 보배구슬이 품속에 있다는 사실을 모르기 때문입니다. 그 진실을 모르는 것은 우리들이 어리석음, 무명無明에 사로잡혀 있기 때문입니다. 이 무명, 삶의 두려움과 어리석음을 걷어내는 가장 빠른 최상의 방법이 바로 『법화경』에서 설한, 부처님을 믿고 의지하고 따르고 베껴쓰고 다른 사람들에게 알리는 것입니다.

깜깜한 밤중에 산길을 걸어 집으로 간다면 누가 가장 반갑습니까? 일단 등불을 든 사람이 반갑고, 그 다음은 등불을 들고 길을 잘 아는 사람이고, 마지막으로 더없이 좋은 것은 등불을 들고 산길을 잘 알고 집까지 가는 길을 나보다 더 잘 아는 아버지의 손을 꼭 잡고 깜깜한 산길을 가면 아무런 걱정 없이 즐겁게 집에 도착할 수 있습니다. 따라서 『법화경』을 설하신 부처님 아버지를 믿고 의지하고 따르고 사경하고 다른 사람에게 알리는 일을 게을리 하지 마십시오.

불교공부는 마음만 가지고 하는 줄 아는 사람들이 많습니다. 그렇죠. 마음이 가장 중요합니다만 마음의 집인 몸이 따라 주어야 공부가 이루어집니다. 우리가 사람 몸을 받아 태어나지 않았으면 부처님을 알겠습니까? 당연히 모르지요. 우리가 몸을 받아 이 세상에 오니 육신을 낳아준 부모님과 일가친척을 만나고, 소꿉친구가 생기고, 학교친구가 있고, 사회에 나오면 선후배가 있고 직장동료가 생기고, 결혼하면 시부모와 시댁의 일가친척이 생깁니다. 동네 친구, 언니, 동생, 도반들도 생깁니다. 우리 삶은 이렇게 어머니 태속에서부터 시작으로 수많은 만남 그 자체입니다. 인간이란 한자를 보면 사람 인(人)에 사이 간(間)이지요. 인간은 사람 사이 만남에 있다는 뜻입니다.

우리가 마음과 마음이 하나로 만나는 것이 가장 이상적인 관계이지만 우선 인간의 몸으로 대면을 하지 않습니까. 그러니 몸을 무시하면 안 됩니다. 그러니 건강해야 합니다. 살아 있고 건강해야 부처님 법을 조금 더 공부하고 다음 세상으로 가든, 깨달음을 얻든 하겠지요. 그래서 몸이 중요합니다. 그러나 더욱 중요한 것은 누가 뭐래도 마음입니다. 우리가 도를 닦는 것을 마음공부라 하지 몸공부라 하지 않습니다. 그 이유는 한시도 가만히 안 있는 마음의 변덕스런 움직임 때문입니다. 그 마음 작용의 테두리가 번뇌와 망상입니다.

예를 들어, 법회에 나올 때 여러분은 '오늘 일우스님 이야기를 듣고 경전공부나 한번 해볼까?' 하고 마음먹고 나왔는데, 막상 여기 와서 앉아 있으면 어떤 생각을 해요. '내가 오늘 집에 가스불은 꺼놓고 왔나?' '오늘 저녁은 뭘 해 먹지.' 이렇게 딴 생각, 딴 마음, 이것이 번뇌 망상입니다. 여기 앉아 『법화경』을 듣고 있는데 몸뚱

이만 와 있으면 뭐합니까. 그렇죠? 그러니 결론은 마음과 몸이 혼연일체가 되어서 생생히 살아 성성한 마음을 가지고 있어야 삶을 잘사는 것입니다. 생생히 성성하게 깨어 있는 삶을 살려면 부정적인 생각이 없어야 합니다. 앞날이 불안하고 걱정되고 두려우면 번뇌 망상 덩어리지 생생히 살아 있는 사람이 아닙니다. 12연기법의 처음이 무명無明이잖아요. 그 무명이 우리 삶을 어리석음과 두려움으로 가득 찬 부정의 방에 가두어 버립니다. 그러면 일단 마음이 병들고 육체도 병들며 좌절해 버립니다. 그러나 희망이 있습니다. 밖에서 누군가 방문을 열어 주는 것입니다.

무명으로 만든 자물쇠를 여는 열쇠는 무엇일까요? 바로 부처님을 믿고 의지하고 따르며 『법화경』을 사경하고 주위 사람들에게 알리는 것입니다. 그렇게 하면 부처님이 열쇠로 그 문을 열어 우리를 자유롭게 하는 것입니다.

제가 책에서 읽은 이야기입니다. 저자에게 학교 다닐 때 엄청 미운 친구가 있었다고 합니다. 저자와 그 친구는 여러모로 경쟁자였다고 합니다. 친구가 일등을 하면 자신이 이등을 하고 자신이 일등을 하면 친구가 이등을 하는데, 그 친구와 그런 치열한 경쟁을 하다 보니 미운 생각이 들었답니다. 미운 마음이 커져 '저 녀석이 죽어버리면 좋겠다.'라고 저주스런 말이 혼잣말로 나왔다고 합니다. 그 지경까지 친구에 대한 증오심이 드니 문득 '저 친구가 정말로 잘못되어 버리면 어떻게 하지?' 이런 미안한 생각이 들고 걱정이 되더래요. 그러면서 죄책감이 들고 계속 커졌다고 합니다. 미안함과 죄책감이 깊어지니 소심해지고 활달하던 성격이 어디 가서 말도 잘 못하며, 그런 생각을 들킬까 싶어 사람을 바로 못 쳐다보고 이렇게 병이 깊어졌다고 합니다.

근본 시작은 경쟁심에 '친구가 죽어버렸으면 좋겠다.'라고 생각했던 것이, 미움과 증오가 자기 스스로 상처를 만들고 트라우마가 되어 결국 정신병으로 변했다는 이야기입니다. 미움과 증오 등 부정적인 감정, 번뇌, 망상은 결국 자신을 해칩니다. 그것이 무명의 감옥이 되어 스스로를 가둡니다. 스스로 만든 상처의 감옥이든 피해자로서 당한 상처의 감옥이든, 그 감옥에서 놓여나는 길은 열쇠를 가진 부처님을 믿고 의지하고 따르는 것임을 다시 한 번 강조합니다.

대개 사람들은 상처와 트라우마를 술과 도박, 남녀관계 등 순간의 즐거움으로 잊어버리려고 합니다. 그것은 마치 터져서 뿜어 나오는 수도관을 비닐로 막으려는 임시방편입니다. 근본 해결책은 찾지 않고 임시적으로만 땜질하다보니 상처가 깊어지고, 견디다 못해 폭발하면 묻지마 살인을 저지르거나 주위 사람에게 상처를 주거나 스스로 자신을 파괴합니다. 상처를 근본적으로 치료해야 합니다. 위축되지 말고 기죽지 말고 '쩨쩨하게 굴지 말고 가슴을 쫙 펴라!' 이런 노래처럼 스스로 위안하는 자긍심이 필요합니다. 정신과 의사를 찾고 다른 종교를 통해 위안 받을 수도 있겠지만 근본 치료법은 부처님께 있습니다.

부처님은 우리 모두가 다 자신 속에 보배를 지니고 있다고 깨우쳐 주십니다. 내가 그 무엇보다 귀하고 가치 있는 보배를 가지고 있는데, 그렇다면 어디 가서 쫄거나 기죽고, 누구에게 굽신거리거나 비굴해질 필요가 어디 있겠습니까. 삶이 당당해지고 자신감 있고 여유가 넘치는 거죠.

자기 보배를 발견하지 못하고, 믿지 못하는 사람은 바깥 경계의 바람에 쉽게 흔들립니다. 외부의 시선이나 평가, 물질이나 지위, 이런 것들에 휘둘리니 항상 패배감과 비애 등에 빠져서 불행해집니다.

외적으로 규정된 '나'에 얽매여 자신의 본성을 보지 못합니다. '나'라는 알량한 자존심에 묶여 자신 속에 있는 보배를 열어보지 못합니다.

바깥 경계로부터 오는 망상을 객진번뇌라고 합니다. 이 객진번뇌를 떨쳐 내야 합니다. 어떻게 해야 할까요. 쉽게 비유를 들어 얘기하면, 여관에는 수많은 손님들이 하룻밤 묵었다 갑니다. 그러나 주인은 손님이 오면 오는 대로 가면 가는 대로 마음 쓰지 않고 주인으로서의 역할만 합니다. 이와 같이 번뇌 망상을 무심으로 대하는 것입니다.

그러므로 우리가 먼저 할 일은 아상我相, 아집我執을 줄여가야 합니다. 아상에 아집이 생기는 이유는 '나 또는 내 것이 있다'는 전도망상이 만든 자아 때문입니다. 그래서 부처님께서는 영원불변하는 실체가 없다는 공空과 무상無常의 가르침으로 중생의 무명을 깨우쳐 주신 것입니다.

500제자 수기품 보배구슬의 비유에 그 점이 명확히 나타납니다. 품속에 가치를 따질 수 없는 귀한 보석이 있는 줄 모르고 빌어먹는 거지로 사는 그 친구의 모습이 바로 우리 자신입니다. 불쌍한 친구는 부자 친구로부터 "품속에 내가 준 보배구슬을 가지고 어떻게 이렇게 사느냐?"는 말을 들을 때까지 거지로 사는 자신이 얼마나 부자인지 모릅니다. 그 보배구슬은 무엇일까요? 그것은 불성종자佛性種子입니다. 부처님이 우주에서 날아온 외계인으로 부처를 이룬 것이 아닙니다. 우리와 똑같은 인간의 몸을 타고났습니다. 품속의 보배구슬은 우리가 부처님 자녀로서 부처님 유전자를 가지고 있다는, 불성종자를 말합니다. 그런 우리가 상처 받고 트라우마 때문에 삶을 힘들게 사는 것은 보배구슬을 가지고도 거지로 밥을 빌어먹고 사는 것과 다를 바 없습니다.

몸이 아프면 병원에 갑니다. 병원에서 의사가 시키는 대로 주사도 맞고 제 시간에 약도 먹습니다. 그렇게 해야 치료가 되는 줄 믿고 의사 말을 잘 따르잖아요. 감기 같은 가벼운 병을 치료하는 데도 의사 말을 잘 따르면서, 인생의 상처를 치유하고 자신의 존재 가치인 깨달음을 향해 가는 길에 여러분은 얼마나 부처님 아버지의 말씀을 따르고 있는지요? 자신 있게 대답 못하시겠죠. 사실은 저도 마찬가지입니다. 그러면 다시 묻겠습니다. 부처님을 믿고 의지하고 따르는 노력은 하고 있습니까? 이것도 대답하지 못한다면 불자로서 뼈아프게 되돌아보아야 합니다. 저는 출가자로서 그래도 부처님을 아버지로 모시고 살아가려고 노력하고 있다고 말할 수 있습니다.

우리 중생의 마음의 상처, 트라우마는 부처님이 치유해 주시는 것을 확고히 믿어야 합니다. 죽는 순간 후회해 보아야 쓸데없습니다. 지금 이 순간부터 온 마음과 온몸으로 부처님을 진실로 믿고 의지하고 따르는 삶을 살기를 간절히 바랍니다.

부처님 아버지를 따라 사는 길에 무엇이 가장 어려우냐 하면, 바로 번뇌 망상입니다. 이걸 다스려야 하는데, 그런데 따지고 보면 그 번뇌 망상으로 인하여 깨달음이라는 결과가 있습니다. 그러니 번뇌 망상이 깨달음의 길로 이끄는 보살이라고 말을 하는 분들이 있습니다. 교학적으로나 머리 끝 생각으로는 그럴 수 있지만 실제 번뇌 망상에 사로잡히면 이것이 보살이다 뭐다 생각하지 못합니다. 그냥 번뇌 망상의 불길로 화택지옥에서 타 죽고 마는 것입니다. 번뇌 망상을 보살이라고 하는 것은 그 경지에 이른 분들의 말씀입니다.

그런데 부처님 가르침을 접하고 공부를 좀 하다 보면 아상, 아집은 좀 수그러드는데, 이번에는 법집法執이 생깁니다.

부처님이 보드가야 보리수 아래에서 깨달음을 얻은 후 그냥 가려고 하셨습니다. 부처님이 얻은 아뇩다라삼먁삼보리를 이해할 만한 근기가 없다고 생각하셨기 때문이지요. 그때 범천과 제석천이 사정사정하여 지구에 남으시는데, 부처님이 얻은 깨달음을 전할 사람을 찾다가 녹야원에 있는 다섯 비구를 생각합니다. 원래 다섯 비구는 부처님과 함께 고행하던 도반입니다. 부처님이 고행으로는 니르바나에 이를 수 없다고 판단하여 고행을 접자 부처님을 무시하고 떠난 수행자들입니다. 보드가야에서 뜨거운 황톳길을 걸어 사르나트 녹야원에 도착하는 부처님을 다섯 비구가 보았습니다. 그들은 서로 얘기합니다. '저 수행을 포기한 싯다르타가 와도 우리는 아는 체하지 말고 무시하자!' 그런데 그들은 부처님이 가까이 올수록 그 위신력에 안절부절 못하다가 부처님이 오자 자리를 내주고 예의를 갖춥니다.

제가 이 이야기를 하는 이유가 다섯 비구의 첫 마음입니다. 부처님이 고행을 포기하자 그 뜻을 헤아리지 않고 패거리 지어 떠나지요. 그 다음 자기들 거처에 부처님이 오는 모습을 보고 어떻게 합니까? 자리도 내어주지 않고 모른 척하자고 쑥덕거리지요. 이게 법집입니다. 법에 사량분별을 일으켜 집착하는 것입니다. 다행히 위신력이 큰 부처님이 그들의 법집을 깨어 버리니 이는 다섯 비구의 복입니다. 부처님이 아니면 그들의 법집은 누구도 깰 수 없었을 것입니다.

이렇게 절에 좀 다니고 설법을 몇 번 들어 법집에 빠지면 가르치려 듭니다. 도반으로 나누는 게 아니고 스승노릇을 하려고 하지요. 초기경전에 보면 부처님께서 설법을 끝내고 제자들에게 '벗들이여!' 이런 말씀을 하시고 또한 부처님이 설법한 내용에 틀리거나 불합리한 점이 있으면 이야기하라고 하셨습니다. 부처님도 가르치는 데에 그렇게 신중하셨는데 그런데 깨알만한 앎으로 가르치려 드는 것은 법집이 생겨서 그럽니다. 이 지경에 이르면 참 약이 없습니다. 그러나 참회하고 아상을 없애려고 노력한다면 제자리를 찾을 수 있습니다. 아집과 법집을 버리고, 부처님의 자녀가 되어 부처님을 믿고 의지하고 따르는 삶을 서원하고 발원하여야 합니다.

중생으로 태어나 중생으로 살면서 잘난 것 하나도 없는데도 늘 '나'라는 형틀 속에 갇혀서 살아가면 죽음이 이르는 섣달 그믐날 통곡해봐야 아무 소용없습니다. 우리가 살아 있을 때 열심히 몸과 마음을 합쳐 아집과 법집을 내려놓는 것이 영원히 행복해지는 공부라는 것을 명심해야 하겠습니다.

수행의 첫 시작은 이 500제자 수기품의 내용처럼 우리 품속에 값을 따질 수 없는 보배구슬이 있다는 것을 아는 것입니다. 그렇다면 과연 내가 가진 보배는 뭘까, 부처님이 주신 보배구슬은 어떤 것인가? 부처님께 가장 큰 재산은 뭡니까? 부처님 자신이지요. 그러면 우리에게 주신 보배구슬은 당연히 부처님 자신을 뜻하는 것입니다. 그러므로 우리 모두 부처님 자녀로 부처가 될 종자를 가지고 있는데, 상처와 트라우마에 묶여 평생을 낭비하는 것은, 품속에 보배구슬을 가지고 밥을 빌어먹고 옷을 주워 입는 것과 똑같은 것입니다. 그래서 근본을 바꾸지 않고는 될 것이 없고 이것을 극복하지 않고는 성공이란 것이 없습니다. 그것이 정신적이든 물질적이든 성공을 원하는 사람들은 자기의 숨겨진 보배를 알아보고 발견해서 원하는 꿈을 펼치고 비전을 가지고 살아야 합니다. 그리고 그 보배를 발견하는 길은 나약함, 게으름 이것을 없애야만 그 자리에 수행의 꽃이 피고 잎이 피고 나중에 열매를 맺는 것입니다.

불자라고 해도 대부분의 사람이 보배구슬을 발견하지 못하고 자꾸 엉뚱한 길로 갑니다. 그리고 스스로 우물 안 개구리가 되고 새장 안의 새가 되어 고통 받고 괴로움을 당하는데, 누가 가둔 것도 아니고 누가 우물을 파서 그 속에 나를 집어넣은 것이 아니지 않습니까. 남 탓할 것 없이 내 스스로 들어간 것이고 내 스스로 새장 속을 택한 것입니다.

거기서 벗어나는 것 또한 자신의 몫입니다. 우물을 벗어나 큰 바다에 이르러야 하고, 새장을 벗어나 훨훨 날아가야 합니다. 그 시작이 품속의 보배구슬을 찾아 부처님 자녀인 자신의 가치를 아는 것입니다. 우리는 높이 나는 독수리와 같은 삶을 살고 큰 바다의 고래가 되어 살아야합니다. 인도에 이런 말이 있습니다. "자신을 온전히 던지는 자 독수리처럼 하늘을 날을 수 있다. 몸을 사리는 자 닭장의 모이에 만족해야 한다." 우리 모두 이 삶이 보배구슬을 가진 보배로운 삶이라는 것을 바로 알고, 비전과 꿈을 가지고 모든 중생을 위해 희망을 노래할 수 있는 부처님 자녀들이 되기를 발원합니다.

問 저는 작은 딸과 대화를 안 한 지 몇 개월이 됐습니다. 저는 아이의 마음을 어떻게든 풀어주고 대화를 하고 싶습니다. 어떻게 해야 할지, 정말 갑갑합니다.

答 평상심平常心이 도라는 말을 많이 들어 보셨을 것입니다. 늘 평상심을 유지하는 것은 참으로 어렵습니다. 번뇌 망상이 들면 한순간에 평상심은 날아가지요. 특히 우리나라 부모들은 자식 문제에는 극히 예민하고 편파적일 경우가 많습니다. 자녀문제에서는 옳은 판단이 안 되는 것이죠. 자식들이 자신들보다 사회적으로 성공해서 고생 없이 잘살기를 바라는 것은 부모들의 보편적인 바람 아니겠습니까?

그런데 사회에서 일반적으로 생각하는 성공을 하는 경우가 얼마나 될까요. 대부분의 사람들은 그럭저럭 살거나 혹은 힘들게 삽니다. 자라나는 자녀들과 부모의 갈등을 보면, 자녀에 대한 기대치가 문제가 되더군요. 특히 어머니들은 딸에게 욕심이 좀 많은 것 같아요. 왜냐하면 엄마의 경험상, 좋은 직장을 다니다 좋은 남자를 만나서 결혼해야 고생을 안 할 것이라고 생각하고 강요하는 경우가 있습니다. '너는 이렇게 살아야 이렇게 되고, 이래야 좋은 사람 만날 것 같고…' 보통 이러지 않나요?

이렇게 자꾸 강요하면 딸도 세뇌(?)가 되어 엄마 뜻대로 살고 싶지만, 그게 그리 쉽습니까. 공부 잘해서 좋은 대학가고, 졸업해서 좋은 직장을 얻는다는 게 쉽지 않잖아요? 그러니 어머님이 너무 욕심을 내고 있는 것 같습니다. 딸은 딸대로 얼마나 현실이 버겁 겠습니까. 그래서 '엄마는 나를, 내 처지를 모른다'고 말문을 닫는 것일 수도 있습니다. 따님이 엄마보다 더 아플 수 있습니다. 엄마 에게 하소연하고 싶어도 할 수 없으니 얼마나 답답할까요.

가장 좋은 방법은 어머니가 욕심을 내려놓고 친구가 되려고 노 력하는 것이라고 생각합니다. 배려해주고 존중해주는 거예요. 내 가 너를 이해하지 못했다고 다가가야 합니다. 결론적으로, 어머님 이 어떻게 해야 하는가? 자식에 대한 욕심과 기대를 내려놓고 따 님이 원하는 삶을 위해 후원해주고 용기를 주어야 합니다. 아마도 그때가 되면 제대로 된 대화가 이루어질 것입니다. 장난감을 방편 으로 아이들을 불타는 집에서 빠져나오게 했듯이, 아이들이 원하 는 것을 중심에 놓고 방편을 마련해야 문제를 해결할 수 있을 것 입니다. 먼저 보살님들, 여러분부터 아집, 집착으로부터 자유로워 져야 합니다.

합장하겠습니다.
거룩하고 대자대비하신 부처님 오늘도 이렇게 500제자 수기품으로 대부분 중생이 하열한 근기이지만 부처가 될 수 있다 는 꿈과 희망을 주셨습니다. 부처님의 진실한 자녀가 되어서 믿고 따르고 의지하고 찬탄하고 공경하고 공양하며 늘 부처님의 권속 으로 살기를 서원합니다.

나무석가모니불 나무석가모니불 나무시아본사석가모니불.

08

나는 누구를 가장 사랑하고 아낄까?

수학무학인기품

옛날 사람들은 늘 걸어 다녀야 하는 등 몸을 많이 움직여야 해서 고단했겠지만 지금처럼 성인병도 없고 건강했습니다. 요즘 사람들은 자동차나 지하철로 움직이니 몸은 편하지만 성인병이니 암이니 하는 병이 허다합니다.

세상은 이제 백세시대라 하여 수명은 빠르게 느는데, 안타깝게도 요즘 연세 드신 분은 집에 안 계시고 다들 요양병원에 계신다고 농담처럼 말합니다. 그리고 황혼의 늙은 나이에도 이혼하는 부부가 많다고 합니다. 이래저래 노년이 슬픈 시대입니다.

이번에 공부할 내용은 수학무학인기품입니다.

혹 동물이 아닌 식물도 가족을 이룬다는 이야기를 들어 보셨는지요? 저는 식물도 가족체家族體가 있다는 연구결과를 얼마 전에 알았습니다. 그 사실에 깜짝 놀랐고 여러 생각이 들었습니다.

식물 씨앗을 뿌릴 때 연구자들이 모계, 즉 어머니가 같은 형제 씨앗을 같이 심어 놓았다고 합니다. 보통 식물들도 뿌리를 내리기 위해 영역 싸움이 치열합니다. 그런데 형제 씨앗은 다르다고 합니다. 형제 식물 쪽으로는 절대 뿌리를 내리지 않는다고 합니다. 서로 침범하지 않고 바깥쪽으로만 뿌리를 내립니다. 연구자들이 형제가 아닌 씨앗을 함께 심자 서로 뿌리를 먼저 내리려고 싸워서 얽히고설키더랍니다.

북아메리카에 높이가 120미터까지 자라는 나무가 있는데 이 나무는 씨앗으로 번식하지 않고 뿌리에서 싹이 돋아 자식 나무가 자랍니다. 그러면 그 큰 나무들이 하늘을 다 가려버려 새싹은 광합성 작용을 할 수 없습니다. 그러면 햇빛을 못 보는 작은 나무는 숲 속에서 죽어야 정답이지요. 그런데 작은 나무들이 햇빛을 보지 않고도 큰 나무로 자라는 것을 보고 실험을 했다고 합니다. 실험을 위해 어미나무에 나무들이 좋아하는 이산화탄소(CO_2)를 주입했습니다. 이렇게 놓고 3일 만에 가서 확인을 하니 어미나무의 이산화탄소는 군데군데 있는데 뿌리로 낳은 자식인 작은 나무에는 이산화탄소가 가득 차 있었다고 합니다. 뭐냐 하면, 햇빛 하나 보지 못하는 이 자식을 어미나무가 키우는 거예요. 그렇게 부족한 영양분을 어미나무가 자식나무에게 주는 것이죠. 이렇게 자식나무를 키워내는 숭고한 모성애를 가진 식물을 보면 여태껏 우리가 가지고 있던 동식물의 구분에 혼란이 옵니다.

옛날에는 사람이 잘못하는 것을 보면 '짐승보다도 못하다'고 했는데 이제는 잘못하면 '나무보다도 못하다'는 욕을 먹을 수도 있을 것 같습니다.

우리 인간의 모습은 어떻습니까? 가진 사람, 배운 사람, 있는 사람이 못 배우고 가진 것 없는 사람들로부터 더 빼앗고 짓밟습니다. 어른들에 대한 예의도, 스승에 대한 존경도, 심지어는 부모자식간의 천륜이나 형제간의 우애도 이해타산 앞에서는 간 곳이 없습니다. 정말 몹쓸 세상이 된 것입니다.

수학무학인기품은 바로 이런 걸 바로잡는 가르침입니다. 많이 가지고 여유 있는 사람이 약자를 보호하고, 잘 나가는 형제가 부족한 형제를 도와주고, 가정이나 사회에 위아래의 질서가 잡히는 인간다운 세상을 만들어야 한다는 것입니다. 그리고 이것은 가정 중심, 기도 중심, 믿음 중심, 절 중심으로 생활할 때 이루어질 수 있습니다. 윤리와 도덕이 반듯한 세상, 이것이 현실적으로 부처님이 우리에게 주시려는 세상일 것입니다.

2,500년 전에 부처님이 기원정사에 계실 때 이야기입니다. 귀하디귀한 자식이 죽자 그 엄마가 반쯤 미쳐서 죽은 애를 업고 오고 가는 사람들을 붙들고 내 아이를 좀 살려달라고 절규했습니다. 머리는 반쯤 풀어 헤치고 자식의 시체가 썩어 가는 줄 모르고 들

쳐 업고 돌아다니다가 기원정사에 부처님이 계신다는 소리를 듣고 가 부처님께 무작정 매달렸습니다. "부처님 제 자식 좀 살려주세요." 허겁지겁 쫓아와서 느닷없이 자식을 살려달라고 하니 부처님이 가련하고 불쌍한 그녀를 바라보며 "어디든지 사람이 한 번도 안 죽은 집을 찾아 겨자씨 한 움큼을 얻어오면 내가 너의 아들을 살려주마."라고 말씀하셨습니다. 엄마는 아이를 살릴 수 있다는 희망에 집집마다 가서 물어보았지만 어느 집도 사람이 죽지 않은 집이 없었습니다. 사람이 죽지 않은 집을 찾아다니다 이런 생각을 합니다. '아, 나는 내 고통이 가장 심하고, 나 혼자만 자식이 죽은 줄 알았는데, 이 세상에는 사랑하는 사람과 이별하지 않은 사람이 하나도 없구나!' 인간은 누구나 가슴마다 다 그렇게 아픔과 고통과 슬픔과 괴로움을 묻고 살더라는 것이죠. 그래서 그 길로 부처님께 와서 머리를 깎고 출가를 했습니다. 다시 태어난 것입니다. 환골탈태, 지금까지와는 전혀 다른 사람이 된 것입니다. 이게 근본 치유이고 근본 힐링입니다. 자식의 죽음이라는 바깥 경계에서 벗어나니 새로운 사람이 된 것입니다.

부처님은 이 세상을 불타는 집, 화택이라고 하셨습니다. 그리고 그 속에서 사는 중생의 삶은 고해苦海라고 하십니다. 생로병사를 겪으며 사는 중생들에게 늘 고통의 파도가 몰아치는 바다, 이것이 부처님이 파악한 사람살이입니다.

그렇게 전생, 현생, 후생의 삼생을 윤회하며 날이면 날마다 괴로운 것이 누구나가 겪은 중생살이입니다. 지겹고 지겹지 않습니까?

그 끝없는 고통의 윤회를 벗어나기 위해 지금 당장 공부해야 합니다. 수학무학인기품에서 부처님은 공부가 덜 되거나 다 되었거나 구별하지 않고 모든 제자들을 다 자식으로 껴안습니다. 이게 부처님입니다.

아상, 인상, 중생상, 수자상에서 벗어나, 내가 보배를 품고 있는 가장 소중한 존재임을 깨닫고 부처님의 자식으로 부처님의 품안에서 부처님을 믿고 따르고 공경하고 찬탄할 때 고해의 바다에서 벗어날 수 있습니다.

2,000명이 수기를 받는 수학무학인기품에서 먼저 아난존자와 라후라존자가 수기를 받습니다. 아난존자는 부처님의 사촌동생이고, 라훌라존자는 부처님의 친아들입니다.

아난은 부처님이 출가하여 성도하시고 처음으로 고향 카필라바스투 성을 다녀가신 후 일곱 왕자와 함께 부처님을 찾아가 출가하였습니다. 그리고 부처님을 돌보는 시자로 부처님이 열반하실 때까지 수발을 잘하여 부처님은 아난존자에게 "시자로서 15가지 불가사의한 덕이 있다."고 칭찬을 들을 정도였습니다. 그러나 부처님 시봉을 하느라 수행에 전념하지 못해서 부처님이 열반하실 때까지 깨달음을 얻지 못하였습니다. 결국 부처님 열반 후 마하가섭 존자의 주도로 1차 경전 결집을 할 때 자격미달로 참석하지 못하게 되었습니다. 다급해진 아난은 마하가섭 존자에게 도움을 청했습니다.

"부처님께서 깨달음을 얻는 법을 따로 전하셨습니까?"

이에 마하가섭 존자는 "문 앞에 있는 찰간을 넘어뜨려라."라고 하였습니다.

아난은 아라한이 못되어 결집에 참석하지 못하는 비참함에 마하가섭 존자가 내린 말씀을 잡고 밤늦도록 경행을 하다가 지쳐 잠자리에 누웠는데, 머리가 베개에 닿는 순간 아라한의 경지에 도달했습니다. 그렇게 마지막 아라한으로 결집에 참가하였고, 모든 경전의 맨 앞에 나오는 "이와 같이 나는 들었다(如是我聞)"는 말은 바로 아난존자가 기억하는 부처님 말씀을 낭송한 것입니다.

아난은 사리불, 목건련, 가섭존자와 오백나한이 수기를 받는 것을 보고 부러워하다 이 수학무학인기품에서 라훌라를 데리고 나와 수기를 겸손히 청합니다. "세존이시여! 저희도 응당 수기를 받을 만한 몫이 조금은 있지 않을까 합니다. 저희들이 믿고 귀의할 대상은 오직 여래뿐이니까요." 이렇게 겸손히 청하자 부처님이 아난존자에게 수기를 주십니다. "너는 어느 때 모든 부처의 동일한 깨달음인 아뇩다라삼먁삼보리를 얻어 산해혜자재통왕여래 부처님이 될 것이다."

라훌라존자는 부처님 육신의 아들입니다. 라훌라존자가 7살 어린 나이에 출가한 사연은 이렇습니다. 부처님이 두 번째로 고향인 카필라바스투를 방문하자 야소다라는 부처님이 자기와 자식에게 돌아오기를 바라며 꾀를 냅니다. 어린 라훌라를 보내 부처님을 따라다니며 "아버지, 저에게 유산을 주세요. 아버지, 저에게 유산을 주세요." 하고 조르게 합니다. 그런데 부처님이 줄 유산은 깨달음밖에 없었어요. 그래서 부처님은 어린 아들을 출가시킵니다. 목건련존자가 머리를 깎아 주고 가사를 입혀 삼귀의를 따라하게 하였습니다. 마하가섭존자는 법문을 알려 주었고, 사리불존자는 수계를 주었습니다. 어린아이고 부처님의 아들이니 온 비구들에게 사랑을 받고, 부처님을 키운 고따미 왕비가 출가하여 비구니승단이 만들어지니 비구니 스님들이 얼마나 어린 라홀라를 금이야 옥이야 했겠습니까. 거기다 아난을 비롯한 7명의 출가한 왕자 삼촌들이 있으니 어떠했겠습니까? 당연히 버르장머리가 없었습니다. 이러다보니 장난이 심해서 주위 사람들을 당혹하게 하였습니다. 더구나 사람들이 부처님을 친견하고자 찾아오면 계실 때는 안 계시다고 하고, 안 계실 때는 계시다고 거짓말로 사람을 속이며 즐거워했습니다. 부처님이 이 사실을 알고 라홀라에게 물을 떠오게 하여 발을 씻기게 한 다음 말씀하셨습니다.

"너는 이 물을 마실 수 있느냐?"

"없습니다."

"왜 그러느냐?"

"발을 씻어 더러워졌기 때문입니다."

"라홀라야, 너도 이 물과 같다. 수행에 힘쓰지 않고 마음을 청정하게 갖지도 않고 계행을 지키지도 않기에 이 물과 같다. 탐·진·치 삼독의 때를 가슴에 안고 있어 마치 이 물처럼 더럽혀져 있다."

부처님은 그릇의 물을 버리게 한 후 다시 물었습니다.

"너는 이 그릇에 음식을 담을 수 있겠느냐?"

"없습니다."

"왜 그러느냐?"

"손발을 씻은 더러운 물을 담았던 그릇이기 때문입니다."

"라홀라야, 너도 이 그릇과 같다. 사문이면서 거짓말을 하고 마음속에 도를 닦을 뜻이 없으면 어떤 것도 담을 수 없다."

이 말씀을 하신 후 부처님은 라홀라가 일찍이 보지 못하였던 준엄한 얼굴로 "너는 사문이면서 행동을 조심하지 않고 거짓말을 하고 사람들을 괴롭혔다. 그 결과로 누구에게도 사랑 받지 못할 것이다. 지혜로운 사람들로부터 아낌을 받지 못한 채 목숨이 다하도록 깨달음을 얻지 못하고 미혹에 빠져 헤어 나오지 못하고 이 발씻는 그릇과 같이 살다가 죽을 것이다."라고 따끔하게 혼을 내주었습니다.

그로부터 라홀라는 어린 나이지만 자만하거나 교만하지 않고 열심히 수행하여 부처님의 10대 제자 중 한 분이 되었습니다. 그리고 이 수학무학인기품에서 어느 때 아뇩다라삼먁삼보리를 얻어 도칠보화여래 부처가 된다고 수기를 받았습니다.

지금 시대는 아이를 적게 낳아 나라 전체가 걱정이고, 그렇게 귀한 아이다 보니 오냐오냐 키워서 버릇이 없고 고집도 세고 자기가 제일인 양 안하무인으로 자랍니다. 그렇게 자란 아이들은 인생의 힘든 때가 찾아오면 이겨낼 힘이 없어 좌절하고 무너집니다. 현명한 부모는 부처님이 버르장머리 없는 라홀라를 혼내듯 가끔 일침을 주어 아이가 잘 자랄 수 있게 교육해야 합니다.

아이 교육에 가장 중요한 것은 자녀든지 손자손녀든지 어릴 때 부처님을 만나게 하는 것입니다. 그 아이가 부모나 할머니의 손을 잡고 절에 와서 부처님을 만나면 그 아이는 저절로 바르게 큽니다. 이 사실을 믿고 의심치 말기를 바랍니다.

부처님께서 아난존자와 라훌라존자에게 수기를 주시고 나서, 더 배울 것이 남은 이나 더 배울 것이 없는 이 2,000명이 모두 마음이 고요하고 청정한 데다, 한마음으로 부처님을 우러러보는 것을 살피시고 그들에게도 미래에 반드시 성불한다고 수기를 주십니다. 수기를 받은 유학·무학인들은 뛸 듯이 기뻐하며 환희하고, 마치 감로수를 마신 것 같다고 게송을 읊습니다.

요즘 사람들은 "인생 뭐 있어! 즐겁게 살다 가면 되지." 이런 말을 자주 합니다. 물론 부처님 자녀들은 그런 전도망상을 내지는 않을 것입니다. 인생 뭐 있냐고 말하는 사람에게는 사람으로 태어난 것이 별로 귀중하지 않아 보입니다. 별것 아닌 인생! 사람 몸 받기가 얼마나 어려운지 알고 부처님 아버지를 만나는 것이 얼마나 희유한 일인지 알면 이런 망언은 하지 못합니다. 인신난득人身難得은 사람 몸을 받아 태어나기가 참으로 어려움을 말합니다. 불법난봉佛法難逢은 어렵게 사람 몸을 받아도 그보다 부처님의 바른 가르침을 만나기는 더욱 어렵다는 말입니다. 『대열반경』에 사람 몸을 받고 부처님 정법을 만나는 것이 얼마나 희유稀有한가를 알려주는 게송이 있습니다.

세간에 사람으로 태어나기 어렵고
부처님 법이 있는 세상을 만나기 더욱 어려우니
이것은 마치 망망대해 한가운데서
눈먼 거북이가 나무구멍을 만난 것과 같다네.

사람 몸을 받아 부처님 아버지의 법을 만나는 것을 표현한 게송을 풀이하면, 백년에 한 번 바다 위로 올라오는 눈먼 거북이가 구멍 뚫린 나무판자에 머리가 쏙 끼는 확률처럼 어렵다는 것입니다. 또 수미산 꼭대기에서 바늘 한 개를 떨어뜨려 산 밑에 있는 참깨보다 작은 겨자씨에 그 바늘이 꽂히는 것만큼이나 어려운 일이 사람으로 태어나는 일이라고도 비유하였습니다.

이처럼 참으로 소중한 이 삶을 '인생 뭐 있어!' 이렇게 안일하게 생각하는 것은 안타깝고 통탄스러운 일이 아닐 수 없습니다. 사람 몸을 받은 데다 부처님의 바른 법이 살아 있는 지금 세상에 태어난 귀하고 귀한 삶을 가벼이 여기는 죄악을 범하지 말아야 합니다.

우리 중생은 번뇌 망상에 24시간이 모자랄 정도로 끌려 다닙니다. 부처님 경전을 보면서도 딴 생각을 합니다. 오늘은 주인공이 죽을까, 안 죽을까, TV 드라마에 빠지고, 오늘 마트에서 세일을 해서 싸게 판다는데 법회 끝나고 가도 물건이 있을까? 이런 잡념이나 작은 번뇌로 부처님 가르침을 만나는 귀한 시간을 허비하기도

합니다.

'인생 뭐 있냐?'라는 말은 상대가 춤추니까 나도 그냥 춤추는 것이고, 상대가 시장 간다고 하니 나는 장바구니 들고 나서는 것입니다. 세상살이를 남을 따라서만 살면 여러분은 자기의 인생 드라마에서 시시한 조연급으로 사는 것입니다. 기왕이면 자기 인생의 주인공으로 살아야 하지 않을까요. 그 방법은 사람으로 태어나 부처님 법을 만나 이 귀한 인연을 바로 세우는 것입니다. 기초부터 잘 세워야 집이 반듯하게 지어져 무너지지 않습니다. 자신이 자기 삶의 주인공이 되는 길은 부처님을 믿고 의지하고 따르는 것뿐입니다. 다른 방법은 다 허망하고 죽음에 이르러 후회만 남지만 부처님 자녀로 평생을 살아간다면 우리는 부처님 아버지 품에서 편안히 웃으며 내생을 맞이할 수 있습니다.

 친정어머니가 돌아가신 지 3년이 되었습니다. 돌아가신 게 엊그제 같기만 하고, 제가 불효해서 그렇게 빨리 돌아가셨나, 그런 죄스런 마음이 항상 있습니다. 그래서 어떤 때는 그냥 갑자기 울컥해져서 울기도 합니다. 어떻게 해야 돌아가신 엄마도 저도 편안하게 될지 가르쳐 주시기 바랍니다.

答 생자필멸生者必滅이라, 태어난 사람은 반드시 죽습니다만, 3년 전에 돌아가신 어머니를 잊지 못하고 계시군

요. 우리 민족은 예전 관습으로는 3년 상을 치렀습니다. 부모의 죽음이 안타깝지 않은 자식이 어디 있겠습니까만, 안타깝게도 지금 시대는 부모님이 돌아가셔도 금방 잊는 경우가 많습니다.

돌아가신 분을 잊지 못하는 것은 대략 두 가지 이유가 있습니다. 고인과 무척 가까워 깊은 정이 있기 때문이거나, 다른 하나는 돌아가신 분께 마음의 상처를 준 일이 후회가 되기 때문일 것입니다. 질문하신 보살님이 어떤 경우인지 정확히는 모르겠으나, 대충 후회가 되는 듯 보입니다. 어머니가 가시고 나니 가슴에 돌같이 무거운 것이 짓누르는 것 같고 살아 계실 때 내가 그러지 말 걸, 참 잘못했다고 후회가 되나요?

제가 방법을 일러드리겠습니다. 부처님 앞에 가서 참회하고 기도하고 그러면서 108배를 하십시오. 더불어 『법화경』 사경을 해 보십시오. 그러다 보면 어머니에 대한 착着이 놓아지고, 그러면 어머님 역시 좋은 대로 가실 수 있는 근본 자성이 갖춰지게 됩니다. 즉 참회, 기도, 사경을 통해 보살님도 어머님도 잘못 맺힌 원결을 다 풀어버리는 것입니다. 어머님은 모든 업연에서 벗어나 자유로워지고, 보살님 역시 걸림에서 벗어나 좋은 법연을 맺는 기회가 될 것입니다.

 합장하겠습니다.
오늘 이렇게 수학무학인기품을 공부하면서, 이 세상의 잘난 이나 못난 이나 모두를 자식으로 품어 안으시는 부처님의 자비함을 다시 한번 만났습니다. 저희들도 스스로를 주인공으로 여기며, 나아가 모든 고해중생을 마음속에 보배를 지닌 귀한 존재로 여기고 존중하고 섬기는 삶을 살겠습니다.

나무석가모니불 나무석가모니불 나무시아본사석가모니불.

09
오직 한결같은 마음으로 기뻐하는 이에게

법사품

한동안 우리나라가 메르스 공포로 휩싸였던 적이 있습니다. 안타깝게도 돌아가신 분들도 많습니다. 정부는 전염을 막을 수 있는 골든타임을 놓쳤다고, 사태를 지휘하고 통제할 컨트롤 타워가 없다고 비판을 받았습니다.

올림픽이 열리는 브라질에서도 지카 바이러스 때문에 올림픽이 제대로 열릴 수 있을지 우려스러운 시선을 받기도 했습니다. 실제로 지카 바이러스 때문에 출전을 포기하는 선수들도 있었습니다. 많은 피해자가 생긴 건 말할 것도 없습니다.

지금 21세기는 아무리 과학문명이 발달했다고 해도 여전히 눈에 보이지도 않는 바이러스로 인해 사람이 죽어가고 그로 인한 공포에 떨고 있습니다. 부처님께 "중생이 몇 가지 병으로 죽습니까?" 하고 물으니 404병으로 죽는다고 하셨습니다. 404가지 병인데 아직까지 과학적으로 밝혀진 병은 170가지가 안 된다고 합니다. 아직도 발생하지 않았거나 밝혀지지 않은 병들이 많이 남았다는 소리입니다. 아직도 밝혀지지 않은 병이, 나타날 병이 이백 몇십 개나 된다고 걱정하거나 움츠러들 이유가 없습니다. 죽음에 담대하게 대할 여유가 있는 것은 인간은 죽을 수밖에 없다는 사실 때문입니다. 죽게 되어 있는데 병을 가지고 울고불고하는 것은 어리석은 일 아닙니까. 부처님께서 인생은 생로병사라고 말씀하셨습니다. 누구도 피할 수 없는 이 과정을 있는 그대로, 부딪히는 그대로 받아들이라는 것입니다. 부처님께서는 당연히 응병여약, 즉 병에 따른 약을 준비해 주셨습니다. 죽는 것만 말씀하신 것이 아니라, 그 속에서 살아나는 법도 가르쳐주셨습니다.

우리가 무엇이든 지나치게 신경을 쓰고 예민하고 걱정하면 거기에서 삶이 전도顚倒되어서 망상妄想이나 몽상夢想으로 쏠려 헛길로 빠지고 곁길로 빠지게 됩니다.

우리 불자들이 좋아하는 명문 중에 『보왕삼매론』이 있습니다. 그 첫 구절이 "몸에 병 없기를 바라지 말라. 몸에 병이 없으면 탐욕이 생기기 쉽나니, 그래서 성인이 말씀하시기를 병고로써 양약으로 삼으라 하셨다."입니다. 병에 대한 두려움, 가난에 대한 두려움, 미래에 두려움 등등 두려움을 느끼는 순간 감옥에 갇히는 것입니다. 자기 자신의 본래의 성품은 제8 500제자 수기품에 나오는 품속에 있는 보배구슬과 같습니다. 자기 품속에서 보배구슬을 찾으면 사는 게 두려울 것이 없습니다. 그때는 죽음도 '어서 오너라!'라고 큰소리칠 수 있습니다.

바이러스든 병이든, 나아가 죽음이든, 모두 인과에 따라 일어나는 일들로 받아들이고 두려워할 필요가 없습니다. 마음을 탁 놓고 사는 사람이 자유인입니다. 마음을 비우고 그 자리에 부처님을 모신 사람은 대자유인입니다. 우리가 부처님 아버지를 믿고 의지하고 따르는 삶을 살 때 우리는 대자유인이 될 수 있습니다.

법사法師는 쉽게 말하면 스승입니다. 그런데 요즘은 참스승도 적고 마음으로 따르는 제자도 없는 세상이 되었습니다. 뭇 사람들로부터 존경을 받고, 세상 사는 지혜를 가르쳐주는 참된 스승을 만나기 어렵습니다. 국가나 사회의 정신적 컨트롤 타워가 부재한 세상을 살고 있는 것입니다. 그러니 사회가 어지럽고, 사람들의 마음이 불안정하며 이리저리 휩쓸릴 수밖에요.

그렇다면 참된 스승, 아니 가장 위대한 스승은 누구일까요? 말할 것도 없이 부처님입니다. 모든 중생들의 상태를 아시고, 중생들을 바른 길로 이끌어, 구경에는 성불하게 하시는 부처님보다 더 훌륭한 스승이 어디 있겠습니까. 그래서 우리는 부처님을 달리 여래, 응공, 정변지, 명행족, 선서, 세간해, 무상사, 조어장부, 천인사, 불세존 이렇게 부릅니다.

온전히 깨달은 이, 바르게 깨달은 이, 가장 지혜로운 이, 세간과 출세간의 모든 일을 가장 잘 아는 이, 일체 중생을 잘 인도하시는 스승, 복덕이 가장 높은 이 등의 의미를 가지고 있습니다. 법사품은 정치인이든 관료든 경영자든 집안의 가장이든 우리 사회의 어른들 이런 스승의 삶을 살도록 이끌어 주고 있습니다.

한편, 부처님께서는 법화회상에 모인 약왕보살을 비롯한 팔만 명의 여러 대보살들에게 이렇게 말씀하십니다.

"『묘법연화경』의 한 게송이나 한 구절을 듣고, 하다못해 한 생각 찰나라도 따라서 기뻐한다면 내가 전부 수기를 주리니 반드시 아뇩다라삼먁삼보리를 얻으리라."

"약왕보살이여, 마땅히 잘 명심하여라. 여래가 열반한 뒤에 이 경을 써서 지니고 읽고 외우며 공양하고 다른 사람을 위해 설명해 주는 이는 여래가 곧 옷자락으로 감싸주며, 또 현재 다른 세계에 계시는 모든 부처님께서도 보호해 주시느니라. 그 사람은 큰 믿음의 힘과 서원의 힘과 선근의 힘이 있나니, 마땅히 잘 명심하여라. 그 사람은 여래와 함께 거주하며, 여래가 손으로 그의 머리를 쓰다듬어 주시느니라."

즉 『법화경』을 수지, 독송, 서사, 해설하는 것으로 부처가 되는 수기를 받을 수 있다고 말씀하시니, 달리 말하면 이 『법화경』도 자체가 또한 훌륭한 스승인 것입니다.

부처님께서 반야, 화엄을 비롯하여 팔만사천법문을 설하시고 마지막에 『법화경』을 설하신 것은 한정된 우리 중생의 좁은 시야를 넓혀 진실한 부처님들의 세계를 보여주는 것입니다.

집안에는 어른이 있어야 되고, 당연히 가장은 그 집의 어른이자 가장으로서의 도리, 즉 자기 역할을 해야 합니다. 손뼉이 마주쳐야 소리가 나듯 가정에도 식구들끼리 자기가 할 도리가 있습니다. 가장은 식구들을 먹이고 입히고 교육시킬 역할 도리를 해야 하고, 부인이자 엄마는 남편이자 가장이 가져오는 돈으로 가정살림을 꾸리고 자녀들을 키워야 합니다. 자녀들은 아버지와 어머니를 공경하고 열심히 공부하며, 졸업 후에는 취직하여 집안 살림을 돕다가 짝을 만나 결혼을 하는 역할 도리가 있습니다. 이렇게 가정 안에서 각각 자기 도리를 잘할 때 그 집안은 화목하고 잘 굴러가며 가세가 기울지 않고 발전하는 것입니다.

그러나 고통의 바다에서 사는 인생이 힘들다보니 경제력이나 건강이나 이런저런 장애로 자기 도리를 하고 싶어도 못하는 경우도 많습니다. 또 마음이 약한 사람 중에는 사회생활에서 받은 스트레스를 술을 먹고 가족들에게 풀어내는 버릇이 고약한 가장들도 많습니다. 동창회에 갔다가 학교 다닐 때 저 아래로 보던 친구가 남편을 잘 만나 명품을 휘감고 온 것을 보고는 스트레스를 받아 집에 와 아이들과 남편에게 풀어대는 못난 엄마들도 있습니다. 또 힘들게 학교에 보내면 하라는 공부는 안 하고 친구들과 몰려다니며 담배를 피우고 술 먹고 쌈박질을 해서 경찰서를 들락거리며 부모를 오가게 하는 아이들도 많습니다. 이런 집안은 갈수록 서로가 불만족하고 서로 원망하다 가세는 기울고 끝내 풍비박산하고 맙니다. 요즘 이런 결손 가정이 얼마나 많습니까? 이때 성직자들이 자기 도리를 해야 한다고 봅니다. 이 땅의 많은 성직자들이 고통 받는 중생들을 위로하고 안아주고 진리의 멘토가 되는 자기 역할을 해야 합니다.

신문이나 텔레비전을 보면 대한민국에는 큰소리치는 사람이 너무나 많습니다. '이렇게 해야 한다. 저렇게 해야 한다.' 갑론을박하며 딴에는 대안이라고 내놓지만 이것이 자신들의 존재만 부각시키려는 것으로 보이지 국민을 위한 자비로운 마음이 느껴지지 않습니다. 정치가나 학자나 성직자나 평론가들의 유명해지고 싶거나 말을 위한 말일 뿐, 이는 사회를 이끌어가는 사람들의 바른 소리가 아닙니다. 어른이 아이를 자애롭게 보듬듯 어른다운 행동을 하는 원로들이 많아야 합니다. 삶을 오래 산 지혜로 정부와 정치가들에게 조언을 하고 야단도 쳐야 합니다.

지금 대한민국의 돌아가는 판세가 이게 뭡니까. 나라를 이끄는 사람은 큰 눈으로 국민의 불편을 살피고, 큰 뜻을 가지고 나라의 미래를 고민하는 지극한 노력이 있어야만 합니다. 이런 사람이 국회에 나가고 정치를 해야 합니다. 선거 때만 허리를 굽히고 당선되면 자기 잘났다고만 하는 인물들은 국회의원이 되어 자기 뱃속만 채우는 부정부패의 원흉이 됩니다. 국민들이 현명하게 잘 뽑아야 합니다.

고장 난 기계만 고쳐 쓰는 것이 아니라, 사람도 스스로 자주 고쳐야 합니다. 몸이 조금만 아프면 득달같이 병원으로 뛰어가면서도, 정작 자기 마음에 암 덩어리가 생겨서 마음이 죽고 썩어가는 것은 모릅니다. 몸은 마음을 담는 그릇입니다.

마음은 모든 것이어서 약할 때는 물방울 하나에도 깨어지고, 강할 때는 어느 것으로도 깨트릴 수 없는 물건입니다. 작을 때는 참깨보다 작은 겨자씨 안에 들어앉을 수 있고, 클 때는 온 우주를 깔고 앉을 수 있습니다. 이런 마음이기에 우리는 아뇩다라삼먁삼보리를 얻어 부처가 될 수도 있고, 반대로 귀한 인간 삶을 자책과 후회로 낭비할 수도 있습니다. 결국 자신이 선택하기 나름입니다.

몸이 마음을 담는 그릇이라면 마음은 전부를 담는 그릇입니다. 예를 들어 그릇이 여러 개 있다면 어떤 그릇에 음식을 담겠습니까? 누구나 깨끗한 그릇에 음식을 담겠지요. 깨끗한 그릇에는 깨끗한 것을 담고, 더러운 그릇에는 더러운 것을 담겠지요. 그렇다면 깨끗한 마음을 만들기 위해서는 어떻게 해야 할까요. 마음에 담긴 더러운 것은 죄악과 그것으로 인한 후회, 자책 등 부정적인 것들입니다. 따라서 제일 먼저 참회를 해야 합니다. 참회는 마음을 깨끗하게 하는 시작입니다. 승가에서는 포살 법회라 하여 부처님 당시부터 한 달에 두 번, 보름마다 정기적으로 함께 모여 참회하는 의식을 행합니다. 그만큼 참회를 중요시한 것입니다. 재가불자도 마찬가지입니다. 어떤 수행을 하든, 어떤 기도를 하든 먼저 참회를 해야 합니다.

그렇다면 어떻게 해야 『법화경』을 다른 사람에게 잘 전할 수 있을까요? 아래 이야기에서 그 해법을 발견할 수 있을 것입니다.

여러분도 그렇겠지만 저도 어릴 때 선생님을 잊지 못합니다. 지금은 초등학교라고 하는데, 그때는 국민학교라고 했습니다. 보릿고개가 있던 어려운 시절이라 도시락을 못 쌌던 많은 시골 아이들처럼 저도 도시락을 못 싸고 학교를 다녔습니다. 초등학교 4학년이 되니 오후 수업이 있기 시작했습니다. 그러니 배가 더 고팠습니다. 거기다가 제가 힘이 조금 있다 보니 선생님의 권유로 4학년 때 씨름을 시작했습니다. 도시락을 못 싸가 점심을 굶고 오후에 운동을 하니 참 힘들었어요. 그래도 4학년인 제가 6학년 형들도 이기고 그랬습니다. 4학년 때 담임선생님이 밥도 못 먹고 운동하는 저를 관심을 가지고 본 모양입니다. 점심시간이 되면 밖으로 나가버리고 오후에는 씨름을 하는 저를 어느 날 갑자기 부르셨습니다. "야, 와봐라." 그런데 애들 앞에서 호출을 받으니까 '선생님이 혼낼 게 있구나. 달리 또 뭐가 있겠나.' 싶었습니다. 오늘 무슨 야단맞을 일을 했는지 걱정하며 교무실로 따라갔습니다. 그런데 선생님이 도시락을 꺼내시더니 다른 아이들이 안 보는 양호실에 가서 밥을 먹여주시더군요. 그날은 얼떨결에 먹었어요. "너 앞으로 내가 도시락을 싸올 테니까 내일부터 아무한테도 이야기하지 말고 여기 와서 밥 먹어라." 하시는데, 선생님이 너무도 감사하더라고요. 그런데 아이 마음이라 그런지 쑥스럽고 부끄러워 다음날 도저히 선생님을 찾아가 도시락을 받아 오지 못하겠더라고요. 그런데 제가 안 가니 방송까지 하셔서 도시락을 건네주시던 그 선생님의 고마움을 잊지 못합니다.

그래서 저는 주변에 늘 '따뜻한 밥 한 그릇 나누어 먹을 줄 아는 사람이 되라'고 말합니다. 먼저 주위의 결식아동이나 살기 힘든 노인 분들을 도와야 합니다. 그 다음 지구촌 곳곳에 고통 받는 어려운 처지의 사람들을 도와야 합니다. 윤회로 보면 저기 아프리카와 분쟁지역의 난민들이 전생의 내 일가친척이었다고 생각하십시오. 배고픈 사람에게 밥 한 끼 보시하는 것이 천수천안관세음보살의 한 팔이 되는 것입니다. 그럴 때 여러분의 공부 길이 수월해지고 빨라집니다. 지혜와 자비는 불교의 두 날개입니다.

스승이나 참다운 선생님이 적은 이유는, 지식은 많은데 지혜로운 사람은 드물고, 어려운 이들을 돕는다고 경건한 척하면서 자기의 직업이나 돈 버는 수단으로 삼는 사람들이 많아 자비심, 보리심과는 십만 리 떨어져 있기 때문입니다. 사회 곳곳에서 얼마나 인간 같지 않은 일이 벌어집니까. 이런 말법시대에 누구를 스승으로 삼고 선생으로 모셔야 할까요. 바로 부처님입니다. 부처님을 스승 삼아, 부처님을 닮아가고, 부처님의 마음으로 세상을 살아가라는 것이 법사품의 가르침입니다.

또한 어른은 어른으로서의 도리를 하고, 자식은 자식으로서의 도리를 하고, 가장은 가장으로서 아내는 아내로서의 도리를 하고, 정치인은 정치인으로서 종교인은 종교인으로서의 도리를 하고, 이렇게 각자 자기 위치, 자기 단계에서 큰 마음과 큰 원력으로 모든 것을 수용하고 받아들이면 국가와 국민은 편안하고 안정된 삶을 살 수 있을 것이다, 라는 것이 또한 법사품에서 제가 본 이야기입니다.

問 한 달 전에 친정어머니가 돌아가셨는데, 그 20일 만에 언니가 교통사고로 죽었습니다. 어머니가 살아 계실 때 제가 이불과 베개를 사다 드렸는데 그 뒤로 어머니가 열흘 만에 돌아가셨습니다. 그런데 언니가 아깝다고 어머니가 쓰시던 이불과 베개를 가져가 썼어요. 그래서 그 것이 언니의 죽음과 무슨 연관이 있는 것은 아닌지, 아니라고 생각하면서도 마음이 무겁습니다.

答 삶은 죽음으로 가는 여정이라고도 하고, 생자필멸生子必滅이라, 모두는 반드시 죽게 되어 있습니다. 그런데 태어나자마자 바로 떠나는 아기들도 있고, 백세를 넘겨 장수하고 돌아가시는 분들도 있습니다. 지금 세상은 물질문명이 발달하여 살기 편해진 것도 사실지만, 반면에 불의의 사고 위험 또한 많아졌습니다. 옛날에는 가마를 타고 다녔습니다. 자동차가 없었으니 자동차 사고가 날 리가 없었겠지요. 하지만 요즘은 한 집에 한 대꼴로 이렇게 자동차가 많으니 교통사고로 다치거나 죽는 사람이 많아졌습니다. 대신 옛날에는 호랑이가 사람을 해쳤습니다. 호환마마虎患媽媽가 가장 두려운 재앙이었습니다. 지금은 동물

원에나 가야 호랑이를 볼 수 있습니다.

어머니가 쓰시던 이불과 베개를 언니가 썼다고 그런 사고가 난 것이 아니고, 자기 수명만큼 살다가 갔다고 생각하시기 바랍니다. 이래 가도 복이고 저래 가도 복이라는 말이 있습니다. 더 험한 인생이 되기 전에 그렇게 돌아갔다고 생각하는 편이 좋습니다.

부처님 시대에 앙굴마라는 100명의 사람을 죽이겠다는 결심을 한 희대의 살인마였습니다. 99명이나 되는 사람을 죽이고 나서 부처님의 제자가 되어 아라한이 되었지만, 자기가 죽인 사람들의 가족에게 돌을 맞아 죽었어요. 그래도 아라한답게 편안하게 자신의 과보를 받으며 죽었습니다. 결국은 이와 같이 자기의 업력이라는 것과 숙업이라는 것과 반연된 인연이라는 것이 도래되었기 때문에 그렇게 되는 것이 인생입니다. 그리고 중요한 것은 자식을 내 몸보다 더 사랑하는 어머니가 왜 언니를 죽음으로 이끌었겠습니까? 그러니 그런 마음은 떨쳐버리시고, 어머니와 언니가 좋은 곳으로 가도록 기도하는 데 마음을 쓰는 것이 좋을 듯합니다.

 합장하겠습니다.
거룩하고 대자대비하신 부처님 감사합니다.

오직 한결같은 생각으로 법화경 설법을 듣고 기뻐하는 이들에게 위없이 높고 바른 완전한 깨달음을 얻게 하리라고 수기를 주신 부처님, 오늘도 부처님을 따르고 믿고 의지하면서 공경하고 공양하고 찬탄 예배하는 저희 불자들이 모두 이고득락離苦得樂하고, 법사품을 따라 행하는 진실한 법화행자가 되게 해주시길 간절히 기도드립니다.

나무석가모니불 나무석가모니불 나무시아본사석가모니불.

10

몸이 아닌 마음으로 보라

견보탑품

견보탑見寶塔은 한자 그대로 하면 보배로운 탑을 본다는 의미입니다. 설법하시는 부처님 앞의 땅이 갈라지면서 높이가 어마어마하고 넓이가 어마어마한 일곱 가지 보배로 만든 탑이 솟아 나온 것입니다.

그런데 우리 중생들은 무엇을 봅니까? 다른 사람의 꽁무니만 쳐다봅니다. 다른 사람보다 잘나야 되고, 잘 먹어야 되고, 잘 입어야 되고, 좋은 집에 살아야 되고, 좋은 차를 타야 되고, 욕망이 한도 끝도 없습니다. 육신의 기준, 남들이 세워놓은 기준으로 바라보니 항상 우왕좌왕 허둥지둥 끌려만 다닙니다.

이처럼 우리 중생은 바깥 경계인 색성향미촉법(色聲香味觸法; 육경)에 안이비설신의(眼耳鼻舌身意; 육근)가 마주쳐서 부초처럼 살아가고 있습니다. 이 둘을 합해 12처十二處라고 합니다.

그리고 육경과 육근이 마주칠 때 이를 인식하는 육식이 발생하는데 안식, 이식, 비식, 설식, 신식, 의식이 그것입니다. 보고 듣고 냄새맡고 맛보고 느끼고 생각하는 것이죠. 육경, 육근, 육식을 합해 18계十八界라고 합니다.

그런데 이런 허망한 중생살이의 첫머리에 왜 물질(色)과 눈(眼), 보는 작용을 놓았을까요? 우연히 그랬을까요? 그렇지 않습니다. 그 이유는 육신의 가장 강력한 작용이 눈을 통해 보는 행위에 있기 때문입니다. 인간뿐 아니라 동물들도 그렇습니다. 동물 중에는 태어나 처음으로 본 것을 어미로 따르는 경우가 많지 않습니까.

보는 것에는 대상이 있습니다. 그 대상을 부처님으로 정하여 한마음으로 바라보고 바른 법을 본다면 깨달음을 얻을 것입니다. 그런데 보이는 대상에 기쁨을 느끼고 계속 그 즐거움을 가지려고 하는 것이 욕심이고 집착입니다. 이렇게 보고 듣고 하는 작용을 잘 쓰고 못 쓰냐에 따라 어리석음의 시작일 수도 깨달음의 시작일 수도 있는 것입니다.

우리 인간도 생존의 측면에서는 다른 동물과 하등 다를 바가 없습니다. 당연히 먹고 입고 자야 합니다. 의식주가 삶의 기본인 것이죠. 그런데 기술과 발달하면서 생활의 기준점들이 높아지기 시작했습니다.

몸을 위해서 영양가 있는 맛난 것을 먹으려 하고, 옷도 추위와 중요한 부위를 가리는 것을 넘어서 남이 부러워하는 명품으로 입으려 하고, 좀 더 넓은 평수의 집에서 살고 싶고, 잠을 잘 자기 위해 침대도 크고 좋은 것으로 쓰려 하고, 남 앞에서 허세를 부리려고 자동차도 외제차를 타고 다니고 싶어 합니다. 하지만 이렇게 보는 것마다 다 가지고 싶고 누리고 싶은 욕심이 채워질 리 만무합니다.

우리 절에 오시는 보살님 애기를 들으니, 요즘 막장드라마를 보면 맨날 잘사는 집들만 나오는데, 남보다 좀 부유하게 산다고 조금 못한 사람을 멸시하고 깔보고 무시하고 갑뿌질하고, 이런 사람들을 보면서 "참 나쁜 인간이다"라고 욕하면서도 한쪽으로는 '나도 저렇게 살아봤으면…' 하는 그런 마음이 들더랍니다. 대한민국 사람 전체가 그렇게 살고 싶은 것입니다. 사람이 그렇게 살아서도 안 되지만 국민 전체가 그렇게 살 수 없잖아요. 뱁새가 황새를 따라가다가는 어떻게 됩니까? 다리가 찢어져 죽든가 걷지 못해 잡아먹히든가 하겠죠. 그런데도 그 집착과 욕망에 다들 사로잡혀 가진 것에 만족하지 못하고 스스로 지옥을 만들어 괴로워합니다.

이렇게 눈에 보이는 현상대로 쫓아가며 사는 것이 중생의 삶입니다. 정신을 차리고 맑은 마음으로 살기가 힘든 세상입니다. 그러니까 눈에 보이는 대로 귀에 들리는 대로 느낀 대로 그냥 따라가고 쫓아가다보니 결국 마음의 눈이 생기지 않고, 마음의 소리가 전혀 들리지 않는 것입니다. 정신없이 살고 혼미하게 살고 혼침하게 살고 그냥 바깥 경계에 쫓아가고 광대짓을 하고 춤을 추고 울었다 웃었다 그냥 오만 짓을 하고 살아가고 있습니다. 너무 정신없이 살고, 정신을 놔버리고 살다보니 내 정신인지 남의 정신인지 모르고 삽니다. 이럴 때 서울 공중에 보배탑이 보이면 다들 부처님께 귀의하고 온 세상이 불국토로 변할 터인데, 허공에 칠보탑이 나타나는 기적이 왜 안 일어날까요? 때를 기다리는 것입니다. 갑자기 큰 세계를 보여주면 놀래서 받아들이지 못하니 차츰 순서에 따라 큰 세계를 보여주는 것입니다.

사실 『법화경』에 나오는 모든 가르침은 우리가 법의 큰 눈을 뜨지 못해서 보지 못할 뿐, 실재합니다. 왜냐하면 이 견보탑품에 보면 보정세계 다보부처님께서 "만약 내가 성불하고 나서 열반한 뒤에 시방세계 어느 곳이든 『법화경』을 설하는 곳이 있다면, 나의 탑이 경을 듣기 위해서 그 앞에 솟아나리라." 이렇게 말씀하셨습니다. 여러분 눈에 다보부처님 칠보보배탑이 보이십니까? 모두 『법화경』 공부를 열심히 하여 꼭 다보탑과 다보부처님을 친견하시기 바랍니다.

보정세계 다보부처님 말씀처럼 석가모니 부처님께서 『법화경』을 설하는 영취산에 다보탑이 솟아올라 예경한 것입니다. 칠보로 장식된 그 탑의 크기와 높이는 어마어마합니다.

먼저 1유순由旬이 현재 기준으로 얼마인가를 얘기해야 탑의 규모를 알 수 있을 것입니다. 1유순의 길이는 왕이 행차할 때 하루에 평균적으로 가는 거리를 말합니다. 대략 12킬로미터라고 합니다. 다보부처님 탑이 높이가 오백 유순이면 500×12=6,000킬로미터이고 넓이가 이백오십 유순이면 3,000킬로미터가 됩니다. 그 크기가 잘 상상이 안 될 것입니다. 넓이는 서울에서 부산까지 6번을 왕복해도 모자란 거리입니다. 높이는 지구에서 가장 높은 에베레스트 산(높이 8,848m)을 67개 쌓아도 모자랍니다. 이것은 마치 개미의 감각으로는 에베레스트 산의 크기를 인지하지 못하는 것과 같습니다. 인간이 가진 한계를 넘어섰다고 해서 존재하지 않는 거짓말이라고 하면 이 『법화경』 세계를 조금도 이해할 수 없습니다.

금·은·마노·유리·거거·진주·매괴 일곱 가지 보석으로 장식된 그 탑에는 난간이 5,000개가 있고, 부처님을 모신 감실이 천만 군데가 있습니다. 다보탑의 규모로 보면 충분히 가능한 얘기입니다. 그 희유한 다보탑을 보고는 천신과 아수라와 사부대중들이 법의 기쁨을 느꼈다고 나옵니다. 경주 불국사에 있는 다보탑이 『법화경』의 견보탑품을 주제로 하여 만들어진 탑입니다.

한편 대요설 보살마하살이 대중을 대표로 하여, 어떤 인연으로 이 탑이 솟아올랐는지 부처님께 묻자 부처님이 말씀하셨습니다. "천만억 아승기 전 먼 옛날 동방에 보정세계에 다보부처님이 계셨는데 열반하시며 다보부처님 전신에 공양하고자 하는 이들에게 큰 탑을 세우게 하셨습니다. 그리고 서원하시길 '만약 내가 성불하고 나서 열반한 뒤에 시방세계 어느 곳이든 『법화경』을 설하는 곳이 있다면, 나의 탑이 경을 듣기 위해서 그 앞에 솟아나리라. 그리고 설법을 증명하기 위해 거룩하다고 찬탄하리라.'"

　이런 서원을 하셨으니 다보부처님께서 지금 이『법화경』공부 자리에도 함께해주실 것을 믿어야 합니다. 신심이 가피의 원인이 며 결과입니다. 대요설보살이 다보부처님을 친견하고 싶어 하자 석가모니 부처님께서 '다보부처님의 몸을 보려면 시방세계 곳곳 에서 설법하고 있는 분신分身부처님들이 먼저 모여야 한다'고 두 눈썹 사이 백호에서 한 줄기 광명을 놓아 수많은 세계에서 설법하 고 계시는 분신부처님을 모으셨습니다. 또한 수많은 세계에서 활 동하시는 분신부처님들을 따라 그 세계 보살들을 다 모으셨습니 다. 그분들이 모이자 경전에서는 '삼천대천세계가 꽉 찼다'고 말합 니다. 그 광경을 떠올리면 참말로 가슴이 벅차지 않습니까.

　모든 분신부처님과 보살들이 모이자 석가모니부처님께서 오른 손가락으로 칠보탑 문을 여시었습니다. 그러자 일체대중들이 고 요히 앉아 계신 다보부처님을 뵐 수 있었습니다. 몸을 보인 다보 부처님이 "거룩하시고 거룩하십니다. 석가모니 부처님이시여! 아 주 훌륭하게 이『법화경』을 잘 연설하시고 계십니다. 저는 이 경전 을 듣기 위해 이곳에 왔습니다."라고 말씀하시고, 보배탑 속의 자 리를 절반으로 나누어(半分坐) 석가모니 부처님이 앉게 하셨습니 다. 두 부처님이 앉아 계신 모습을 상상해 보십시오. 가슴에서 감 동이 느껴지지 않습니까. 저는 가슴이 따뜻해집니다. 이 얼마나 아 름다운 광경입니까.

　석가모니 부처님은 다보부처님이 법화경전을 위해 나투셨는데도 사람들이 법화경전의 가치를 모르고 부지런히 정진하지 않는 것을 안타까워하십니다. 예로부터 세상에서 제일 귀한 것이 시간이라 해서 돈을 주고도 살 수 없다고 말합니다. 그 귀한 시간을 내어 그보다 더 귀한 『법화경』 공부를 하고 있는데, 오만 잡생각을 하는 것은 부처님께 누를 끼치고, 여러분의 삶이 허깨비와 같이 얻을 것 하나 없는 불쌍한 인생이 될 것입니다.

요즘 우리네 중생들의 삶이 내 정신인지 남의 정신인지 모르는 채 정신없이 살다보니 여기저기서 '힐링'을 하라고 아우성입니다. 다 내려놓고 떠나라고 합니다. 먹여주고 보여주고 재워주면 되는 줄 압니다. 그런데 떠날 줄만 알았지 "나 돌아갈래!", 돌아갈 줄을 모릅니다.

제가 기억하기로 "나 돌아갈래!"라는 말은 꽤나 유명한 영화대사입니다. 「박하사탕」이란 영화에 나오는 장면으로, 주인공이 순수했던 옛 시절로 돌아가고 싶어 철길에서 달려오는 기차를 향해 "나 돌아갈래!"라고 외칩니다. 지금 생각해도 그 장면이 너무도 안타깝고 불쌍해 마음이 아픕니다. 젊었을 때 야학도 하고 순수하던 청년이 나이 먹으며 타락하더니 끝내 돌이킬 수 없는 지경이 되자 젊은 시절 야학동료들과 함께 놀러 왔던 철길 아래 강으로 와 술에 취해 난동을 부리다가 철길에 올라 달려오는 기차를 향해 "나 돌아갈래!" 하고 외치는 것이 마지막 장면입니다.

사람마다 경중은 있으나 누구나 어린 시절이나 젊었던 때로 돌아가고 싶어 합니다. 저도 한 삼십 년만 돌이킬 수 있다면 제대로 공부하고 싶습니다. 그러나 우리 중생이 진성으로 후회해야 하는 것은 부처님 아버지와 너무 멀리 떨어져 살고 있다는 사실입니다. 여러분이 하루를 살면서 부처님을 몇 번이나 생각하는지 묻고 싶습니다. 부처님은 딱 한마디로 근본자성의 자리입니다. 그곳에 이르러 부처님을 믿고 의지하고 따르는 삶을 살아야 하는데, 이미 천리만리 떨어져 살고 있는 것이 우리의 삶입니다. 내가 돌아가 있을 본연 자리는 부처님께 있습니다. 그래서 "나 돌아갈래!" 그 마음을 내어야 합니다. 그 자리에 돌아갈 생각을 전혀 하고 있지 않고 아등바등 탐·진·치 삼독에 끌려 다니며 사는 것은 일단 불행합니다. 고통의 바다를 벗어나 니르바나(열반) 저 언덕을 넘어가는 것은 나중 이야기이고, 당장은 지금의 삶 속에서 고단하고 괴롭고 힘든 것을 내려놓는 일이 제일 시급한 일입니다. 어떻게 해야 고통스런 이 삶에서 위안 받고 행복할 수 있을까요? 부처님을 믿고 의지하는 것이 가장 확실한 방법입니다. 부처님을 믿고 의지하면 그분이 다 안아 주시고 쉴 자리를 마련해 주십니다. 그 자리가 "나 돌아갈래!", 궁극에는 내가 돌아가야 할 순수한 본연이며 본래자성의 자리입니다.

책에서 읽은 이야기입니다. 물속의 하마가 어쩌다 실수하여 눈이 한쪽이 빠져버렸습니다. 눈이 한쪽이 빠지자 어떻게 하든지 잃어버린 눈을 찾아 끼우려고 여기저기 허우적거리며 이리저리 밀치자 다른 하마들이 말했습니다. "야, 좀 가만히 있어라." 그렇지만 눈을 잃어버린 하마는 눈을 찾기 위해 가만히 있지 못하고 죽을등살등 발버둥질하며 허우적거리다보니 기운이 다 빠졌습니다. 힘이 없어 짧은 다리가 부들부들 떨리자 물 밖으로 나와 숨을 헐떡거렸습니다. 눈을 잃은 하마가 물 밖으로 나오니 잔뜩 흙탕물이 일었던 것이 잔잔해지며 하마의 눈에 잃어버렸던 눈이 보였습니다. 이와 같이 우리가 고통의 바다에서 돈이든 명예든 어떤 것에 집착하여 욕망으로 허우적거릴 때는 잃어버린 귀한 것이 흙탕물에 가려 보이지 않습니다. 그래서 여러분이 진정 돌아가야 할 자리, 내가 돌아가야 할 자리는 바로 우리들이 스스로 일으킨 흙탕물을 잔잔하게 가라앉히면 드러나는 것입니다.

흙탕물을 가라앉히려면 "나 다시 돌아갈래!" 이 마음이 들어야 합니다. 흙탕물을 가라앉혀 깨끗하고 순수한 상태로 돌아가고자 하는 의지가 있어야 합니다. 뻐꾸기가 울고 보리피리를 불던 고향으로 돌아가고픈 마음을 내어야 합니다.

깨달음을 얻는 것을 보고 본래자성本來自性의 자리로 돌아간다고 하여, 고향으로 돌아간다고 표현합니다. 본성의 고향으로 돌아가는 길은 먼저 흙탕물을 가라앉혀 고요하고 깨끗해야 합니다. 그래야 하마는 잃어버린 눈알을 찾고, 앙굴라마는 부처님의 제자로 깨달음을 얻는 것입니다. 그렇게 "나 다시 돌아갈래!"가 흙탕물을 가라앉히는 작업이고, 그렇게 노력하면 부처님 품에서 "나 다시 돌아왔네!" 하며 편안히 쉴 수 있는 것입니다.

아마도 『법화경』의 법화세계가 너무나 크고 방대하여 우리 중생의 인식으로는 이해하기 힘들 것입니다. 이것은 마치 어머니 뱃속의 태아가 밖의 세계를 가늠하는 것과 같습니다. 뱃속의 태아가 자기가 태어나는 것을 알까요? 세상에서의 역할을 위해서 태에 드는 원력생願力生이 아니면 아마도 모를 것입니다. 앞서 얘기했듯 개미는 에베레스트 산을 인지하지 못합니다. 어렸을 때를 생각해 보세요. 고향밖에 모르잖아요. 저는 읍사무소가 제일 큰 건물이고 읍내가 제일 큰 줄 알았습니다. 어른이 되어 보니 어떤가요? 우리나라만 있는 것이 아니고, 세계에 수많은 나라가 있는 지구는 어마어마하게 크지요. 그런데 지구도 우주적으로 보면 작은 돌덩어리 하나 정도밖에 안 됩니다. 그러니 이 우주에는 우리와 같은 사바세계가 얼마나 많이 있겠습니까. 다만 우리가 모르고 있을 뿐이지요.

그런데 의상대사는 법성게에서 "일미진중함시방一微塵中含十方"이라고 하셨습니다. 하나의 티끌 속에 온 우주가 다 머금어져 있다는 말입니다. 그러니 그 크기에 겁먹을 필요가 없습니다. 부처님께서 다 보시고 다 아셔서 우리들에게 그 세계를 펼쳐 보여주시기 때문입니다.

다보부처님의 다보탑은 높이가 6,000킬로미터, 넓이가 3,000킬로미터입니다. 거기다가 공중에 떠 있습니다. 중생들의 안목으로 쉽게 믿을 수 있을까요? 부처님은 믿음을 가지기 어렵다고 보아서 『법화경』을 설하지 않으려 하셨습니다. 그렇지만 결국에는 이 『법화경』을 설하셨습니다. 왜 그러셨을까요?

다 인정하고 믿고 받아들일 줄 알면『법화경』만큼 이해가 빠른 것이 없고, 믿고 따르고 의지하고 참회하고 공경하고 공양하고 찬탄하는 데는 이『법화경』만한 것이 없기 때문입니다. 따라서 진실하고 신심 있는 불자가 되기 위해서는『법화경』을 꼭 공부해야 합니다. 그리고『법화경』을 부처님을 대하듯이 수지 독송하고, 사경하고, 남들에게 권해야 합니다. 이 공덕으로 복덕이 구족해지고 구경에는 성불로 이끌어줍니다. 이런 가피가 있는 것이 바로『법화경』입니다.

견보탑품은 보이지 않는 시방 세계, 온 우주 삼라만상의 이치를 함축해서 보여주십니다. 다보탑 안에서 부처님은 다보부처님과 자리를 나누어 앉으시고 설법을 하시는데, 온 천하의 분신 부처님들과 타방의 부처님들까지 다 오셔서 설법을 듣습니다. 이것은『법화경』이 온 중생을 제도하고 온 중생을 깨어나게 하고 믿음 하나로 온 중생을 다 이고득락시킬 수 있는 위대한 경전이라는 것을 의미합니다.

 저는 요즘 들어서 왜 사는지, 생각이 많아지고 허무해지기도 합니다. 왜 그런지 알고 싶습니다.

왜 사는지 모르는 것은, 질문하신 분이 그만큼 객진 번뇌, 망상이 많아서 그렇습니다. 망상이 많아지면 바깥 경계에 쉽게 휘둘리고, 그러면 삶이 힘들고 부정적으로 됩니다. 사람들을 만나도 자기와는 다르다는 자괴감에 빠져서 스스로 힘들어 합니다. '저 사람은 저렇게 사는데 나는 왜 이렇게밖에 못 사나?' 여기서부터 시작이 되는 것입니다.

그러면 평생 기죽고 주눅 들어 살 것입니까? '나는 내 스스로 노력하지 않으면 밥 굶는 흙수저이지만, 부모 잘 만난 금수저, 은수저인 너희들보다 행복할 수 있다. 왜 그러냐! 부처님을 아버지로 믿고 의지하고 따르며 살기 때문이다.' 이렇게 자기선언을 해야 합니다.

밖에서 오는 객진 번뇌를 그냥 놓아 버려야 합니다. 누가 뭐라 해도 부처님 자녀인데 기죽고 위축되어 살 이유가 하나도 없지 않습니까. 그렇게 부처님 안에서 많은 사람에게 도움을 주는 삶을 살고자 하는 꿈을 가지고 노력한다면 크게 쓰임 있는 부처님 자녀가 되실 것입니다.

 합장하겠습니다.

거룩하고 대자대비하신 부처님 감사합니다.

오늘은 견보탑품으로 부처님의 진리가 온 세상, 온 우주를 감싸고 있다는 것을 배우고 느끼고 받아들여 지녔습니다. 우리 중생은 눈에 보이는 대로 귀에 들리는 대로 몸의 즐거움을 따라 행동했습

니다. 이제 중생의 때를 벗고 무명의 업장을 열어 부처님의 진리
대로 살 수 있는 제자가 되기를 간절히 기도드립니다.

　나무석가모니불 나무석가모니불 나무시아본사석가모니불.

11
내 삶의 거품을 빼고 살자

제바달다품

제바달다는 부처님의 제자이면서도 부처님 몸에서 피가 나게 하고 승단의 화합을 깨는 등 가장 무거운 죄를 범한 사람입니다. 그런 제바달다를 부처님께서는 어떻게 대하셨는지, 부처님의 대자대비한 마음을 보도록 하겠습니다.

인생에 있어서도 정말 옆에 두기 싫은 사람이 있는데, 그게 형제라면 참으로 곤혹스런 일일 것입니다. 아난존자에게는 친형 제바달다가 그와 같은 사람이었습니다. 아시다시피 아난존자는 정말로 부처님을 존경하였으며 부처님 곁에서 충실히 시봉하였습니다. 반면 제바달다는 부처님을 해치기 위해 코끼리에게 술을 먹여서 부처님께 달려들게 한 적도 있고, 부처님이 계곡을 지날 때 돌을 굴려서 부처님 발이 다치게도 했습니다. 계율에 오역죄五逆罪가 가장 큰 죄입니다. 무간지옥에 떨어지는 다섯 가지의 큰 죄는 어머니를 죽이는 것, 아버지를 죽이는 것, 아라한을 죽이는 것, 부처님 몸에 피가 나게 하는 것, 승가의 화합을 깨는 것입니다. 제바달다는 오역죄 중에서 부처님 몸에 피가 나도록 하고, 아라한을 죽이고, 승가의 화합을 깨트린 세 가지 죄를 범했습니다. 한 가지만으로도 무간지옥에 떨어지는데, 세 가지 죄를 저지른 제바달다가 어찌되었겠습니까? 그는 땅이 갈라져 산몸으로 지옥에 떨어졌습니다.

제바달다는 스스로 깨달았다고 하며 승단을 분열시켜 500명을 거느리고 사사건건 승가의 화합을 깨는 죄를 범했습니다. 그 다음, 제바달다는 연화색비구니를 죽여 아라한을 죽이는 죄를 범했습니다. 연화색비구니의 출가 전 삶은 참으로 비참하고 불쌍하여 듣기만 해도 눈물이 나는 이야기입니다. 제바달다는 불쌍한 인생에서 부처님을 만나 깨달음을 얻어 아라한과를 성취한 연화색비구니를 때려 죽였습니다.

제바달다가 저지른 죄 중에서 가장 큰 죄는 부처님을 해치려고 한 것입니다. 제바달다가 술 취한 코끼리들을 부처님에게 몰아 해치려 하였지만 코끼리들이 부처님 위신력에 감화되어 무릎을 꿇고 예경하였습니다.

제바달다는 부처님 성도 후 6년째 되는 해에 일곱 왕자가 출가

할 때 동생 아난과 함께 출가하였습니다. 부처님 제자로 12년간 수행하며 게으름이 없었다고 합니다. 그러나 교만해진 제바달다는 부처님께 교단을 물려달라고 요구했으나 "그대보다 뛰어난 사리불과 가섭이 있는데 그대같이 어리석은 이에게 승가를 맡길 수 없다."고 부처님이 거부하셨습니다. 또한 사특한 성품을 안 장로들이 제바달다에게 신통력을 전수하기를 거부하자 더욱 앙심을 품었습니다. 그러자 6사 외도 가운데 한 사람인 프라나 카샤파에게 접근하여 신통력을 배웠습니다. 그리고 빔비사라왕의 아들 아자타샷투를 부추겨 서로 새 왕과 새 부처님이 되자고 공모하고는, 아자타샷투로 하여금 아버지 빔비사라왕을 감옥에 가두고 왕위를 빼앗게 했으며, 자신은 부처님을 해치고자 하였습니다. 그래서 영취산에서 바위를 굴려 결국은 부처님 발가락에 피가 나게 하고, 또 코끼리들에게 술을 먹여서 술에 취한 코끼리가 부처님께 달려들게 하였습니다. 술 취한 코끼리가 부처님을 떠받아 해를 입힐 것이라고 생각했는데 오히려 부처님 앞에 와서 고개를 숙이고 절을 하였습니다. 그 모습을 본 아자타샷투왕은 제바달다를 멀리하고 부처님께 귀의하였습니다. 이 『법화경』 방편품에서 오천의 비구·비구니를 데리고 떠나버린 사람이 이 제바달다입니다. 모든 것이 뜻대로 안 되자 마침내 이 악인은 열손가락에 독을 묻혀 부처님을 해치려다 금강처럼 단단한 부처님 몸에 의해 손톱이 부러져 자신의 독으로 고통스러워하다 땅이 갈라져 살아 있는 몸으로 무간지옥에 떨어졌다고 합니다.

이렇게 오역죄 중에 세 가지를 범한 제발달다에게도, 부처님께서는 『법화경』에서 어느 때 어느 시대에 제바달다가 아뇩다라삼먁삼보리를 얻어 천왕여래가 된다고 수기하셨습니다. 우리 중생의 머리로는 이해되지 않습니다만 사연은 이렇습니다.

전생 어느 때 부처님께서 왕으로 계실 때 왕위를 태자에게 물려주고 수행에 전념할 마음으로 사방으로 법을 구하셨다고 합니다. '누가 능히 저를 위해 대승을 가르쳐 주시겠습니까? 그분께 종신토록 시중을 들겠습니다.' 이렇게 간절히 법을 구하는 왕에게 아사선인이 찾아와 자신에게 『묘법연화경』이라는 대승경전이 있는데 설법해 주겠다고 하였습니다. 그 선인을 따라가 법화경전을 배우며 받들어 섬기기를 천년 동안을 극진히 하였다고 합니다. 그리고 더불어 밝히시기를 '그때의 왕은 현세의 부처님이고, 아사선인은 현세의 제바달다'라고 하셨습니다. 그런 전생을 가진 제바달다가 현세에서 이런 흉악한 악인이 되었을까요?

전생에 부처님께서 아사선인의 시중을 들 때 물을 긷고 땔감을 준비하고 음식을 장만하는 것이야 제자로서 당연히 해야 할 일이지만, 경전에 보면 "심지어 자기 몸으로써 그가 깔고 앉는 평상 노릇을 하기도 했느니라."라는 말이 있습니다. 제자에게 그런 대우를 하는 사람은 교만하고 공부가 덜 된 스승이 아닐까요? 이런 교만한 태도를 가지고 있고, 아마 그때도 제자에게 열등감과 이겨먹으려는 마음이 있었을 것이고, 그 인과로 흉악한 오역죄를 범하게 되었을 것이라고 생각합니다.

오역죄를 범해 무간지옥에 떨어졌지만, 전생에 부처님에게 『법화경』을 전해준 공덕으로 부처가 되는 수기를 받은 것입니다. 여기에서 『법화경』의 위신력을 알 수 있습니다. 『법화경』으로 제바달다 같은 중죄인도 부처가 될 수 있는 수기를 받는데, 하물며 우리가 부처님을 아버지로 모시고 믿고 따르고 의지하며 『법화경』을 수지하고 독송하며 사경하고 다른 사람에게 알려 준다면 그 공덕이 얼마나 크겠습니까.

세상이 험악하여 가정이 파탄 나고 해체되는 이 시대에도 가만 보면 참 예쁘게 사는 사람들도 많습니다. 남편이 벌어다 주는 돈이 적어도 감사할 줄 알면서 남편의 기를 북돋아주고 아이들에게 아버지의 권위를 세워주는 현명한 아내가 있습니다. 원래 아내의 어원은 '안해'라고 하더군요. 집안의 해를 말하니 안해의 역할이 잘되면 집안이 포근하고 따뜻할 수밖에 없습니다. 집에서 남편의 기를 북돋아주면 그 남자는 사회에서 당당하고 두려움이 없고 노력할 것입니다. 아이들도 엄마가 하는 것을 보고 자라면 아버지를 존경합니다. 이게 지혜로운 아내인 것입니다. 그래서 예로부터 '인물이 잘난 여자와 살면 3년이 행복하고, 마음이 착한 여자와 살면 30년이 행복하고, 지혜로운 여자와 살면 3대가 행복하다'는 말이 있는 것입니다.

우리는 누구나 그런 가정을 꿈꾸지만 대다수가 그렇게 따뜻한 가정을 만들지 못합니다. 어쩌면 그냥저냥만 살아도 이혼하여 풍비박산된 가정보다는 덜하다고 생각하겠지만, 위기가 닥치면 모래성처럼 허물어집니다. 한 번 가정이 허물어지면 다시 세우기 어렵습니다. 미연에 방지하는 것이 중요한데, 먼저 자신이 지혜로워져야 합니다. 과연 내 옆에 있는 사람한테 내가 어떻게 하고 있는지, 지금 한번 들여다보시기 바랍니다. 부부가 서로 으르렁거리며 "원수가 멀리 있는 것이 아니고 옆에 있구나." "아이고, 이 원수야." 하면서, 서로 원수처럼 살고 있지는 않은지 가늠해 보세요. 가족끼리 "아이고, 이 원수" 하는 그 마음이 지옥이 아니면 어디가 지옥이겠습니까.

원수는 아니더라도 부부가 닭이 소 보듯, 소가 닭 보듯 데면데면 살고 있는 것은 아닌지 스스로 물어서, 만약에 그렇다면 원수 되기 일보 직전이니 미연에 방지해야 합니다. 우선 내가 지금 살아 있음을 행복으로 느끼고 부부와 가족이 새록새록 재미나게 살 수 있는 방법을 찾아야 합니다. 제바달다품에 그 답이 있습니다.

오역죄 중에 세 가지나 범한 그 흉악한 제바달다를 부처님께서는 어떻게 대했습니까? 제바달다에게 미래 세상에 부처가 되리라는 수기를 주십니다. 하물며 밖에서 엄청나게 스트레스를 받으면서도 가족을 위해 사는 불쌍한 남편을 어떻게 원수로 대할 수 있겠습니까. 제바달다품에서 우리가 배워야 할 점이 이것입니다. 제바달다 같은 인물에게도 수기를 주시는데, 친구나 주위 사람이 자신에게 싫은 소리 한번 했다고 죽일 듯이 미워하거나, 생활의 불만으로 남편이나 가족을 미워하는 그런 마음을 먹는 것은 부처님 자식으로서의 자격이 없는 것입니다.

짧으면 짧다고 할 수 있는 인생길에서, 부부로서 항상 옆에 있는 사람을 존중하고 배려하고 상대를 위해 희생할 때 행복한 가정을 꾸릴 수 있습니다. 아내는 남편을 믿어주고 남편은 아내를 아껴주는 그런 가정을 만들어야 합니다. 이것이 제바달다품에 대한 공부입니다.

사람이 인생을 살면서 자기 역할을 해야 하는데, 고생을 모르고 공주님 왕자님으로 자란 세대가 결혼해서 사니 결혼생활 중에 조금 어려워지면 견디지 못하고 갈라서 남편은 남의 편이 되고, 부인은 남편을 부인否認합니다. 농담이지만 농담이 아닙니다. 이렇게 갈라서면 좋은 꼴을 볼 것 같지만 더 어렵게 되더군요. 혼자 어렵게 살다 또다시 누군가를 만나 다시 결혼을 해도 마찬가지, 그 나물에 그 밥으로 조금 어려우면 또 갈라섭니다. 여러분 주위에도 그런 사람들이 있지 않습니까. 요즘 젊은 부부들이 쉽게 갈라서는 비율이 그리 높으니 미혼 남녀들이 더더욱 결혼을 회피하는 것입니다.

부처님 말씀처럼, 모든 것은 변합니다. 고통스런 상황도 참으면 지나갑니다. 여름 땡볕과 태풍을 견디지 않고 가을 열매를 어찌 볼 수 있습니까. 참고 인내하지 않으면 허깨비처럼 살다가 죽는 것입니다. 하지만 참고 인내하며 살기는 말처럼 쉬운 일이 아닙니다. 자력으로 힘든 것을 참는 데는 한계가 있습니다. 그러면 다른 힘을 빌려야 합니다. 전 우주에서 가장 큰 힘은 부처님의 지혜와 자비심입니다. 고통의 바다에서 허우적거릴 때 부처님 아버지께 기도하면 바로 부처님 자비심에서 화현하신 관세음보살님이 오십니다. 그분은 부처님 자비심을 대행하시기에 이 세상 소리를, 고통을 다 아시고 구원해 주십니다. 이 사실을 꼭 믿어야 합니다.

바깥 경계에 휘둘려 사는 우리 중생들은 항상 불안해합니다. 항상 뭔가에 쫓기면서, 오늘도 불안하고 내일도 불안한 그런 시대에 살고 있습니다.

그런데 이런 어리석음, 두려움에서 오는 불안不安을 부처님 불안佛眼에 맡겨 버리면 부처님의 눈으로 세상을 명확히 볼 줄 아는 눈이 생깁니다. 그러면 지혜와 자비심을 가지고 중생과 함께 동정수업同情修業하겠다는 마음이 자연스레 우러납니다. 그때 내가 관세음보살이 되고 내가 지장보살이 되고 내가 문수보살이 되어 내 스스로 보살로서 삶을 사는 것입니다.

관세음보살님은 대자대비의 화신입니다. 그래서 구고구난救苦救難관세음보살이라고 합니다. 중생들을 모든 고통과 어려움에서 벗어나게 해주시는 보살이라는 것이죠. 뒤에 나오는 관세음보살 보문품에 보면, 관세음보살을 믿고 의지하면 칠난七難을 면하고 삼독三毒을 없애고 이구二求를 이룬다고 하였습니다. 입으로 관세음보살을 지성껏 부르면 설사 큰불에 들어갈지라도 불이 능히 태우지 못하며(火難), 큰물에 빠질지라도 죽는 일이 없으며(水難), 바다에서 검은 바람을 만나 죽음에 임박했더라도 벗어날 것이며(風難), 죽음의 칼이 목전에 다다랐을지라도 그 칼이 저절로 부러지며(劍難), 나찰 등 아무리 사나운 마귀라 할지라도 해를 끼치지 못하며(鬼難), 죄가 있거나 죄가 없거나 감옥의 고통을 맞게 되더라도 자유로워지며(獄難), 원수나 도적도 스스로 사라지는(賊難) 등 일곱 가지 재난을 면한다고 말씀하셨습니다.

우리는 이런 자비심 가득한 관세음보살이 되고 지혜로운 문수보살이 되어야 합니다. 집안에서 관세음보살이 되어 남편과 자식의 어려움을 찾아 위로하고 해결해 주도록 노력해야 합니다. 우리 이웃들에게도 마찬가지입니다. 내가 주변 사람들의 어려움을 막아주려 애쓰고 손해 보고 희생할 각오를 해야 부처님 자녀의 도리를 하는 것입니다. 조금만 희생하면 죽는 줄 알고, 조금만 배려하면 자기 혼자 손해를 다 보는 것처럼 여기면, 가정의 화목은 깨어지고 불화가 찾아옵니다. 불화가 찾아오면 성질을 참지 못해 속이 뒤집어지고, 속이 뒤집어지니까 집을 나가버립니다. 이렇게 살아서는 안 됩니다. 가정이나 밖에서나 찬찬하게 내가 관세음보살이 되어 주고 문수보살의 지혜를 써서 어떻게 하든지 내 가정에 꽃이 피고 주위에 웃음꽃이 만발하게 해야 합니다. 그것이 바로 행복한 삶입니다.

어떤 심리학자가 사람이 어느 때 가장 행복한지 연구해 보았더니, 남에게 도움을 주었을 때라고 합니다. 그 다음이 남에게 인정받고 칭찬받을 때라고 합니다. 그러니 자비의 화신인 관세음보살님을 따라 사는 것이 가장 행복한 일입니다. 가족이나 주위 사람들에게 불만을 가지고 꽁하고 억하심정이 있다면 보살 역할을 할 수 없습니다. 그럴 때 흉악한 제바달다에게 부처님이 수기를 준 사실을 기억하며 용서하고 받아주어야 합니다. 용서와 자비는 부처님을 아버지로 모시고 믿고 의지하고 따르려는 우리들이 꼭 가지고 행해야 하는 덕목입니다. 참회와 용서와 자비심은 선택이 아니라 부처님 제자들에게 필수입니다.

부처님께서는 자기가 다 아는 것처럼 부처님을 능멸하고 부처님을 욕보인 제바달다 같은 이도 다 끌어안아 포용했습니다. 우리도 제바달다품을 제대로 공부했다면 그와 같은 부처님의 마음, 보살의 마음을 써야 합니다.

부처님께서 "앞으로 오는 세상에 만일 선남자 선여인이 있어 이 『묘법연화경』의 제바달다품을 듣고 맑고 깨끗한 마음으로 믿고 공경하여 의심을 내지 않는 사람은, 지옥이나 아귀나 축생에 떨어지지 아니하고 시방의 부처님 세계에 태어나 그곳에서 이 『법화경』의 법문을 항상 들을 것이며, 만일 인간이나 천상 가운데 태어나면 가장 훌륭하고 미묘한 기쁨과 즐거움을 받을 것이다. 또 부처님 앞에 태어나면 연꽃 위에 화생하리라."고 하셨습니다.

즉 모든 것을 이해하고 용서하고 받아들이는 부처님의 마음을 가질 때 평화로운 가정과 행복한 삶을 살 수 있다는 말입니다. 부처님을 믿고 따르고 의지하고 공경하고 공양하고 예배하는 진실한 불자로 거듭난다면 이루지 못할 것이 없습니다.

問 저는 밤에 잠을 잘 못 자고 설칩니다. 특별한 고민거리가 있는 것도 아닌데 잠을 못 자서 스님께 방도를 구합니다.

答 잠을 못 자는 이유는, 첫째 번뇌 망상 때문입니다. 특별한 고민거리도 없는데 잠을 못 잔다고 하셨지만, 자신을 깊이 들여다보면 과거의 끄달림이나 앞날의 두려움이나 앞으로 어찌해야겠다는 계획이라는 이름의 번뇌 망상이 있을 수 있습니다. 둘째, 몸 건강에 문제가 있어서 잠을 못 자는 경우일 수도 있습니다.

세상에서 가장 무거운 것이 무엇일까요? 수미산보다 무거운 것이 눈꺼풀입니다. 졸려서 감기는 눈꺼풀을 이길 사람은 없습니다. 하루에 천 배씩 절을 하면 잠을 잘 잔다는 것에 내기를 해도 좋습니다. 피곤하면 잠을 자지 말라고 해도 그냥 눈꺼풀이 내려옵니다.

절을 그렇게 해도 잠이 안 온다면 첫째 이유인 번뇌 망상 때문입니다. 스스로는 별 고민거리가 없다고 하였지만 실제로는 고민이 많을 것입니다. 이 생각 저 생각 돌아 누워도 바로 누워도 생각은 안 없어집니다. 대출 이자 걱정, 가족들 건강 걱정, 남편 승진이나 퇴직 걱정, 자식들 성적이나 취직 걱정 등등 중생살이의 온갖 걱정거리 고민거리가 마음속에 있는 것입니다.

잠잘 때는 아무 생각도 안 해야 되는데 그런 생각이 자기도 모르게 계속 떠오를 때는 어떻게 하면 좋을까요? 거룩하고 대자대비하신 부처님을 찾아가 부처님 앞에 사바사바를 좀 해보세요. 이것은 암도 스님이 하신 말씀인데, 경전에 보면 "사바하" 이런 말이 자주 나오잖아요. 즉 경전을 읽거나 기도를 하라는 말입니다.

번뇌 망상을 없애는 가장 좋은 방법은 『법화경』을 읽거나 사경하는 것입니다. 부처님께 어려움이나 괴로움이나 고민 이 모든 것을 맡기고 부처님 자녀로 살겠다는 마음으로 『법화경』을 독송하고 사경해 보세요. 그깟 잠 못 자는 문제가 아니라 자신은 물론이고 가족과 주위가 온통 행복해질 것입니다.

합장하겠습니다.

거룩하신 부처님, 오늘 제바달다품으로 모든 것을 용서하시는 부처님의 대자대비하심을 배웠습니다. 그처럼 저희도 미운 사람, 원한이 있는 사람들을 자비심으로 용서하겠습니다. 저희가 늘 겸손하고 하심하며 부처님의 제자로서 눈에 넣어도 아프지 않는 그런 자식이 되기를 염원합니다. 늘 부처님을 믿고 의지하고 따르며 『법화경』을 독송하고 사경하기를 염원합니다. 저와 모든 중생이 함께 깨달음의 구경에 이르기를 지극히 발원합니다.

나무석가모니불 나무석가모니불 나무시아본사석가모니불.

12
널리 알리고 공유하는 시대

권지품

그리 오래 되지 않은 일입니다. 참으로 가슴 아픈 일인데, 아마 기억하는 분들도 계실 것입니다. 우리나라 학생이 하버드대학과 스탠포드대학에 동시에 합격되었다고, 아주 자랑스러운 일이라고 보도되었는데, 알고 보니 그것이 부모에게 인정받고 싶어한 아이가 한 거짓말이었습니다. 그런 행동을 하는 마음과 그 가슴은 얼마나 멍이 들고 병이 들었을까요? 얼마나 조바심을 내고 얼마나 힘들었을까? 무한경쟁 속에 1등만 알아주는 세상을 되다보니 아이들이 아이답지 못한 세상이 되었습니다. 이런저런 생각으로 안타까웠습니다.

대한민국은 보릿고개라는 말이 대변하듯 먹고살기 힘든 나라였습니다. 한강의 기적이라고 빠른 경제성장을 이룩하였지만 정신없이 '돈돈' 하며 달려온 과정에서 우리의 미풍양속과 전통 가치를 거지반 잃어버렸습니다. 밥과 정신을 맞바꾸었다고 할까요. 그런데 지금 21세기 대한민국은 예전의 밥 굶던 가난이 아니라 상대적 빈곤에 시달리고 있습니다. 작은 집에 사는 사람은 큰 건물 주인에 비교하여 가난을 느끼고, 국산차를 타는 사람은 외제차를 타는 사람에게 열등감을 느끼며, 여자들은 명품 가방을 가진 동창을 만나면 가방 하나에 자신이 초라해져 불행해 합니다.

이러니 금수저·은수저·흙수저 얘기를 하면서 가난한 부모를 탓하는 아이들이 생깁니다. 가난한 집에 태어난 아이를 가리켜 흙수저를 물고 태어났다고 하고, 부잣집에 태어난 아이를 가리켜 금수저를 물고 태어났다고 합니다. 그런데 이런 격차를 가지고 시작하는 아이들의 대개의 삶은 평생 변동 없이 금수저와 흙수저로 갈려 살아간다고 하더군요. 끔찍한 일입니다. 예전에는 개천에서 용 나는 일이 있었지만 이제는 개천에서 지렁이만 난다고들 얘기하더군요. 빈부의 차이가 굳어졌다는 것은 희망이 없다는 말입니다.

이런 상황과 생각이 누적되면 어떤 일이 일어날까요. 아이는 공부를 잘 못하면 부모 눈치를 보아야 하고, 남편은 적은 월급이 부끄러워 아내 눈치를 보아야 하고, 아내는 가난한 티를 안 내려고 하면서 친정이나 친구들 눈치를 보아야 합니다. 눈치에서 끝나지 않고 그 다음에 일가친척과 남들과 주위 사람들과 이리저리 얽힌

관계 속에서 고민하고 번뇌하고 망상이 쌓이면 우울증이 오고 조울증이 옵니다. 그 속내를 속 시원히 풀어낼 곳이 없으면 마음에 병이 듭니다. 스트레스 등 압박이 심해지면 자아가 생존을 위해 번뇌 망상과 결합하여 어떤 형태로든 합리화 합니다. 이런 것을 심리학에서 방어기재라고 한다고 합니다.

자기를 방어하는 첫 번째는 거짓말일 것입니다. 그런데 자기 거짓말에 자기가 속아 거짓말을 진짜로 믿어버리는 사람도 있습니다. 그것을 과대망상이라고 합니다. 하버드대학, 스탠포드대학 두 곳에 합격했다고 거짓말을 한 아이는 과대망상에 빠진 것이 아닐까 생각됩니다. 그런데 그 아이가 그런 거짓말을 하게 된 연유는 무엇일까요? 아이가 왜곡된 그 원인은 부모와 사회 전체에 있습니다. 부모의 과도한 기대와 좋은 대학에 가야 성공한다는 생각들이 원칙처럼 통용되는 대한민국 전체의 문제입니다.

우리 사회가 건강하여 성공의 가치를 올바르게 정립했다면, 하버드대학을 가든 스탠포드대학을 가든 두 군데 됐으면 뭐하고 열 군데 됐으면 뭐하느냐, 그 아이가 그런 거짓말을 할 필요가 없는 것입니다.

어릴 때 시험을 못 봤는데 성적표가 나오면 3자를 8자로 고치고 5자는 6자로 고치고 이렇게 다들 해보았을 것입니다. 아버지 눈을 속이고 어머니 눈을 속이고, 여기서 10점만 올리면 우리 엄마가 용돈을 얼마 준다고 했는데…, 성적이 떨어지면 엄마한테 혼나는데… 혼나기 싫고 용돈에 눈이 멀고 귀가 멀어 슬쩍 이렇게 고쳤던 일이 한두 번씩은 있을 겁니다. 그런데 그것이 버릇이 되고 너무나 커져서 막다른 골목에 몰린 쥐가 고양이를 물듯이 그 아이는 큰 거짓말로 부모와 사람들을 속인 것입니다.

대한민국이 천연자원이 적고 작은 땅에 인구는 많고 옛날부터 교육열이 높다보니 공부로 인재를 키워서 이만큼 살게 된 점은 사실입니다. 그런데 이제는 도가 지나쳐 아이들을 극단적으로 내몰아서 무한경쟁을 하게 합니다. 요즘 애들은 보통 5~6개의 학원을 뛰어야 한다고 합니다. 그래서 심지어 어린 초등학생이 "참, 이 세상 너무 힘들어서 골치 아파서 못 살겠어요." 이렇게 말합니다. "뭐가 그렇게 골치 아프고 힘들어?" 이러니까 "제가 학원을 다섯 군데를 다니는데요, 엄마가 한 군데 더 돌래요. 머리가 아파 죽겠어요. 엄마 없는 세상으로 갔으면 좋겠어요." 어린아이가 이런 말을 합니다. 얼마나 극성이면 엄마 없는 세상을 원할까요.

교육의 목적이 무엇일까요. 나무를 심고 가꾸는 것을 교육에 대비하여 말해보겠습니다. 먼저 묘목 크기에 따라 구덩이를 파고 심은 후 물을 주고 뿌리가 잘 내리게 해야 합니다. 이제 나무에서 싹이 나고 연두빛 잎이 가득하면 나무가 곧게 자라게 가지치기를 해주어야 합니다. 이 가지치기가 교육입니다. 어릴 때 잘 자라도록 틀을 잡아주는 것이 교육입니다. 돈을 많이 벌고 지위가 높아지는 방법을 가르치는 것이 아니라, 사람의 도리를 가르치는 것이 교육의 목적이 되어야 합니다. 사람의 도리는 악을 멀리하고 착하게 사는 것입니다.

그런데 요즘은 착하게 살라는 말들을 잘 안 한다고 합니다. 착하게 살면 바보소리 듣고 손해를 본다고 생각하기 때문입니다. 정말 그럴까요? 아닙니다. 이번 삶에 착하게 공덕을 쌓는 게 가장 많이 남는 장사이자 가장 현명한 방법입니다. 복덕을 쌓는 일에는 착하게 사는 것이 기본이며, 더불어서 네 가지 무량한 마음, 즉 사무량심四無量心을 가져야 합니다. 자慈는 모든 존재를 사랑하는 마음이고, 비悲는 모든 존재의 고통을 연민하는 마음이고, 희喜는 모든 존재가 느끼는 기쁨에 함께 기뻐하는 마음이며, 사捨는 이런 세 가지 마음을 낸 사실을 드러내지 않고 흔적을 남기지 않는 것입니다. 이런 것들이 공덕이 되어 우리의 복덕자량을 증장시킵니다.

우리가 쉽게 말하는 불자佛子라는 말에는 보살의 뜻이 들어 있습니다. 불자, 즉 부처님 자녀는 부처님 종성種姓이지만 아직 부처가 되지 못한, 한참 자라야 하는 자식이라는 말입니다. 석가모니 부처님이 전생에 보살행을 행하신 것을 보면 눈물이 납니다. 굶어 죽어가는 어미 호랑이에게 몸을 내준 것부터, 너무나 많은 보살행을 하셨습니다. 그런 면에서 부처님을 아버지로 믿고 의지하고 따르는 우리가 보살 역할을 해야 하기 때문에 불자라는 말에 보살이란 뜻이 있는 것입니다. 그래서 우리가 가족과 주위와 나라와 지구의 생명 있는 모든 존재에게 관세음보살님 같은 마음을 내어야 온 세상에 관세음보살이 계시는 것이고, 내가 문수보살 같은 마음의 지혜를 내어야 온 세상에 문수보살이 계시는 것입니다. 그렇게 보살행을 행하면 바로 보살님들의 화신化身의 역할을 하는 것입니다. 부처님과 보살님들에게 가피를 받아 자신과 가족의 안녕과 성공을 위해 백일, 천일기도를 하는 것은 뜻이 없다고 할 수는 없지만, 다른 한편으로 이것은 오욕락五慾樂을 구하는 것입니다.

불자라면 배고픈 사람에게 밥을 먹여주고, 추운 사람에게 옷을 입혀주고, 같이 기뻐하고 같이 슬퍼하며 위로해주는 그런 마음을 기본으로 지니고 살아야 합니다. 불보살님들께 기도하여 가피를 입는 것도 좋지만 진실로 내가 문수보살이 되고 관세음보살이 되고 보현보살이 되었을 때 이 세상은 불국정토가 될 수 있고 부처님 세상이 되는 것입니다. 그래서 대승을 대승보살법, 보살승이라고 하는 것입니다. 대승大乘이란 말 자체가 함께 간다는 뜻입니다. 우리가 이와 같은 마음을 낸다면 그 자리가 바로 관세음보살이 화현한 자리요, 지장보살이 화현한 자리요, 보현보살이나 문수보살이 화현한 자리로 거기서부터 부처님께 이어지기 시작하는 것입니다. 나와 부처님이 따로 있는 것이 아니라 믿고 따르고 의지하는 지극함이 부처님 아버지를 닮게 하여 결국 어느 때 우리 모두를 아뇩다라삼먁삼보리를 얻게 하는 것을 알아야 합니다.

우리 인간은 어머니 뱃속에서 자라며 어머니를 느끼고, 태어나서는 형제자매부터 일가친척, 자라면서 친구와 선생님도 만나고 선후배도 생기며 회사 동료도 만나게 됩니다. 이렇듯 인생은 만남 그 자체입니다. 만남을 불교식으로 인연이라고 합니다. 이 중에는 좋은 인연도 있고 나쁜 악연도 있는 것이 사실입니다. 물론 선연은 맺고 악연은 맺지 않아야 하는데, 우리 같은 범부중생으로써는 쉽지 않은 일입니다.

아무리 예쁘게 보려고 해도 행동거지 하나하나가 미워 보이는 못마땅한 사람이 있습니다. 흔히 하는 말로 미운털이 박혀 그런 것인데, 그 미운털이 무엇이냐고 물으면 타당한 이유도 있지만 그냥 미워서라고 대답하는 사람도 있을 것입니다. 생긴 게 마음에 안 든다거나 태도가 마음에 안 드는 것도 아닌데 그냥 미운 사람이 있고, 반대로 그냥 예쁜 사람이 있다면 그것은 기억 저편에 있는 이유일 수 있습니다. 기억 너머 저편 전생의 기억이든 무엇이든 맺어진 인연에 악연이 끼어들 소지가 있으면 맺기 전에 풀어야 하고, 맺어졌다면 힘써 풀어내야 합니다. 특히 그냥 지나치는 관계가 아니라 늘 봐야 할 사이라면 '참 좋은 인연'이라고 생각하며 상대에 대한 부정적인 면을 상쇄시켜야 합니다. 이렇게 만나는 인연을 바르게 잡아 나가는 것도 보리심을 증장시키는 방법입니다.

만나는 사람과 악연이 되는 이유는 한쪽의 욕심이 상대를 이용하려 하기 때문입니다. 우리가 사람한테 상처 받고 사람한테 고통받고 사람 때문에 괴로워하고 사람 때문에 돌아버리는 일도 있지만, 또 사람 때문에 즐겁고 행복한 일이 생깁니다. 실연의 상처는 새로운 사랑을 만나서 치유하라는 말이 있듯이 사람에게 받은 상처는 사람으로 치유해야 회복이 됩니다. 서로 신뢰를 가지고 보듬어 줄 때 인생의 멘토가 되고, 사람을 만났을 때 내 갈 길이 또다시 생기는 것입니다. 사람관계에서 서로 도움이 되려면 자신이 먼저 보리심으로 보살이 되어 만나는 인연을 껴안아야 합니다.

　내 가족관계, 부부관계를 시작으로 가정도 잘 살피고 내 주위와 이웃도 잘 살펴보며 사는 습관을 들여야 합니다. 부처님 뜻대로 도움을 주고 사는지, 부처님 법을 주변에 알리고 사는지 되돌아보고 경책하는 삶을 가늠하게 하는 것이 바로 이 권지품입니다. 권지품에서 권勸은 권하고 알려 준다는 뜻이고, 지持는 보전하고 지키는 것을 뜻합니다. 합하면 보전하고 지켜야 할 것을 권하고 알려주는 것이 권지품입니다. 보전하고 지켜야 하는 것은 바로 『법화경』입니다. 부처님 법이 약해지는 말세에 "『법화경』을 어떻게 알리시겠습니까?"라고 물어보고 답을 알려주시는 품입니다.

　'부처님이 열반하신 뒤에 반드시 저희들이 이 『법화경』을 받들어 지니고 읽고 외우며 혼탁한 세상과 미혹한 중생을 위하여 설하겠나이다.' 이렇게 약왕보살님과 대요설보살님을 비롯한 보살님들과 오백나한님들과 유학무학인들이 맹세하고 서원하시는 게 권지품입니다.

　'부처님 열반 후에 악한 세상에서 중생들은 선근이 적어지고 뛰어난 체 하는 마음이 많아서, 이익이 있는 공양만 탐을 내며 남에게 공양을 받기만 좋아하고 착하지 못한 일이 점점 늘어 해탈에서 멀어지고, 비록 교화하기 어려울지라도 저희들이 반드시 잘 참는 힘으로 크게 일으켜서 이 『법화경』을 읽고 외우고 받아 지니고 설하고 옮겨 쓰고 가지가지로 공양하기를 몸과 목숨을 아끼지 않고 하겠나이다.' 이렇게 서원하고 발원하시는 것입니다.

부처님이 "누가 과연 이렇게 말세 중생에게 이『법화경』을 설하겠는가?" 하고 물었을 때 부처님의 제자들이 "저희들이 하겠습니다. 부처님 걱정하지 마십시오. 저희들이『법화경』을 널리 설하고 이 말세 중생을 위해 결코 굴하지 않고 이『법화경』을 널리 설해서 많은 중생들이 그 인연이 되어 깨달음을 얻도록 이 경전이 끊이지 않게 설하겠습니다."라고 부처님 앞에서 맹세하고 약속을 한 것입니다.

부처님은 말세에는 이『법화경』밖에 구제받을 경전이 없으니 수지하고 독송하고 사경하고 널리 베풀어야 한다고 하십니다. 말세 모든 중생이 오롯하게『법화경』속으로 들어와 함께 동정수업同情修業하고 이고득락離苦得樂하여 살아 있는 불교가 되고 불자가 되는 이 법을 권지품에서 당부하신 것입니다. 보살님들과 오백나한님들과 유학무학인 등 뛰어난 분들께만 책임을 주는 것이 아니라 부처님을 믿고 따르고 의지하는 우리에게 하시는 당부라고 생각해야 합니다. 그래서 우리가 마음속에 있는 이기심이나 부정적인 것들을 버리고 오로지 중생의 힘듦과 괴로움을 떠안으려는 보살님의 화신化身으로 살면 자연히 우리들을 따라서 많은 사람들이『법화경』을 수지하고 독송하고 사경하여 부처님의 제자가 될 것입니다.

보시는 복덕을 짓는 지름길입니다. 그런데 우리 불자들이 의외로 보시에 인색합니다. 또한 절에서 불사를 할 때도 흔쾌히 마음을 내지 못합니다. 보시도 불사 참여도 시늉만 내곤 합니다. 물론 금액의 많고 크고가 복덕의 크기를 규정하는 건 아닙니다. 단돈 만 원이든 얼마든 자기 형편껏 보시하고 공양하고 불사에 참여하면 되며, 단지 지극한 마음, 정성이 담긴 마음이 중요합니다. 복덕을 짓는 방편으로 사경 기도도 좋습니다. 제가 늘 강조하고 권하는 것이지만, 실제로『법화경』사경만큼 좋은 기도도 없습니다. 그런데 좋은 것은 알지만 잘 되지 않는 게 우리 중생입니다.

우리 자신이 하지 않으면 누가 대신해 줄 수 없다는 것을 명심해야 합니다. 항상 노력해야 합니다. 그것밖에는 없습니다. 그럼 그 속에서 나에게 진정 이익이 되고 남에게도 이익이 되고 살아갈 수 있는 자리이타의 삶이 자연스레 이루어집니다.『법화경』사경의 효험을 직접 경험해보시길 바랍니다. 술주정뱅이 남편, 사고만 치는 아이 등등의 문제는 부처님의 대자대비하신 마음에 기대어 간절히 사경 기도를 하면 길지 않은 시간에 해결됩니다.

내가 제대로 잘할 수 있는 것을 널리 알리고, 내가 진실로 잘할 수 있는 것으로 많은 중생에게 이익 되게 하며 살아가는 것, 이것이 바로 부처님의 가르침이고 보살로 사는 것이며 구경에는 부처가 되어서 이고득락 하는 길입니다.

지극한 마음으로 기도하고, 거기에서 부처님이 설법하신 경전, 즉『법화경』등의 경전을 널리 유포하고 사경하고 독송하고, 이렇게 해서 부처님의 법이 영원히 끊어지지 않게 하는 것이 바로 불자의 도리로 사는 것입니다. 나부터 먼저 행동하고 실천하는 것이 바로 불자입니다.

어렵고 힘들더라도 사람관계 인간관계를 잘 맺어서 나와 내 주위 사람 모두가 이고득락하는 것, 이것이 권지품에서 부처님이 말씀하시고자 하는 뜻이라고 생각합니다.

問 저는 부처님을 만난 지 얼마 안 됐습니다. 그래서 어떤 기도를 어떻게 해야 될지 잘 모르겠습니다. 조언을 부탁드립니다.

答 무엇이든 처음이 중요하고 시작이 반이라는 말도 있고 천릿길도 한 걸음부터라는 등등 처음 시작에 관한 격언이나 명언이 너무도 많습니다. 그런 좋은 말들이 많은 이유는 시작 거기서부터 이미 일의 성사 여부가 결정되기 때문일 것입니다. 무엇이든 접한 지 얼마 안 됐을 때 첫 마음, 초심이 제일 중요합니다. 더구나 어디서도 만날 수 없는 부처님 희유한 법을 공부하기 시작할 때는 첫 마음이 바로 깨달음이라고 하여 초발심시변정각初發心時便正覺이라고 합니다. 내가 부처님을 믿고 의지하고 이제부터 부처님을 의지해서 살아가겠다는 서원이 초심에서 나오는 것입니다. 변함없이 부처님 제자로 죽는 날까지 가는 것이

죠. '앉으나 서나 당신 생각'이라는 노래가사처럼 어렵고 힘들고 고통스러움이 있어도 이것은 여름 땡볕을 겪어야 가을에 알곡을 추수하듯이, 부처님이 먼저 우리 근기를 아시고 고통과 즐거움 양쪽으로 나를 인도해 주시는 것이라는 생각을 가지면 부처님을 따라서 어떤 상황에서든 두려워하고 기죽을 일 없이 살아갈 수 있습니다.

지금 "어떤 기도를 어떻게 해야 합니까?" 하고 물으셨는데, 먼저 마음속에 있는 응어리를 부처님 앞에 다 풀어내야 합니다. 풀어내서 마음을 닦는 방법이 참회입니다. 그렇게 부처님께 매달려 가벼운 것과 무거운 것들을 눈물로 참회한 다음에는 인연에 맞는 경전과 기도가 자연히 생겨서 따라옵니다. 참회가 원만히 되면 부처님이 좋아지고, 이렇게 완전하게 부처님의 자식인 것을 느꼈을 때 『천수경』을 봐도 되고 『법화경』을 봐도 되고 사경을 해도 되고 어떤 것을 해도 상관없습니다. 부처님이 세상 모든 중생을 위해 팔만사천법문을 설하신 이유가 중생들 각각의 근기와 성향에 맞춰 대기설법對機說法을 하셨기 때문입니다.

우선 참회가 이루어져야 하는 것을 명심하세요. 질문하신 분이 죄가 많아서 그런 것이 아니라, 우리 인간은 알게 모르게 죄를 지어 죄 없는 사람이 없기 때문입니다. 처음 시댁에 인사갈 때 어떻습니까? 예쁘게 화장을 하고 새로 산 옷을 입고 조신한 태도로 가지요. 그것과 다르지 않습니다. 무엇보다도 경전을 보기 전에 모든 것을 참회하면서 부처님의 자식으로 권속으로 살기를 서원하고 아주 지극하게 기도해보고 마음에 있는 그대로 말을 하세요. 말이 독화살이 되어서도 나오지만 말을 잘하면 자다가도 떡이 생기잖아요. 그러니까 어떤 말을 어떻게 하느냐? 우리가 부처님 앞에서 하는 말은 뭐예요? 최고로 좋은 말을 할 것 아닙니까. 부처님을 만나는 최고로 기쁜 순간이니까요. 그렇게 참회하여 깨끗한 그 마음이면 어떤 경전을 보고 기도를 해도 늘 부처님이 보시고 아시고 나를 인도하신다는 생각에 수월하게 공부 길을 가실 수 있을 것입니다.

 합장하겠습니다.
거룩하고 대자대비하신 부처님 감사합니다.

오늘날 말세중생들이 미혹하여 세상이 흉악하고, 선근이 적으면서 잘난 체하는 자들이 많아 세상살이가 어렵지만, 그래도 늘 부처님을 믿고 따르고 의지하며 이 『법화경』을 수지 독송하고 사경하고 널리 알리는 삶을 살게 도와주시길 기원합니다. 또한 부처님께서 항상 저희들이 하는 기도에 응답하고 가피주시기를 기도드립니다.

나무석가모니불 나무석가모니불 나무시아본사석가모니불.

13
기다리고 때를 아는 자가 승리한다

안락행품·종지용출품

이번에 공부할 품은 안락행품과 종지용출품입니다. 저는 이 두 품의 주제를 '기다리고 때를 아는 자만이 승리할 수 있다.'라고 보았습니다. 경전에 성질 급한 사람을 비유한 이야기가 있습니다. 어떤 성질 급한 사람이 논에 모를 심어 놓고는 빨리 자라라고 매일같이 심어 놓은 모를 잡아당겨 모를 다 죽인 이야기입니다. 성질 급한 사람에 관한 우리나라 속담으로는 "우물가에 가서 숭늉 찾는다"라는 것이 있습니다. 저도 누룽지로 끓인 숭늉을 좋아합니다. 숭늉을 얻으려면 우선 우물물로 쌀을 씻어 밥을 해야 합니다. 그리고 밥을 다 푼 후에 누룽지에 다시 물을 붓고 끓여야 숭늉을 얻을 수 있습니다. 그 과정을 기다려 오는 것이 때입니다. 그리고 때를 알아야 일이 성사됩니다.

안락행품에서 부처님의 가르침을 요약하면 바르게 행동하라는
것입니다. 바르게 행동하는 것이 쉬울 것 같지만 참 어려운 것입
니다. 왜 그런가 하면, 사람은 관계나 위치에 따라 불리는 이름이
다른 내가 너무나 많기 때문입니다. 즉 각각의 이름에 맞는 바른
행동이 다 달라야 하기 때문에 쉽지 않다는 것입니다.

남편에게는 마누라, 애들한테는 엄마가 되고, 친지 간에는 사촌
이나 시누이, 동서가 됩니다. 관계에 따라, 장소와 때에 따라 부르
는 호칭이 달라지기도 합니다. 또한 절에 가면 보살이나 거사로도
호칭되고, 직장에 가면 누구누구 씨, 혹은 직책에 따라서 호칭이
달라집니다. 가지가지로 그 이름이 달라지는 데 따른 우리들의 행
동거지는 어떻습니까?

안락행품에서의 부처님 말씀처럼 바른 행동을 하고 있습니까?
내가 직장에서 사원이면 사원으로서의 행동을, 과장이면 과장으
로서의 행동을, 부장이면 부장으로서의 행동을, 사장이면 사장으
로서의 행동을 거기에 맞추어 잘 해나가고 있는지 살펴보라는 것
입니다. 엄마로서의 여러분은 엄마로서의 도리를 다하고 계십니
까? 다양한 호칭에 대한 바른 행동을 한 가지도 제대로 하지 못하
면 딱 잘라 말해 성공한 인생은 아니라고 할 수 있습니다. 자기에
게 주어진 호칭에 대한 바른 역할을 하였을 때 바른 행동이 나옵
니다. 그러니 행동 하나하나가 안락행이 되기 위해서는 내가 아내

로서의 자리에 가 있으면 아내로서 남편에게 바른 행동을 하고, 시부모나 친정 부모에게 자녀로서의 자리에 가 있으면 자식으로서의 바른 행동을 해야 합니다. 이렇게 만나는 인연마다 바른 행동을 한다면 주위가 다 편안하여 안락해질 수 있고, 우리 부처님 제자들이 이렇게 바른 행동으로 산다면 이 땅이 극락정토요, 불국토가 될 것입니다.

아내로서의 바른 역할, 엄마로서의 바른 행동을 하지 않고 자기밖에 모르고 자기 위주로 산다면 어떤 일이 일어날까요? 남편은 집에 오다가도 다시 돌아 나가 술에 잔뜩 취해 들어오고, 아들은 학원을 갔다 오면서 불 켜진 집을 보고 '아! 지겨운 엄마가 있구나.' 하고 집에 안 들어오고 오락실을 갔다가 늦게 들어오는 그런 일들이 벌어집니다.

자기 삶의 불만족에 대한 화풀이를 가장 가까운 가족에게 쏟아붓는 주부들이 많습니다. 남편은 능력 없는 무지렁이로 취급하고, 자식들은 자기 인생의 걸림돌로 생각하며 불행의 책임을 다 남탓으로 돌립니다. 가장 중에서는 사회에서는 다른 사람들을 잘 이해하는 매너 좋은 남자처럼 행동하면서 집안에서는 폭군 노릇을 하는 사람도 있습니다. 스스로도 불행하고 가족들도 불행하게 하는 행동입니다. 아무리 절에 와서 웃으며 사람을 대하고 불우이웃을 위해 자원봉사를 하고 스스로 자신이 불자라고 말해도 결코 부처님 자식이 아닙니다.

우리는 때때로 허구의 드라마나 영화에 몰입합니다. 우리가 드라마나 영화를 보고 웃고 우는 이유는 그 이야기 구조에 공감하기 때문입니다. 그런데 언제인가부터 주부들에게 소위 막장 드라마가 인기라고 합니다. 전혀 현실성 없고 공감할 수 없는 내용으로, 드라마가 마음속의 어떤 감정을 해소시켜 주는 것이 아니라 오히려 짜증을 유발하고, 그런데도 욕을 하면서도 본다고 합니다. 문제는 그런 드라마의 위력이 대단해서 아주머니들에게 허상을 심어 준다는 것입니다.

드넓은 주택, 호화로운 침실, 잔디가 깔린 정원, 외제 승용차, 명품 옷과 가방, 우아한 식사 등등 서민들로서는 상상할 수도 없는 생활을 보여줍니다. 물론 대부분의 아주머니들은, 드라마 속 환상이 부럽고 또 그렇게 살고 싶은 마음도 들겠지만, 남편이 노력하고 고생해서 벌어오는 돈으로 열심히 가정을 잘 꾸리는 것이 목표입니다. 하지만 그 허상에서 벗어나지 못하는 일부 사람들은 스스로 막장 드라마를 연출하며 결국에는 불행의 나락으로 떨어지고 맙니다.

자족하면 행복할 수 있는데도 사람들은 환상에 빠져 그릇된 행동을 합니다. 왜 그런 삿된 행동을 할까요? 지혜가 없고 복덕이 없으니 삿된 길로 가는 것입니다. 행복을 느낄 때 우리는 편안하고 즐겁다 해서 안락하다고 합니다. 불타는 집에 앉아 전도망상에 빠진, 드라마 속 환상에 갇힌 우리 중생들을 위해 부처님이 이 안락행품을 말씀하신 것입니다. 진정한 행복은 부처님 뜻에 따라 사는 것입니다. 그것이 바른 행동입니다.

안락행품은 안락이 하늘에서 뚝 떨어지는 것이 아니라 안락하기 위해서는 행동을 해야 한다고 말합니다. 그 행이 바른 행동이고, 안락은 만들어 가는 것으로 나의 행동 여하에 달린 것이지, 그 안락이 어디서 뚝 떨어져서 '아, 안락하시겠습니다.'라고 하지 않는다는 것입니다. 즉 안락하려면 거기에 걸맞은 바른 행동을 해야 한다는 것입니다. 그렇지 않고는 안락을 논할 수 없습니다.

삶이 편안하기 위해서는, 안락하기 위해서는 행동도, 말씨도, 마음씨도 그것을 따라가야 합니다. 그런 것들이 계속해서 쌓여져 갈 때 그것이 바로 불자의 도리를 하는 것이고, 나아가 득작불得作佛, 즉 내세에 부처가 될 수 있는 씨앗을 심는 것입니다.

저는 가끔 이 세상 돌아가는 것이 신기하다는 생각을 합니다. 부처님 앞, 불단에 놓인 그 아름다운 꽃을 보면 신기하면서 가슴에 감동이 옵니다. 저 아름다운 꽃이 부처님 앞에 놓인 과정을 생각하며 인드라망의 모든 중생을 위해 마음 열어 기도하게 됩니다. 요즘은 화려하고 풍성한 꽃들이 들판에서 자라는 것이 아니라 화원에서 자랍니다. 불단에 놓인 이 아름다운 꽃을 가꾸기 위해서 수고하고 힘쓰고 밤잠 안 자고 그렇게 노력하는 사람들이 있기 때문에 꽃의 아름다움이 드러나는 것입니다. 씨앗부터 차근차근 단계를 밟아 싹이 나고 잎이 나고 꽃이 피어 아름다운 것이지, 그 아름다움이 그냥 아름다움으로 어느 날 확 나타난 것은 아닙니다.

향기를 품는 아름다운 꽃의 시작은 씨앗에 있습니다. 꽃을 피우는 농부가 처음으로 할 일은 잘 영근 씨앗과 속이 빈 쭉정이를 고르는 것입니다. 쭉정이를 심어서는 아름다운 꽃을 피울 수 없습니다. 농부는 씨앗을 심고 물을 주고 햇빛을 보게 하며 싹이 나기를 기다립니다. 싹이 나면 화분에 옮겨 심고 자식 돌보듯 밤잠 못자고 꽃을 키웁니다. 농사짓는 사람들의 가슴을 뭉클하게 하는 말로, '농부의 발걸음 소리를 듣고 곡식이 자란다'는 말이 있습니다. 농부의 부지런한 발자국 소리, 정성을 먹고 곡식이 자란다는 말입니다. 이처럼 꽃을 기르는 농부는 힘든 것을 참을 줄 알고 인욕하는 마음으로 묵묵히 기다려 적당한 때가 되면 향기 나는 꽃을 피우는 것입니다.

인욕바라밀은 참는다는 뜻도 있지만 욕됨을 용서한다는 뜻도 있습니다. 때를 기다리려면, 바른 행동을 하려면 무엇을 해야 될까요? 제일 처음 인욕바라밀을 해야 됩니다. 내가 내 스스로 참아내지 않고 남의 잘못을 용서하지 않고, 본 대로 들은 대로 행동하는 것은 바른 행동이 아닙니다. 바른 행동이 없으면 찬란한 꽃을 피울 수 없고 향기도 맡을 수 없습니다. 때를 기다리며 참고 견디어 꽃을 피워낸 사람만이 안락할 수 있다는 말씀이 안락행품입니다.

제가 보기에, 우리나라 불자들은 기도할 줄을 모르는 것 같습니다. 그렇다면 어떻게 해야 하는가? 기도를 집착이라고 말하는 사람들도 있습니다만, 저는 기도에 대한 집착은 해볼 만한 집착이라고 생각합니다.

여러분들은 부처님을 위하고 찬탄하고, 부처님께 공경하고 공양하고 예배하면서, 오로지 나는 살아도 부처님 죽어도 부처님, 이렇게 집착을 해 본 적이 있습니까? 이 정도 되면 뭔가 되게 되어 있습니다. 왜냐? 집착은 고착이 되고, 고착은 토착이 되어, 몸과 마음에 온전히 그대로 배이게 되기 때문입니다.

진실된 기도와 믿음은 인욕을 하게 하고, 바른 행동을 하게 하고, 바른 뜻을 펴게 하고, 바르게 살아가도록 이끌어주고, 그리하여 주위를 밝게 만드는 원동력인 것입니다.

우리나라 정치에서 제일 안 되는 문제가 합의와 협의입니다. 합의를 하자고 모여서는 목청껏 소리만 지르고 맙니다. 백성을 위하는 것인지 자기들 놀이판인지 정부와 정치판이 똑같습니다. 합의는 서로 다른 이해 당사자들의 입장을 조정하는 노력인데, 정치가들은 당리당략으로 싸움질만 하며 국민은 뒷전입니다. 서로 존중하고 서로 배려하면서 합의를 이끌어 내야 하는데 그런 점이 부족합니다. 가정에서부터 민주적으로 자식들을 키워 나갔으면 지금쯤 민주사회가 엄청 꽃피웠을 텐데 1960, 70년대 새마을사업을 하면서 1980년대까지 국민들을 우격다짐으로 이끌어온 독재적인 권력에 길들여져 있다 보니 가정이나 사회나 토론하고 합의하고 협의하는 습관이 없습니다. 가부장적인 아버지들의 모습만 보고 살았기 때문에 21세기인 아직도 '따라와!'로 일하려는 독재를 그리워하는 정부와 정치가와 남편들이 많습니다. 그런데 이제 독재로는 안 되는 것을 정부나 가정의 남편들이 깨닫지 못하고 있어 갈등이 생기고 마음에 서로서로 상처를 입습니다. 먼저 가정이 변해야 합니다. '해!' 이런 명령으로 다스리던 나라와 가정은 이제 없어야 합니다.

상대의 말을 들어도 독가시를 세우지 않고 협상할 줄 알고 협의를 도출하여 거기에서 잘된 것만 가지고 실행해 나가면 이것이 민주적인 발전일 것입니다. 가정에서부터 이것이 습관이 되고, 가정에서부터 이와 같이 민주적으로 해나간다면, 사회에 나가서도 구성원들이 그런 식으로 하면 정치도 역시 그와 같이 되어서, 서로 상대를 위해 '우리 당도 잘되고 저 당도 잘되는 방법이 뭘까?'라고 생각해 보고, '우리 당과 저 당이 잘되면서 국민이 더 잘되게 하는 방법은 뭘까?'라고 생각을 할 것입니다. 그렇게 서로 배려하고 고려하고 그렇게 살아갈 줄 알면 그런 사회와 정치는 갈수록 국민을 위한 국민에 의한 선진국으로 발전될 것입니다.

먼저 국민들의 눈높이, 불자들의 눈높이가 바뀌어야 사회와 나라가 발전합니다. '제 뱃속만 불리고, 또 서로 쥐어뜯고 헐뜯는 놈들은 다시는 안 찍어 준다!' 이런 마음이 있어야 됩니다. 그러니 결론은 가정교육이라는 것도 바로 이 안락행을 위한 바른 행동에서 나오는 것입니다. 나라와 정부와 정치가와 국민이 안락한 삶을 살기 위해서는 바른 행동을 해야 하고, 그 바닥에는 인욕바라밀이 있어 용서하고 참아내며 때를 기다리는 지혜가 있어야 합니다.

우리나라 속담에 "말 한마디에 천 냥 빚도 갚는다."는 말이 있는데, 반대로 천 냥 빚에다가 얹어서 빚이 이천 냥으로 늘어나기도 한다고 말하기도 합니다. 이 말이라는 것이 요술 상자입니다. 행동과 말은 자웅동체로 하나입니다. 바른 행동에서 바른 말이 나오고, 삿된 행동에서 삿된 말이 나옵니다. 바른 말은 칭찬해줄 줄 알고 위로해줄 줄 알고 감싸줄 줄 아는 말이며, 바른 행동은 서로가 함께 가고자 손을 잡는 그 마음입니다. 그것이 바로 부처님이 가라고 한 안락행품입니다. 바른 말을 하고 바른 행동을 습관들이기는 힘들고 어렵지만 그것만이 편안하고 안락하게 사는 지름길입니다.

안락하려면 감사할 줄 알아야 합니다. 그 아름다운 꽃 한 송이를 피우기 위해 노력한 그 인연들에 감사할 줄도 알고, 내 입에 밥 한 숟가락이 들어갈 때도 땀 흘린 그 농부의 정성에 우리는 감사할 줄 알아야 합니다. 우리가 사는 집을 지은 사람들과 내가 입은 옷을 만든 사람들과 굶지 않게 먹을거리를 농사지은 모든 인연에 감사해야 합니다. 감사하는 마음이 보리심菩提心의 씨앗입니다.

인욕하고 바른 행동과 바른 말을 하고 산다는 것은 모든 존재와 상생하기 위해서 노력하는 것입니다. 그렇게 모든 존재가 함께 존재하고 함께하는 인드라 망임을 확신할 때 감사와 인욕은 저절로 우러나옵니다. 그 뜻을 분명히 하고 내가 부처님의 제자로서 공경하고 찬탄하고 공양하고 예배하고 기도하는 그 마음이 꾸준히 이어질 때 우리는 안락한 경지에 듭니다.

그 다음으로, 우리는 나누는 삶을 살아야 합니다. 물질로도 나누고, 뜻으로도 나누고, 부처님 법으로도 나누어야 합니다.

백천만겁 난조우라, 지극히 만나기 어려운 부처님 법을 만나 함께 동수정업하는 사이가 되었다면, 이제 부처님 가르침을 널리 알려야 합니다. 경전을 사경하고, 경전을 해설하고, 경전을 법공양하는 이게 최상승의 보시입니다. 이와 같이 보시하고, 불자로서의 도리를 다하고, 부처님을 모시는 그 마음이 진실할 때 그것이 바로 안락한 행이고, 안락행품 속에서 살아가는 것입니다. 즉 뜻을 바로 세우고, 인욕바라밀을 하고, 행동을 바르게 하고, 바른 말을 하는 것, 이것이 바로 안락행입니다.

종지용출품은 자기 집안의 일은 자기가 하라는 가르침이라고 한 마디로 정리할 수 있습니다. 종지용출품을 보면, 많은 다른 세계 보살들이 나타나서 석가모니 부처님께 '사바세계 중생들을 자기들이 교화하고 보살도를 실천해서 제도하겠다'고 말합니다. 그러나 부처님께서는 그냥 놔두라고 답하십니다. 왜 그랬을까요? '이 사바현장에 내가 제도하고 가르친 제자와 보살들이 수없이 많다. 우리 힘으로 충분히 보살세상을 만들 수 있으니 그대들은 관여하지 않아도 된다.'는 말입니다. 결론은 뭐냐 하면, 이 사바세계 우리 집은 우리가 만들어 가겠다는 것입니다.

가정을 한 세계로 보면 가장과 남편으로서의 역할, 아내와 엄마로서의 역할, 자녀로서의 역할이 모여 한 가정이 유지됩니다. 그

애기입니다. 지금 지구 인구가 73억 가량 된다고 합니다. 우리가 사는 지구에 태란습화胎卵濕化로 생겨나는 것 중에 태로 태어나고 그것도 고등동물이라는 사람만 쳐도 73억 명이 살아가고 있습니다. 이 73억 인간이 다 부처와 같고 보살과 같이 보리심을 발휘하면 지구는 불국정토가 되는 것입니다. 부처님을 믿고 의지하고 따르며 보살도를 내 집에서부터 실천하고 따뜻하고 온유한 그 마음을 주위에 번지게 하면 모든 것이 각각 그 자리에서 원융무애圓融無碍하고 차별무이差別無二한 불국토가 됩니다. 그와 같이 살아가야 함을 종지용출품에서 우리 세계는 우리가 책임져야 한다고 말씀하신 것입니다.

부처님은 처음 시작부터 부처님이셨으나 지구에 오셔서 우리 중생들에게 본을 보이시기 위해 룸비니 동산에서의 탄생부터 출가하여 아뇩다라삼먁삼보리를 얻는 그 과정을 보여주신 것입니다. 종지용출품에서는 땅에서 수많은 보살님들과 부처님들이 솟아오릅니다. 그리고 석가모니 부처님은 이들이 전전 수많은 부처님 시절, 이미 오래 전에 제도한 보살들이라고 하십니다. 현세의 부처님만을 알고 보는 미륵보살이 "부처님, 어떻게 이럴 수가 있습니까?" 놀라서 질문을 합니다. 왜 이 말씀을 여기서 밝혔냐 하면, 이『법화경』은 석가모니 현세 부처님 이전에 항상 부처님이었다는 사실을 밝히는 경전입니다.『법화경』은 우리 사바세계만을 말하지 않습니다.『법화경은』전체를 드러내는 경전입니다.

어떤 경전에서도 말씀 없으셨던 본래 부처였다는 것을 앞으로 배울 여래수량품에서 명확히 밝히기 위해서 사전작업으로 종지용 출품에서 하시는 것입니다. 우리는 부처님을 실상으로 봐야 합니다. 근본 자성을 바로 들여다봐야 부처님의 모습이 보이게 돼 있다는 것입니다. 안락행품까지는 부처님이 석가모니 현세 부처님으로 보이셨지만, 이제부터는 처음부터 마지막까지 부처님임을 밝히고 선언하시는 것입니다.

우리도 바른 행동으로 부단히 노력하며 때가 될 때까지 기다리면 승리할 수 있음을 확신해야 합니다.

問 돌아가신 친정 부모님들을 절에 모시고 제사를 올리고 있습니다. 출가외인인 저희 집 주소로 올려놨는데, 오빠나 남동생 주소로 올려야 할까요?

答 여성의 지위가 많이 향상되고 있다고는 하지만, 우리나라는 아직도 남아선호사상의 뿌리가 깊습니다. 장남, 그 다음에 종손, 이런 유교적인 문화가 알게 모르게 사회를 지배하고 있습니다. 그러다 보니 아들이 꼭 제사를 지내야 하고, 혹 아들이 없는 집인 경우 딸이 제사를 물려받기도 합니다만, 시집간 딸은 제사를 편하게 못 모시는 경우가 많습니다. 시집의 눈치가 보여서인데, 때문에 주로 절에 모셔놓고 기일에 맞춰 제사를 지내는 경우가 많습니다. 중요한 사실은, 아들 집이든 딸 집이

든 내 집이든 절이든 성당이든 상관이 없습니다. 그분들이 돌아가
셨다고 말하지만 부처님을 믿는 우리의 당처로는 돌아가신 게 아
닙니다.

살아 계신 부처님께 내가 귀의하듯이 조상님의 음덕을 기리고
그 기일제를 꼭 지내주는 것, 그것은 자손으로서 복을 받을 일이
니 계속하시길 권유드립니다. 기일날이 되면 마음을 담아 공양물
을 준비해서 절에 가면 얼마나 좋습니까. 요즘 시대에 남자, 여자
너무 구분하고 따질 필요는 없다고 봅니다. 우리 사람살이라는 것
이 딴 게 없습니다. 오늘 안락행품에서 보았듯이, 뜻을 반듯하게
세우고 행동을 반듯하게 하고 바른 말을 하면서 때를 기다리며 내
가 노력한다면 내가 앉은 자리 주위부터 부처님이 증명하는 그런
복된 삶을 살 수 있을 것입니다

 합장하겠습니다.
거룩하고 대자대비하신 부처님 감사합니다.

오늘도 이 안락행품과 종지용출품으로써 기다리고 때를 아는
자가 승리할 수 있다는 것을 배웠습니다. 늘 인욕바라밀하는 불자
가 되겠습니다. 항상 부처님을 의지하고 주위와 화평하며 착하게
부처님을 따르는 불자가 되겠습니다. 부처님을 깊이 믿고 의지해
서 구경에는 우리 모두 성불에 이르기를 서원합니다.

나무석가모니불 나무석가모니불 나무시아본사석가모니불.

14
현상의 깨달음과 실상의 깨달음

여래수량품·분별공덕품

여래수량품은『법화경』의 핵심입니다. 그 이유는 부처님께서 여래수량품에서 자신의 종지宗志, 근본을 밝히시기 때문입니다. 우리 중생에게 부처님이 안 계시다면 참으로 빛줄기 하나 없는 암흑같은 세상에 희망 없이 살고 있을 것입니다. 따라서 부처님이 스스로 자신을 말씀하시는 여래수량품이 중요합니다. 앞장 종지용출품은 여래수량품을 드러내기 위한 예고편이라고 보면 됩니다.

따라서 여래수량품은『법화경』의 온전한 정종분正宗分이라고 할 수 있습니다. 미륵보살님은 부처님이 설법한 기간이 40년에 불과한데 종지용출품에서 언제 어떻게 땅에서 솟아오른 천만억 대마하보살들을 교화하였을까 황당해하고 의문을 가집니다. 그 질문을 칭찬하시며 여래수량품이 전개됩니다. 부처님 가르침에 의문을 가지고 질문하는 미륵보살을 부처님이 칭찬하셨습니다. 중생들의 이해를 위하여 적절한 질문을 해주었기 때문입니다.

부처님은 팔만사천 가지가지 법문으로 그때그때 중생의 근기에 맞도록 설법을 하셨습니다. 그 사람이 하천민이거나 심지어 불가촉천민이거나 국왕 또는 관리들이 오더라도 거기에 맞는 법문을 해주셨습니다. 그러나 보니 성문승, 연각승, 보살승 등 크게 세 가지 갈래가 생기게 된 것입니다. 하지만 부처님께서는 궁극에는 일불승 밖에 없다고『법화경』을 통해 설하십니다.

삼승귀일三乘歸一 일불승一佛乘이라, 근기에 따라 가르침을 주다 보니 세 가지 수레가 되었지만 사실은 하나의 수레밖에 없다는 중대 선언인 것입니다. 때에 따라 근기에 따라 이런저런 가르침을 주셨지만 법화경에 와서는 '나는 본래 부처'라는 사실을 확연히 드러냅니다. 어떠한 신비도 가장하지 않고, 어떤 비밀도 고수하지 않고 있는 그대로 드러내는 그야말로 세계 종교사상 유래가 없는 사건인 것입니다.

부처님은 부처된 지가 이미 아주 오래 전이었다고 합니다. 그러나 중생제도를 위해서 사람 몸으로 태어나 아뇩다라삼먁삼보리를 얻는 것을 보이시기 위해 이런 방편을 쓰셨다고 여래수량품에서 확연히 드러내셨습니다. 앞의 제7 화성유품에서 대통지승여래 부처님의 시간과 비교해 보면 석가모니 부처님께서 부처님이 되신

지가 얼마만큼 오래되었는가를 알 수 있습니다. 화성유품에서는 삼천대천세계를 갈아서 먹물로 만들어 말씀하셨고, 여래수량품에서는 삼천대천세계 이 우주를 가루로 만들고 동쪽으로 일만팔천 세계를 가면서 나타나는 세계마다 먼지로 만들어서 그 먼지를 하나씩 하나씩 떨어뜨렸을 때 그 숫자가 얼마나 되겠느냐고 미륵보살에게 묻는 그런 말씀이 있습니다. 그러니까 그 시간 개념보다도 더 이전에 나는 이미 성불해서 부처였다는 말씀입니다.

우리 중생들은 어리석음으로 가득차 자기 깜냥으로 가늠이 안 되면 믿지 않는 성향을 가지고 있습니다. 부처님이 어떠한 지혜가 있고, 어떠한 복력이 있는지 가늠할 수 없으면서 마치 내 눈으로 보고 들은 대로, 머리로 생각한 대로, 아는 한계대로 재단합니다. 그래서 부처님께서 『법화경』을 믿고 따르고 의지하라는 확연한 말씀만 해 놓으신 것입니다. '너는 나를 믿고 따르고 의지해라. 육바라밀도 좋고 사성제, 팔정도, 12연기법도 물론 좋지만, 그것을 다 했건 안 했건 간에 『법화경』을 수지하고 독송하고 사경하고 이 수승한 법을 옆 사람에게 꼭 알려야 한다'는 말씀입니다.

그래서 이제 마지막 가르침인 이 『법화경』에서 본래 부처였다는 말씀을 확연히 드러내는 것입니다. 영취산에 모인 사부대중들은 종지용출품에서, '어떻게 설법하신 지 40년밖에 안 되신 부처님이 저 수많은 보살들을 제도하셨는지' 의문을 가졌지만 이제 '아하! 그렇군요. 부처님 정말 거룩하십니다'라고 기쁜 마음을 표현합니다. 성문, 연각, 보살승으로 근기에 맞춰 법을 설했으나 실상은 일불승 하나밖에는 없음을 천명하시고, 더불어 여래수량품에서 '나는 본래 부처였다'고 천명하십니다.

　제가 『법화경』을 보면, 부처님 법은 비밀이라는 것이 없습니다. 모든 것을 확연히 다 드러내놓고 말씀하셨기 때문에, 우리 중생이 부처님 법을 만나는 것을 『천수경』에서 무상심심미묘법 백천만겁 난조우 아금문견득수지 원해여래진실의(無上甚深微妙法 百千萬劫 難遭隅 我今聞見得修持 願解如來眞實義)라고 합니다. 그 뜻은 '높고 깊은 미묘한 법 백천만겁 지나도록 만나기 어려운데 제가 지금 다행이도 보고 듣고 수지하니 부처님의 진실한 뜻을 알게 하소서!' 입니다. 앞에서 인간으로 태어나기가 힘들고, 부처님 법이 있는 시대에 태어나기가 힘들고, 부처님 법을 만나는 것은 더 어렵다는 것을 말했습니다. 오죽하면 인간으로 태어나 부처님 법을 만나는 것이 수미산 꼭대기에서 바늘을 떨어트려 참깨에 꽂는 것보다 어렵다고 비유했겠습니까. 그중에 부처님이 중생들에게 주는 가장 핵심인 『법화경』을 공부하는 여러분은 요새 말로 '전생에 나라를 구한 애국자'입니다. 그 농담처럼 복덕자량이 한량없습니다.

　여래수량품과 분별공덕품에 대해 우리가 알고 모르고는 한끝 차이입니다. 동전의 양면과 같습니다. 알면 동전에 앞뒤 양면이 다른 줄 알지만 모르면 같은 면이 있는 줄 압니다. 아무튼 여래수량품과 분별공덕품을 알았을 때, 즉 깨달았을 때는 어떤 것인가? 깨달음이라는 소리가 나오니까 기겁을 하는데, 깨달음이라는 것이

사실은 쉬운 말입니다. 하루하루 생활하면서 어느 때 '아하! 이거
네!' 할 때 이것이 깨달음입니다. 깨달음이라는 것은 지혜의 문이
열린다는 뜻과 같습니다. 어원을 보면 심사숙고하고 거기서 알아
차리는 것을 깨달음이라고 합니다. 이렇게 보면 우리가 생활 속에
서 얻은 깨달음이 한두 가지겠습니까? 그때그때의 깨달음이 얼마
나 원융한 깨달음이겠습니까.

　예를 들어 유용한 생활 속 깨달음을 가지고 기술로써 발전시켰
을 경우에 큰 기술이 되어서 많은 사람이 편리하게 사용하니 부자
가 되겠습니까, 안 되겠습니까? 자연히 부자가 되겠지요. 개인적
으로 자기개발을 하고자 애쓰고 노력하고 책을 보고 공부를 해가
다 보면 지혜가 내 생활과 접목되어 아이디어가 팍 떠올라 성공하
는 것입니다. 요즘은 지혜를 생활과 결합해 회사를 차리는 가정주
부들도 많다고 합니다. 자신의 이름을 따서 스팀청소기를 만든 여
자 분이 대표적인 성공사례일 것입니다. 이것이 바로 생활 속 깨
달음입니다. 가정생활 속에서 지혜가 무궁무진하게 나오니 어떤
보살님은 특허만 열 몇 개를 가지고 집에 가만히 앉아 돈을 많이
번다고 합니다. 그것이 생활 속 지혜입니다. 지혜는 불편함과 궁금
증에서 나옵니다. 여러분이 냄비를 솔로 닦을 때와 수세미로 닦을
때와 세제로 닦을 때가 다 다르잖아요. 우리가 그릇 하나를 닦는
데도 불편하니까 수세미와 세제가 개발되는 것이고, 바람의 원리
가 궁금하니까 선풍기가 발명되는 것입니다. 명료하게 생각하고
판단하고 내 생활 속에서 나의 지혜가 어디에서 개발이 될지, 지

금 남편 때문에 힘들고 답답하고 어디로 갈까 고민하는 보살님이 있으면 한 번 생각해 보시기 바랍니다. 깨달음은 바로 거기에 있습니다. 생활의 지혜가 모이고 합하여 깨닫고 개발되어서 달나라는 진즉에 정복하고 이제는 우주 쓰레기를 걱정하는 지경에 이르렀습니다. 과학자들을 볼까요. 그들은 밤낮없이 몰두하고 고민하며 문제 속에, 호기심에 빠져 있습니다. 그러다가 우리 불교 용어로 깨달음을 얻는 때를 "칠통이 툭 떨어진다."고 하는데, 생활 속 깨달음도 "아 이거다." 이렇게 됩니다. 깨달음이 온 것입니다.

물론 부처님이 말씀하시는 아뇩다라삼먁삼보리 실상의 깨달음과 생활 속 현상적 깨달음이 같지는 않습니다. 실상의 깨달음이 불교적인 깨달음이고, 현상적 깨달음이 생활 속에서 깨달음인 것입니다. 그럼 현상적 깨달음과 실상의 깨달음을 같이 모아 놓으면 어떻게 되겠어요? 깨달음이 깊은 사람은 안과 밖, 지구와 우주 모든 것의 현상과 실상을 다 성찰할 수 있습니다. 그러니까 생활 속 깨달음은 겨우 해봐야 수세미만 만들고 치우겠지만 마음의 실상을 깨닫는다는 것은 바로 부처화 되는 것입니다. 그 깨달음이 이루어지니 삼라만상 자연의 이치를 앉아서도 다 알고 우주 조화까지도 다 알게 되는 것입니다. 지혜가 완전히 발달하고 지견이 완전히 바뀌어 버리는 그때 삶이 달라집니다. 현실 생활 속에서 깨달음이 많은 사람이 일단은 지혜로운 사람이고, 절에 와서 열심히 기도하고 부처님을 공경하고 공양하고 찬탄하고 예배하고 기도하는 사람은 실상의 깨달음에 가까운 사람입니다. 스팀청소기를 만들고 특별한 수세미를 만드는 아이디어도 생활의 깨달음에서 나오지만, 진정한 생활의 지혜로움은 힘든 남편을 잘 위로하고 자녀들을 현명하게 키우고 일가친척과 이웃 사람들을 편안하게 하는 것입니다.

생활의 달인이 될 정도로 내 생활에 깨달음이 있으면 성공하는 것이고, 자신의 내면의 실상을 깨달으면 부처가 되는 것입니다. 그렇게 실상과 현상을 같이 바라보고 깨달아 가는 것이 바로 인생살이요, 부처님의 가르침입니다. 생활의 깨달음이 있고 실상의 깨달음이 있어서 이 두 가지 양단을 같이 쓸 수 있는 그런 사람이 바로 부처님 제자다운 도리를 하고 살아간다는 말입니다.

그렇다면 부처님을 믿고 의지하고 따르는 불자가 현실 생활 속에서 깨달음과 마주치면 어떻게 될까요? 균형 잡힌 삶이 됩니다. 그러면 모든 것을 인정하고 받아들이고 수긍할 줄 아는 삶이 되어 쉽게 깨지지 않는 행복한 삶을 살 수 있다는 것입니다. 이런 불자가 한 걸음 더 나아가 너와 내가 다르지 않구나, 청명한 하늘과 천둥 번개 치는 하늘이 둘이 아니구나 하는 불이법문不二法問에 다다르면 가슴이 뜨거워지고 보리심이 일어나게 됩니다. 그러면 자연히 부처님 종성의 지혜가 생깁니다. 그렇게 실상의 깨달음으로 가는 것입니다. 여러분, 이런 생각만으로도 행복하지 않습니까. 이와 같이 전부 받아들이지 않는 것 같아도 다 받아들이는 것, 이 마음이 바로 실상의 깨달음이라는 것입니다. 그래서 삼라만상 우주 조화를 다 그와 같이 들여다보는 것입니다. 자연에서 꽃이 하나 피는 것도, 만개하는 것도 그와 같이 들여다보니까 자비한 마음이 생기고, 너와 내가 둘이 아니라는 것도 생기니 당처 근본을 알게 되는 것입니다.

우리가 가거나 오거나 서거나 앉거나 눕거나 심지어 잠을 자더라도 중생의 생활에서 벗어날 수 없습니다. 아무리 발버둥쳐도 벗어날 수 없다면 왜 괴로워합니까? 이미 벗어날 수 없는 거 받아들이고 나면 괴로워할 것이 없습니다.

그 생활을 받아들이고 '아, 이것이 업력이고 복력이고, 이것이 알아야 할 것이다'라고 인정하고, 부처님의 자식으로 들어와서 믿고 따르고 의지하고 공경하고 공양하고 찬탄하고 예배하면서 눈물이 쏙 빠지도록 기도를 제대로 해보아야 합니다. 기도를 제대로 해보지 않으니까 집착이라는 소리도 하는 것입니다. 기도를 제대로 하고 제대로 깊이 들어가면 '아, 부처님은 모든 걸 아시고 보시고 들으시고, 내 옆에 계시는구나! 빛과 같은 영원한 존재로구나'라는 것을 알게 될 것입니다.

여래수량품에서 부처님께서는 이번 현세 석가모니 부처님이 되시기 전 시작부터 본래 부처였다고 밝히십니다. 그 다음 부처님의 수명이 한량이 없다는 것을 알아서 믿고 모든 중생이 보리심을 내어 보살도를 행함으로써 구경에는 부처님이 된다는 사실을 분명하게 밝히신 덕목이 분별공덕품입니다. 부처님을 믿고 의지하고 따르는 바른 법화행자의 삶은 자기를 위하고, 남을 위하고, 모든 세계를 위하는 일도 된다는, 둘이 아닌 '하나' 불이법문不二法問입니다. 믿음으로써 실행함은 복덕자량을 쌓는 공덕功德임을 말씀하십니다.

바른 법화행자로 살아가는 것은 깨달음을 얻기 전까지 이 생활의 고통 속에서 벗어날 수 없습니다. "피할 수 없으면 즐겨라!" 이 말처럼 이미 벗어날 수 없는 것을 받아들이고 나면 괴로워할 것이 없지 않습니까. 깨달음을 얻는 이 공부는 긴 안목에서 보아야 합니다. 빨라야 백겁천생百劫千生 아닙니까? 그러니 늘 열 가지 악한 일(十惡)을 피하고, 늘 열 가지 착한 일(十善)을 행하겠다는 행동 강령을 마음에 깊이 새겨야 합니다. 그러면 귀한 사람 몸을 받은 본전은 잊어버리지 않습니다. 더불어 복덕자량도 증장될 수도 있습니다. 착한 일이라고 생각하며 남을 돕고 자기가 한 행동을 자랑하면 복덕자량으로 갈 것이 자만과 오만에게 다 먹혀버립니다. 그래서 부처님께서 『금강경』에서 무주상보시無主相布施, 머무는 마음 없이 주라고 하셨습니다. 준다는 마음도, 받는다는 마음도 없어야 한다는 말입니다.

아무리 생활 속 현상의 깨달음과 아직은 분명하지는 않지만 실상의 깨달음을 조금 가지고 있어도 이 세상 고통의 바다에서 완전히 자유롭지는 못합니다. 그럴 때 마음에 새겨 힘을 내는 것이 '내가 짓고 내가 받는구나!', 자작작수自作作受 이 네 글자입니다. 고통스런 상황에 처했을 때 이보다 마음을 바꾸기에 좋은 말이 없는 것 같습니다. 이렇게 해서 스스로를 알아차리고 사는 것이 힘들고 어렵고 고단할 때마다 절에 가서 부처님 앞에 가서 기도하세요. 참회하고 기도하고 부처님 앞에 가서 응어리진 것을 풀어내고는 『법화경』 사경을 꼭 해야 합니다.

사경은 몸과 마음으로 부처님을 모시는 길입니다. 사경은 항상 부처님을 모시고 살아가는 증표입니다. 한 글자 한 글자가 부처님 진신인 것입니다. 이러면 어떤 일이 일어날까요? 바로 복력이 구족해집니다. 나 자신의 현세의 복력은 물론이고 다음생의 복력까지 구족해지며, 나아가 내 자손의 복력이 구족해집니다.

매일 얼마씩이라도 사경하겠다는 마음을 먹고 빠트리지 않고 꾸준히 하면 분명히 그 과보가 따릅니다. 그렇게 매일같이 노력해 나아가면 자주 깨달음이 떠오릅니다. 그것은 지혜가 증장되기 때문인데, 그 알아차림이 잦으면 또 깨달음이 오고, 깨달은 대로 자꾸 추구하다보면 자꾸 더 발전하는 깨달음을 가져오게 되어 있습니다.

부처가 되려면 부처님과 같아야 합니다. 부처님이 롤 모델이면 부처님을 닮으려고 부단히 노력해야 합니다. '무엇이 무엇이 똑같을까 젓가락 두 짝이 똑같다'는 동요가사처럼 같아져야 합니다. 부처님과 똑같아지려면 부처님 자녀로 그분의 유전자를 받는 것이 가장 정확한 길일 것입니다. 『법화경』 신해품에 나오는 부모 잃은 고아처럼 고향으로 돌아와 부자 아버지를 만나야 합니다. 우리는 믿음으로 부처님을 아버지로 모시는 것입니다. 부처님을 모시고 믿고 의지하고 따르는 자녀로 아버지 부처님과 똑같아지려면 그 가르침을 잘 따라야 합니다. 부처님께서 『법화경』이 얼마나 귀중한 경전인지 말씀하시며, 또한 이 경전을 수지하고 독송하며 사경하고 그 뜻을 주위에 알리는 공덕을 누누이 말씀하셨습니다. 그렇게 하면 됩니다.

깨달음은 저 멀리 있는 것이 아닙니다. 깨달음은 나와 함께 있는 것이고, 내 생활 속에 있는 것이고, 내 마음속에 있는 것이지, 깨달음이 꼭 공기 좋고 물 좋은 데 있는 것도 아니며, 또한 목탁을 치고 앉아 있어야만 얻을 수 있는 것도 아닙니다.

내가 진실한 마음을 일으키고 그 마음속에 오로지 일구월심, 부처님의 가르침을 되새기고 그 가르침이 정말로 우러나며, 부처님의 가르침이 눈물나게 반갑고 고맙고 감사해져야만 진정한 부처님 제자라고 할 수 있을 것입니다.

분별공덕품과 여래수량품은 부처님의 진리를 그대로 드러내놓고 보여줍니다. 우리는 단지 그것을 믿고 따르고 의지하고 공경하고 공양하며, 또한 우리 역시 몸과 마음을 부처님 앞에 드러내놓고 참회하고 기도하면 된다는 가르침입니다.

問 제가 다니는 절에 환갑이 넘은 언니가 있는데요, 어느 날 누군가가 언니에게 심부름을 시켰답니다. 그러자 그 언니가 50대들도 있는데 윗사람인 자기에게 심부름을 시킨다

며 따져 묻고는 몇 개월째 절에 안 나오고 있습니다. 저를 예뻐하는 언니인데 안타까워서 전화를 했습니다. "언니 왜 안 나와요?" "그런 일이 있어서 내가 미안해서 못 가겠다." 이럽니다. 스님이 전화를 드렸는데도 안 나옵니다. 좋은 해결 방안이 없을까요?

答 60대 나이면, 100세 시대인 요즘에 좀 어정쩡합니다. 요즘 절집에는 팔구십 된 정정한 노보살님들이 많이 계십니다. 그러다보니 그런 일이 벌어졌겠지요. 아마 칠팔십 드신 보살님들이 옆에 50대 보살님들도 있는데 그 보살님에게 심부름을 시킨 것이 화근이 된 것 같습니다. 그런데 언니 보살님과 나이 많은 노보살님 사이에 원래 안 좋은 감정이 있을 수도 있거나, 언니 보살님이 평소에 쌓인 게 많다가 그 심부름으로 터진 것일 수 있습니다. 이런 문제는 절집뿐 아니라 인간이 서로 부대끼는 곳에서는 흔하디흔한 일입니다. 그런 사건이 터지는 이유는 자존심 때문입니다. 어느 때 사람이 최고로 화가 일어나고 분노가 폭발하는지 심리학자가 연구하고 통계를 내보니 자존심이 상했을 때라고 합니다. 다시 짚어 봅시다. 언니 보살님은 그 심부름하기가 싫은 것이 아니라 그 옆에 있는 50대 젊은 후배를 두고 자기에게 심부름을 시켰다는 이유 때문에 마음이 상한 것입니다. 자존심에 상처를 받은 것입니다.

『금강경』에서 부처님은 아상我相·인상人相·중생상衆生相·수자상壽者相 이 네 가지 상에 집착하지 말라고 하셨습니다. 무명에 쌓인 중생들은 '나, 내 것'이 없음을 알지 못하고, 환상 속에서 허상을 잡기 위해 허우적거리며 살아갑니다. 그 중심에 자존심이 자리 잡고 있습니다. 언니 보살은 그 자존심에 사로잡힌 것입니다.

물론 지혜롭지 못하게 심부름을 시킨 노 보살도 문제가 있지만 이번 인생을 잘 살려면 마음을 바꿔서 절에 나와야 합니다. 다니던 절이 싫다고 다른 절로 도피하면 어느 때라도 다시 그 문제에 걸립니다. 자존심, 그거 쓸데없습니다. 그래서 부처님께서 내가 없음, 무아無我를 말씀하신 것입니다. 부처님이 우리를 보시는 눈은 자애한 눈입니다. 불쌍한 중생이 "도와주십시오." 했을 때 도와주려는 마음입니다. 그와 같은 마음을 써야 하는데, 어른 대접만 받고 싶어 했다는 자체는 불자로서 하심下心한 바가 없는 것입니다. 이것들을 고치고 부처님 앞에 가서 기도하는 그런 불자가 되었으면 합니다.

 합장하겠습니다.
거룩하고 대자대비하신 부처님 감사합니다.

오늘도 여래수량품과 분별공덕품으로써 생활 속 깨달음과 실상 당처의 깨달음을 함께 공부하였습니다. 이렇게 『법화경』을 수지하고 독송하고 사경하며 부처님을 따르고자 애쓰는 저희 불자들을 거룩하신 부처님의 품으로 다 인도해 주시기를 지극한 마음으로 발원합니다.

나무석가모니불 나무석가모니불 나무시아본사석가모니불.

15

기꺼이 따를 줄 알아서 구별된
인생을 살자

수희공덕품

올 여름은 유난히 더웠습니다. 더위에 관한 여러 기록을 갈아치우더군요. 하지만 그 무더위도 물러가고 어김없이 선선한 가을이 왔고, 곧이어 춥고 눈 내리는 겨울이 올 것입니다. 그러면 우리는 '아이! 추워.' 하면서 얼른 겨울이 가기를 바라겠지요.

세상살이도 마찬가지입니다. 내가 지금 어렵고 힘들고 고통스럽고, '이 일을 어쩌지?' 하며 방황해도, 그 자리를 그대로 묵묵히 지키고 있으면 다 지나갑니다. 모든 것은 변하고 모든 것은 지나간다는 것만이 진리라고 합니다. 모든 것은 지나간다는 믿음으로 참는 힘이 필요합니다. 비록 어렵고 힘들더라도 가족끼리 서로 의지하고 가정을 지키고 나아갈 때 보금자리가 되고 삶의 희망이 됩니다. 당장 닥친 고통에서 도피하여 싫다고 훌쩍 떠나버리면 그 인생은 늘 그런 식으로 도망만 다니다 별 볼일이 없어집니다. 그래서 어차피 이 세상은 고통의 바다이고 그 고통은 지나간다는 긍정적인 마음을 가지고 살다보면 어느 날 죽음이 닥쳤을 때 '아 내가 그래도 한 평생 잘 살았다.' 하고 갈 수 있는 그런 후회 없는 인생이 될 수 있는 밑천이 됩니다. 그래서 지금 현실이 힘들고 좀 어렵고 부족하더라도 그 자리를 철저하게 지키고 그 자리에서 다시 일어서려고 노력하면 가을바람에 삼복더위가 사라지듯 고통 뒤에 기쁨이 올 것입니다. 주어진 상황에 감사하고 그곳에서 시작한다면, 우리의 삶이 밝아지고 윤택해지고 미래의 희망과 비전이 생길 것입니다. 지금 이 자리가 지옥 같더라도 그 자리에서 보살도가 꽃피는 것이지 새삼스레 자리를 옮긴다고 그곳에서 꽃이 피어나는 것은 아닙니다. 이와 관련하여 오늘 공부할 내용은 수희공덕품입니다.

우리들 삶이 고단하고 어렵고 힘들어서 시간이 도저히 가지 않을 것 같아도 시간은 가고, 현재의 이 고통이 영원히 갈 것 같고 이 지옥에서 어떻게 살아갈까, 라는 생각에 막막하고 절망스럽다고 해도 모든 것은 변하고 모든 것은 지나갑니다.

삼복더위 땡볕을 견디지 않으면 가을 추수를 할 수 없습니다. 인내하고 기다리는 것이 우리 인간의 숙명이 아닐까 싶습니다. 누구나 각기 삶의 무게라고 하는 고통이 있습니다. 고해, 누구도 피해

갈 수 없는 것이 사바세계의 고통입니다. 가난한 사람은 부자들은 고통이 없을 것이라고 생각하기 쉽습니다. 그렇지 않습니다. 병든 사람은 건강한 사람을 보면 고통이 없을 것이라고 짐작하지만 그렇지 않습니다. 들여다보면 누구나 힘들고 고통스럽습니다. 2,30대는 2,30대대로, 4,50대는 또 그들대로, 인생 후반기인 6,70대 역시 그들대로의 고통이 있습니다. 그래서 그 고통, 생로병사의 고통스런 인간의 한계를 어떻게 돌파하는가를 보여주시려 본래 부처였던 부처님이 카필라바스투 성의 왕자로 인간 몸을 입고 오신 것입니다. 그분이 우리 중생에게 보여주신 대로 믿고 의지하고 따르는 삶을 살아야 하는 가장 중요한 이유입니다.

그래도 금생에 사람의 몸을 받아 태어난 게 얼마나 다행한 일입니까. 인간세상은 고통의 바다이지만, 열심히 수행해서 깨달음을 얻어 부처님의 해탈 경지에 이를 수도 있고, 생을 마치고 극락에 갈 수도 있는 여건과 환경이 조성되어 있기 때문입니다. 그렇다면 어떻게 극락에 가고, 어떻게 깨달을 수 있을까요? 간단합니다. 우리가 중생으로서 행하고 있는 그 업력, 그 습관을 버리면 됩니다. 그게 바로 '나 없는 나의 삶을 살라'는 부처님의 가르침입니다.

'나'라는 존재를 갖고 산다는 것은 어두운 밤길을 헤매며 살아가는 것과 같습니다. 나라는 존재는 대접받기 좋아하고 칭찬받기 좋아하고 사랑받기 좋아하지만, 이걸 맞춰줄 타인은 존재하지 않습니다. 이 꿈에서 못 깨어나니까 항상 불만족스럽고 불안하고 불행하게 느끼는 것입니다.

이 사람의 마음에는 하나부터 열 가지 전부 부정적인 생각들이 가득 차 날이 갈수록 그 싹이 자라나 갈수록 괴로움이 더 심해집니다. 이것을 빨리 알아차리고 바꿔줘야 합니다. '아, 나라는 존재는 늘 대접받기 좋아하는구나!' 이렇게 알아차리고, '아~! 내가 나를 없애버려야 되겠구나!' 이렇게 확 바꾸어야 합니다.

이렇게 나라는 존재를 없애면 자비심이 생기기 시작합니다.

'아, 당신이 있어서 내가 행복해.' '우리 가족이 있어서 다행이야.' 주위를 돌아보면 다 고마운 존재들이고, 따라서 다 소중하게 여겨집니다. 이럴 때 상대에 대한 존중과 배려가 생겨납니다.

우리들은 누구에게 상처를 받을까요? 의외로 가까운 사람에게 가장 많은 상처를 받습니다. 때문에 트라우마가 되는 상처를 가장 많이 주고받는 것은 가족입니다. 어린 시절 가족과 주위에서 상처를 받고 자라나고, 더욱이 학교와 사회에서 상처를 받으면 그 상처는 깊어집니다. 그러면 모든 사람을 원망하고 심한 경우 정신병을 앓거나 술에 중독되고 약에 중독되고 이런 식으로 살아가는 사람들이 너무 많다고 합니다. 그래서 정신병을 앓는 사람이 갑자기 난동을 부려 지나가던 사람들이 다치고 심지어는 죽기도 합니다.

결국 바깥 경계에 휘둘려 생기는 끝없는 욕심을 내려놓아야 합니다. 욕망은 결코 충족되지 않습니다. 욕망은 더 많은 욕망을 끝없이 갈구합니다. 천만 원이 있으면 일억을, 일억이 있으면 10억을, 10억이 있으면 100억을 원합니다. 그러니 100억을 가져도 행복하지 않습니다. 더 많이, 더 풍족하게, 더 화려하게, 이렇게 쫓아다니며 인생을 허비하고 맙니다. 결국 소욕지족少欲知足, 주어진 것에 감사하고 받아들이는 것에 행복이 있습니다. '나'라는 존재를 없애야 성공한 삶, 행복한 삶을 살 수 있습니다.

나를 내세우면 항상 남편을 탓하고 아내를 탓하고 동료를 탓하고 사회를 탓하게 되어 주변과 부딪히고 화목하지 못합니다. 반면, 나라는 존재를 없앨 때 자기가 잘못한 것을 알게 됩니다. 내가 지금 받는 모든 것은 내가 지은 업 때문이라는 것을 받아들일 때 저절로 참회가 됩니다. 진실되게 참회하면 먼저 내가 바뀌게 되고, 그리고 상대도 바뀝니다. 자신은 절대 바뀌지 않으면서 상대방이 바뀌기를 바라는 것은 이루어질 수 없는 욕심입니다. 내가 먼저 바뀌어야 합니다. 참회를 하면 '어두운 나'에서 깨어나 '밝은 나'로 바뀌게 됩니다. 그 밝음이 주위 사람들을 밝게 만듭니다.

이렇게 우리는 기존의 나를 다 버리고 다시 태어나야 됩니다. 그런데 다시 태어나는 씨앗이 되려면 자기 자신이 썩어 문드러져야 합니다. 씨앗이 자기 자신을 고집하고 변하지 않으면 싹을 틔울 수가 없습니다. 씨앗이 썩어야 거기에서 싹이 나오고 줄기가 되고 잎이 나오고 꽃이 피며, 결국에 많은 열매를 맺을 수 있습니다. 자기를 썩히는 것, 이것이 희생입니다.

씨앗이 썩는 것은 자기를 죽이는 것입니다. 하지만 자신을 죽임으로써 수많은 꽃을 피우고 열매를 맺습니다. 이게 바로 보살행입니다. 자신을 희생하고 자신을 죽여 보리심의 열매, 깨달음의 열매를 맺는 사람이 바로 보살입니다.

　용서와 감사만큼 행복으로 가는 지름길은 없을 것입니다. 누굴 미워하고 원망하는 마음이 있다면 불행한 것입니다. 그 불행에서 자신을 건지는 방법이 용서입니다. 그렇게 용서가 있은 다음에 감사가 뒤따라야 합니다. 아침밥을 먹으며 아침밥을 차려 준 아내에게 감사하고, 밥상에 올라온 쌀과 반찬을 생산한 농부와 어부의 노고에 감사하고, 버스를 타고 출근하며 운전기사와 차를 정비한 분들에게도 감사하고, 이렇게 하루를 감사하며 살면 불행할 겨를이 없습니다. 용서하고 감사하는 마음이 불자들의 자세가 되어야 합니다.

　용서와 감사보다 더 큰 마음이 수회찬탄隨喜讚嘆입니다. 수회찬탄이란 다른 사람이 착한 일을 하거나 공덕을 짓는 모습을 보고 함께 기뻐하고 찬탄해 마지않는 마음가짐입니다. 희유하게도 수회공덕품에서는 『법화경』을 읽으며 기뻐하고 남에게 알려주는 공덕을 부처님께서 수회찬탄하십니다. 무명에 잡힌 어리석은 중생들은 자기도 착한 일을 하지 않을 뿐만 아니라 남이 하는 착한 일에조차 넉넉한 마음으로 동참하지 못하며, 어떤 경우는 위선이라고 매도하기까지 합니다. 자신이 여력이 없어서 공덕을 짓지 못할 때에는 남이 짓는 것을 기뻐해 주는 것만으로도 공덕이 되는 수회찬탄도 실천하지 못하면서 살아가는 것이 요즘 사람들입니다.

미륵보살님이 부처님께 "부처님, 선남자 선여인이 『법화경』을 듣고 따라 기뻐한다면 얼마나 되는 복을 얻겠습니까?"라는 질문으로 수희공덕품이 시작됩니다. 수희공덕隨喜功德이란 듣거나 받아서 기뻐하는 복이라고 경전대로 말할 수 있습니다. 중국 천태종의 지자 대사님은 『법화경』을 논하며 수희의 공덕을 이렇게 말씀하셨습니다.

"깊은 가르침을 듣고 진리(理)를 따르니 진실의 공덕이 있고, 그 일(事)을 따르니 방편의 공덕이 있으며, 자기를 기쁘게 하니 지혜가 있음이며, 남을 기쁘게 하니 자비가 있다."

따라서 『법화경』을 설하시는 부처님의 깊은 가르침을 듣고 진리를 따르고, 우리 중생들을 믿음으로 구원하시는 그 크신 방편을 기뻐하고 찬탄하며, 이 『법화경』을 읽고 외우고 사경하고 남에게 전하여 남을 기쁘게 하는 공덕을 수희공덕이라고 하겠습니다. 부처님의 가르침에 따라서 기뻐하고 즐거워하고, 내가 부처님을 믿고 따르고 의지하면 수희공덕이 따릅니다.

수희공덕품은 부처님을 따르면서 기뻐하는 것입니다. 수희찬탄이 습관이 되면 억지로 하는 게 아니라 하나부터 열까지 소중하지 않고 감사하지 않은 것이 없게 돼 있습니다. 제일 큰 기쁨은 부처님을 만난 것이고, 생활 속에서는 내 옆에서 바르게 자라주는 내 자식들이 고맙고 가정을 위해 노력하는 남편이 감사하고 나쁜 일이나 좋은 일이나 함께 기뻐하고 슬퍼해주는 일가친척과 주위 사람들에게 감사하는 마음이 일어납니다. 그 다음에는 이 집안을 그래도 뼈대 있게 이끌어 온 조상들이 감사하고, 내가 이렇게 이 가정을 지켜달라고 열심히 부처님 앞에 와서 기도한 그것이 감사하고, 감사해지기 시작하면 세상이 밝아지기 시작합니다. 그러면 그렇게 감사한 모든 존재에게 보답하고 싶은 마음이 일어날 것입니다. 보답하는 가장 좋은 방법이 『법화경』을 전해 주는 것입니다. 『법화경』을 수지하고 독송하고 사경하며 주위 사람에게 전해 주는 공덕이 얼마나 큰지 설명해 주는 것이 수희공덕품입니다.

『법화경』을 수희찬탄하며 내가 행복하고 기꺼이 따르면서 즐거워하고 수지하고 독송하고 사경하면 아상, 인상, 중생상, 수자상이 없어집니다.

이제 스스로의 마음에서 관세음보살과 모든 보살님의 보살행적을 수희찬탄하며, 이렇게 우러난 마음을 가지고 부처님의 경전을 보면서 부처님 아버지를 닮기를 원하고, 부처님 속에서 내가 함께 가는 이 길이 보살님들이 걸어간 길임을 알게 되어 보살님들의 사업에 자신도 힘쓰고 싶은 마음이 간절해질 때 보살지경에 드는 것입니다. 결국에는 어디에 있든 항상 부처님과 함께하고 부처님 아버지가 순간마다 항상 아시고 보시고 들으시고 여러분을 잘 인도해 주시는 것입니다. 그러므로 여러분이 나쁜 길이나 삿된 길을 가지 않고 바르게 가게 돼 있는 것이 아닙니다. 이것을 기꺼이 따르는 마음은 그래서 수희는 기쁨 마음이고, 찬탄은 확연히 알아 마음에 새기는 것입니다.

부처님께서는 『법화경』을 수희하고 찬탄하는 공덕을 이렇게 말씀하십니다. "내가 이제 분명히 말하리라. 이 사람이 사백만억 아승지 세계의 육도중생에게도 모든 물질을 베풀어 오락 기구를 보시하고 또 아라한과를 얻게 하여 다시는 윤회를 거듭하지 않게 했다고 하더라도 그가 얻은 공덕은 이 50번째 사람이 『법화경』을 한 게송을 듣고 기뻐하며 51번째 사람에게 이 법을 편 것보다도 만분지 일도 안 된다. 어떤 사람이 재물을 가지고 보시를 하고 많은 사람에게 이익을 주고 평생을 그렇게 살았다 치더라도 이 『법화경』 한 구절을 가지고 여러 사람에게 내가 전한 뒤에 그 다음에 50번째 사람이 또 전한 그 공덕보다도 정말 못하다." 따라서 『법화경』을 늘 수지하고 독송하고 사경하는 공덕이 바로 상락아정 도솔천에 가는 지름길이요, 극락세계에 가는 지름길이요, 부처님 되어가는 지름길입니다.

　『법화경』을 믿고 따르고 의지하는 불자만이 진실된 불자로서 결정코 일승불을 이루어 가는 사람입니다. 따라서 우리는 수희찬탄하는 『법화경』의 공덕을 우선 가까운 사람에게 전해야 합니다. 가족으로부터 일가친척, 주위 사람들에게 전해야 합니다. 그러기 위해서는 우리가 부처님을 믿고 의지하듯, 우리들 각자가 따뜻한 사람이 되어 주위 사람들이 우리를 믿고 의지하는 마음을 낼 수 있도록 해야 합니다. 부처님 말씀을 기꺼이 따르고, 기꺼이 즐겁게 공부해 나가는, 바로 내 생활부터 그렇게 돼야만 보살도를 이루어 나가는 척도가 되고, 그것이 바로 『법화경』을 받아 지니는 51번째 사람을 만드는 것입니다. 자기 중심으로만 생활하는 사람이 '야!

이 『법화경』 좋아!' 하고 권하면 듣는 사람들이 콧방귀나 뀌지 귓전에 두지도 않을 것입니다. 우선 자신이 바른 행동으로 살아야 여러 사람에게 이익이 되고 큰 공덕을 이룰 수 있습니다.

먼저 나와 가장 가까이 있는 내 남편, 내 자식에게 『법화경』을 전해주고, 나아가 일가친척, 친구, 이웃집 등 내 주위를 밝힌다면 여러분은 아상, 인상, 중생상, 수자상 중에 아상을 없앤 자리에서 모두 함께 불국정토로 가는 지름길에 들어선 것입니다. 이렇게 생활 속에서 수희찬찬을 실천해 나간다면 우리 삶이 윤택해짐은 물론이고 우리 모두 부처님의 자식으로서 부처님께 더 가깝게 다가갈 수 있을 것입니다.

問 저는 요즘 살이 많이 쪄서 걱정입니다. 저녁을 굶어서라도 살을 빼려고 마음먹는데 몸이 안 따라주고 계속 찌기만 합니다.

答 정확히 말하면, 몸이 안 따라 주는 게 아니라 입이 안 따라 주는 것입니다. 이것은 음식 맛을 기억하는 거친 의식이 조종하는 것으로, 식탐食貪이라 합니다. 배가 불러도 자꾸 입에서 당기는 것은 마음의 부정적인 작용이에요. 어떤 사람들은 "아이고, 스님! 저는 물만 먹어도 살쪄요." 이런 말을 합니다. 속된 말로 뺑치는 소리입니다. 저는 이제껏 물만 먹어도 살찌

는 사람을 보지 못했습니다. 그렇게 말하는 사람을 자세히 살펴보면, 하루 종일 입을 그냥 두지 않고 계속 뭔가를 먹습니다. 먹으니까 찌는 거지요.

다른 사람에게 날씬해 보이기 위해 살을 뺀다는 것에는 저는 반대입니다. 그러나 건강을 위해 살을 빼야 한다면 자신을 알아차리는 훈련을 해야 합니다. '아, 내가 또 먹고 있네? 아, 내가 또 이러고 있네?' 스스로 이렇게 알아차리면 먹는 게 정이 탁 떨어질 것입니다. 그렇게 알아차림을 자꾸 자꾸 습관화시키면 됩니다. '아 또 먹으려고 하네?' 알아차리고 '아 또 먹으려고 하네?' 알아차리고, 이런 식으로 계속해 알아차려 나가면 그 알아차림과 동시에 먹고자 하는 마음이 떨어지게 됩니다. 그런 생각을 가지고 계속해서, 그것이 나중에는 완전히 습관이 되고 버릇이 되다보면 어느 샌가 홀쭉해진 배를 가질 수 있을 것입니다.

 합장하겠습니다.
거룩하고 대자대비하신 부처님 감사합니다.

오늘도 이 수희공덕품을 가지고 부처님을 기꺼이 따를 줄 알고 기꺼이 의지할 줄 알고 기꺼이 즐거워할 줄 아는 그런 불제자로 거듭나는 법문을 배웠습니다. 우리가 늘 부처님 아버지를 믿고 따르고 의지하면서 기도하는 그런 불자로 거듭나기를 간절히 기도드립니다.

나무석가모니불 나무석가모니불 나무시아본사석가모니불.

16
있는 그대로 보고 듣고 알고 뜻을 세우다

법사공덕품

저는 법사품의 주제를 '있는 그대로 보고 듣고 알고 뜻을 세우다'
로 잡아보았습니다. 우리 중생들은 업식業識이 많아서 있는 그대
로 보고 듣고 알지 못하기 때문입니다. 좋은 뜻으로 말을 해도 색
안경을 끼고 보고, 있는 그대로 순수하게 받아들이지 못하는 곤혹
스런 일을 당할 때가 많습니다. 세상이 전부 불신이 대세가 돼 있
는지는 모르겠지만, 적어도 불자만큼은 있는 그대로 보고 있는 그
대로 뜻을 세우고 있는 그대로 행할 것을 부처님께서는 법사공덕
품에서 말씀하십니다. 법사공덕품을 통해 우리 모두 불신의 벽을
깨고, 신뢰할 수 없는 이 허물을 뒤집어서 새롭게 불자로 거듭나
게 되기를 바랍니다.

법사공덕품은 부처님께서 상정진보살에게 『법화경』의 공덕을 설명해주는 이야기입니다. 즉 부처님께서는 『법화경』을 수지 독송하고 사경하고 다른 사람에게 설법을 해주면, 그 사람은 아비지옥에서부터 하늘 세계에서 제일 높은 유정천까지 알 수 있고 볼 수 있고 들을 수 있고 그리하여 다 이해할 수 있게 된다는 엄청난 말씀을 하십니다. 법사공덕품의 내용을 한번 보겠습니다.

　"설법자는 팔백 가지 공덕의 수승한 눈을 얻으리니 이 공덕으로 장엄되어 그 눈이 매우 청정해지리라. 그리하여 부모가 낳아준 보통 눈으로 삼천대천 온 세계 안팎의 산과 숲과 바다와 강을 다 볼 수 있고, 아래로는 아비지옥에 이르고 위로는 유정천에 이르기까지 그 속에 있는 모든 중생을 보리니, 비록 천안을 얻지 못했다 하더라도 육안의 힘만 해도 이 정도니라." 즉 법화경의 공덕으로 실상을 있는 그대로 다 볼 수 있는 눈이 열린다는 것입니다.

　또한 "일체 부처님께서 대중들에게 미묘 법문을 연설하시면 『법화경』을 지니는 사람은 그 법문을 다 듣고, 삼천대천 온 세계의 모든 소리, 즉 아래로는 아비지옥부터 위로는 유정천에 이르기까지 모든 소리들을 다 듣더라도 귀는 조금도 상하지 않으리니, 그 귀가 총명하고 영리하기에 이런 갖가지 소리를 다 분별하여 알아차리거늘 『법화경』을 수지하는 사람 아직 천이는 얻지 못했어도 타고난 보통 귀의 공덕만 해도 이미 이 정도니라."라고 하셨으니, 역시 『법화경』의 공덕으로 실상 그대로 다 듣는 귀가 열린다는 것입니다.

그러나 어리석은 우리 중생들은 한 치 앞을 모르고 살아갑니다. 그러니 늘 불안합니다. 미래를 모르니 불안하고, 물질적인 것들만 쫓으며 살다 보니 늘 초조합니다. 하지만 『법화경』을 수지 독송하고 사경하고 설법하는 공덕으로 세상 모든 일을 다 알게 되니 불안할 일도 초조할 일도 없게 됩니다.

제가 TV에서 도자를 굽는 가족 이야기를 본 적이 있습니다. 모두 4대가 함께 모여 우애 좋게 도자를 구우며 살아가는데, 똑같은 흙을 가지고 다 다른 것을 만들더군요. 할아버지는 큰 독을 만들고, 아들은 작은 옹이를 만들고, 손자는 두꺼비를 만들었어요. 같은 흙을 가지고 각자 다른 제품을 만든 거죠. 결국 제품은 다르지만 근본은 같다, 이런 말입니다. 모양새가 다르고 쓰임새가 다를 뿐이지 하나라는 것입니다.

우리 인간도 마찬가지입니다. 나라는 제품, 너라는 제품으로 따로 나와 있지만, 근본을 들여다보면 다 지수화풍 4대로 이루어진 같은 존재입니다. 실상으로 보면 모두 한 덩어리 흙이라는 소리입니다. 항아리든 옹이든 두꺼비든, 혹은 나든 너든, 서로 다른 존재가 아니라 하나라는 것입니다. 이것이 원융입니다. 이렇게 들여다보고 이렇게 아는 것이 제대로 된 부처님 제자입니다. 하지만 우리 중생들은 항상 색견을 가지고 구분을 지으려고 합니다. '나, 너', '내 것, 네 것', '좋아하고 싫어하고' 등등 분별심을 내어서 원융한 삶을 살지 못합니다. 모두가 하나라는 사실을 알지 못하고 개체적인 삶, 독선적인 삶, 이기적인 삶, 개인주의적인 삶에 빠져 오늘날 같이 삭막한 사회를 살아가고 있습니다. 이러니 서로 믿을 사람 없고, 의지할 사람 없고, 불신만 팽배해집니다.

물건들을 보면, 큰 것은 큰 것대로의 쓰임새가 있고, 작은 것은 작은 것대로의 쓰임새가 있습니다. 물건들도 그러할진대 하물며 사람이겠습니까? 우리 한 사람 한 사람이 다 소중한 쓰임새가 있습니다. 결코 '나는 별 볼일 없어. 나는 소중하지 않아.' 이런 생각을 가지지 말아야 합니다. 우리 모두는 수많은 세월 동안 수없는 난관을 헤치고 이 세상에 사람으로 태어났으니 크게 성공한 것입니다. 짐승으로, 아귀로 태어났으면 어쩔 뻔했습니까? 사람으로 태어난 것에 자부심을 가져야 합니다.

우리가 인간으로 태어나 부처님과 부처님 가르침을 만나, 내가 믿고 따르고 의지하고 기도하고, 내가 부처님 자식으로써 부처님처럼 살면 부처가 된다는 것을 알게 되었으니 얼마나 복 받은 인생입니까. 너와 내가 따로 둘이 아니라 하나라는 것을 알게 되니 서로 이해하고 용서하고 보듬어주고, 그리하여 내 가족은 물론이고 더 많은 사람들을 위하는 삶을 살아가게 됩니다. 이런 눈이 떠지게 하는 것, 즉 안근, 이근, 비근이 이런 식으로 전부 떨어져서 이와 같이 보는 자체가 바로 아귀세계에서 유정천까지 보는 것입니다.

부처님께서는 영취산에서 마지막 가르침인 『법화경』을 설하시며 팔만사천법문을 정리하십니다. 성문과 연각과 보살승으로 근기에 맞추어 설했지만 사실은 일불승—佛乘으로 '하나'다, 라고 결정지어 말씀하십니다. 부처님께서는 여래수량품에서, 보리수 아래에서 아뇩다라삼먁삼보리를 얻어 부처가 된 지 40년인 줄로 알지만, 사실은 아주 먼 아승기 전부터 부처였음을 밝히셨습니다. 그리고 이 법사공덕품에서는 이 귀한 『법화경』을 다른 사람에게 전하면 아라한과와 보살의 경지에 들어야 얻는 여섯 가지 신통력을 부모에게 물려받은 안이비설신의 육근六根으로 얻는다고 하셨습니다. 이것은 모든 것을 있는 그대로 보고 듣고 아는 능력을 가지게 됨을 의미합니다. 그리고 이렇게 실상을 제대로 볼 수 있는 눈을 가지고 보면, 모든 것이 '하나'라는 것을 알게 됩니다. 이것이 바로 '공'이고 '무'입니다.

다른 사람에게 법을 제대로 전하는 방법 중에 최고는 모범을 보이는 것입니다. 그리고 모범을 보이는 데 가장 중요한 요소는, 참고 인내하며 자신을 내세우지 않는 것입니다. 우스갯소리로, 선생님 똥은 개도 안 먹는다고 하지요. 아이들을 가르치기 위해 속이 썩을 정도로 참고 인내한다는 말입니다. 자존심이 센 사람은 화를 잘 내서 남을 가르치기가 힘듭니다. 사회생활에서도 다른 사람에게 신뢰를 받는 사람들은 대부분 자신을 낮추고 남을 높여주는 사람입니다.

사실 나의 귀, 나의 눈, 나의 코, 나의 입, 나의 몸, 나의 뜻, 이게 전부 전도되어 가짜로 포장이 되어 있으니, 우선 '나'부터 가짜고 인생도 가짜고 세상도 가짜입니다. 그러니 '나'라고 내세울 것도 없고, 나와 너가 다르다고, 이건 내것이라고 다투고 우길 것도 없습니다. 이런 마음으로 세상을 살면 우선 내가 편안하고 내 가족이 편안하고 내 주변 모두가 편안하게 됩니다.

미국의 어떤 박사가 쥐를 가지고 실험을 하다가 실수로 쥐에게 미세한 전기를 흘려보냈습니다. 그런데 쥐의 전두엽에 미세한 전기가 전달되자 쥐는 쾌락을 느끼게 되었고, 그렇게 전기 자극을 받은 몇몇 실험용 쥐들은 계속해서 전기가 흐르는 그곳으로 쫓아오더랍니다. 그러자 그 박사는 전기 자극을 받는 장소에 장애물을 설치하였습니다. 이렇게 지렛대를 하나 설치하고 지렛대를 힘들게 통과하면 전기를 흘려 쾌락을 느끼도록 해주자 쥐들이 하루에도 몇 천 번씩 지렛대를 넘어 다니는데, 코피가 터지도록 반복하더라는 것입니다.

이렇게 쾌락을 쫓아가는 재미에 고통을 잊어버리는 이것이 세속적인 삶입니다. 그러다보니 칼날에 혀를 베어 피를 줄줄 흘리는 고통도 꿀맛 때문에 잊어버리게 되는 것입니다. 코피를 흘리면서까지 전기 자극을 받으러 고통 속으로 뛰어드는 실험용 쥐들과 인간이 다를 것이 무엇이 있습니까? 실험용 쥐들이 전기 자극에 집착하듯이 우리 중생들은 불타는 집에서 장난감놀이에 집착해 있는 것입니다.

부처님은 쾌락적인 삶이 아니라 해탈과 열반을 말씀하십니다.

쾌락적인 삶에 물들지 말고, 비록 어쩔 수 없이 세속에 살더라도 부처님 법을 배우고 실천해서 바른 삶을 살아야 합니다. 그리고 그래야만 아귀, 지옥, 축생의 삶을 면하고 천상의 삶을 보장받을 수 있습니다. 나아가 천상, 아귀, 축생, 지옥, 수라, 인간세상을 끝없이 도는 육도윤회의 쳇바퀴에서 벗어나 니르바나, 영원한 삶을 살 수 있습니다.

다시는 육도윤회하지 않는 가르침을 담고 있고, 천하의 모든 것을 내가 가지고 쓰고 살 수 있도록 해주는 것이 바로 부처님 법입니다. 부처님을 믿고 따르고 의지하고 공경하고 찬탄하고 예배하고 기도하면서, 사람 몸을 받고 태어난 지금 노력해야 합니다. 세상과 인연을 맺은 지금 바로 성불의 씨앗을 심어야 합니다. 이것이 법사공덕품의 가르침입니다. 그런데 이렇게 중생의 삶 속에서 부처님의 가르침을 실현하는 것은 정법에 어긋나는 것이 아닙니다. 경전을 보겠습니다. "이 뜻을 알고 능히 게송 한 구절을 연설하여 한 달로부터 넉 달 내지 일 년에 이르기까지 법을 설한다면 그 뜻을 따라서 설한 법은 모두 실상과 서로 어긋나지 않으며, 만일 속세의 정서나 세상을 다스리는 언어나 학설이나 생활하는 방법이나 직업 등을 설할지라도 다 정법에 따르게 되리라." 부처님 법은 흠 하나 없이 모두 고르고 실상과 서로 어긋나지 않으며, 만일 속세의 정서나 세상을 다스리는 언어나 학설이나 생활하는 방법이나 직업 등을 빗대어 설할지라도 다 정법에 따르게 된다는 말입니다.

우리는 생로병사의 고통, 사바세계의 고통을 결코 피할 수 없습니다. 오히려 고통을 직시하고 고통의 바다에서 허우적대는 우리 삶을 싫어하는 마음을 내어야 출리심出離心이 일어나고 염리심厭離心이 일어나는 것입니다. 그러나 사바세계에서 그 마음을 자기 의지로 지켜나가는 것은 너무도 힘이 듭니다. 이때에 믿음이 필요합니다. 부처님을 믿고 따르고 의지하며 『법화경』을 수지 독송하고 사경하면서 주위에 『법화경』을 알리며 하루하루 꾸준히 나아가야 합니다.

問 저는 초보 불자여서 그런지, 법당에 가면 집중이 잘 안되고 기도를 어떻게 드려야 될지 모르겠습니다. 기도 잘하는 법을 알려주시기 바랍니다.

答 출가자인 저도 기도할 때 집중이 잘 안 되는 경우가 있습니다. 여러분들은 더하겠지요. 집중이 안 되는 것은 번뇌 망상 때문입니다. 마음을 차분히 내려놓고 기도하려고 하지만, 실제로는 어떻습니까? 오만 잡생각이 다 들어옵니다. '월말인데 공과금을 냈나?' 이런 생각으로부터 시작하여 아무개 아들 결혼식이 언제더라, 그러다가 집에 가스불은 잠갔는지 안 잠 갔는지에 이르면 기도고 뭐고 급하게 집으로 달려갑니다. 이것이 번뇌 망상이 기도를 방해하는 순서입니다.

하지만 번뇌도 보살이다, 라는 말이 있습니다. 번뇌가 있어야 수행을 하고, 기도를 하고, 그러면서 점점 내가 가진 버릇과 습관을 버리고 부처님을 닮아가게 된다는 것이죠. 계속해서 기도하다보면 어느 순간 번뇌가 뚝 끊어져 버립니다. 그러니 번뇌를 두려워하지도 귀찮게 생각하지도 말고, 다 보살이 되는 길이라고 긍정적으로 생각하고 꾸준히 기도해 가시기 바랍니다. 그러다보면 또한 기도의 좋은 과보를 받으실 수도 있을 것입니다.

 합장하겠습니다.

거룩하고 대자대비하신 부처님 감사합니다.

오늘 법사공덕품의 공부를 통해 너와 내가 근본에서 보면 모두가 하나임을 알았습니다. 본래 공한 도리를 알고 본래 이치를 따라서 열심히 공부하는 불자로서 거듭나, 열심히 『법화경』을 사경하고 여러 사람에게 법을 전하는 부처님의 자녀로 거듭나서 궁극에는 부처가 될 때까지 지치지 않고 나아가게 되기를 간절히 기원드립니다.

나무석가모니불 나무석가모니불 나무시아본사석가모니불.

17
칭찬을 먹고 사는 사람들

상불경보살품

올 여름은 유난히도 더웠습니다. 당연히 냉방을 위한 전기 소비가 늘어났고, 누진세 전기료 폭탄으로 국민들은 더 짜증나는 여름을 보냈습니다. 이번 장의 주인공인 상불경보살의 인욕심이 필요한 때인 것 같습니다.

부처님께서는 상경불보살이 전생의 당신이었다고 말씀하시며, 득대세보살에게 왜 상불경보살로 불리었는지를 말해줍니다. "득대세야, 무슨 인연으로 이름이 상불경이라 하는지 아느냐? 이 비구는 여러 비구, 비구니, 우바새, 우바이들을 보면 그들을 예배하고 찬탄하면서 이렇게 말하였느니라. 나는 그대들을 깊이 존경하고 감히 가볍게 보거나 업신여기지 않노라. 왜냐하면 그대들은 모두 보살도를 행하여 반드시 부처님이 되실 분들이기 때문이다." 즉 그는 다른 사람들을 낮춰보거나 업신여기지 않고, 만나는 사람 모두에게 당신은 반드시 성불하실 분이라고 수희 찬탄을 했기 때문에 상불경보살이라는 얘기입니다.

하지만 당시 현실로 돌아가 생각해 보면, 그는 가장 불경스러운 사람, 참으로 불경스러운 사람으로 취급 받았기 때문에 이런 이름으로 불렸을 것입니다. 왜냐? 그는 만나는 사람마다 "당신은 앞으로 성불할 것입니다.", "당신은 앞으로 부처가 될 것입니다." 하며 수기를 주었기 때문입니다. 그러자 사람들은 "되지도 않은 인간이, 아니 도 닦는 나보고, 공부하는 나보고 네까짓 게 뭔데?" "뭐 저런 인간이 있어?" 하면서 그에게 욕을 하고 대놓고 핍박을 하고 심지어 돌멩이나 막대기로 때리기도 했던 것입니다. 그럼에도 상불경보살은 도망을 가면서까지도 "당신은 앞으로 부처가 될 것입니다."라고 하였습니다.

제가 상불경보살품 주제를 '칭찬을 먹고사는 사람들'이라고 정한 이유는 사람은 칭찬을 먹고 사는 것으로 보았기 때문입니다. 사람은 꿈을 먹고 산다고 합니다. 미래라는 꿈을 먹고 사는데, 그렇다면 꿈을 가지기 전에 뭐가 필요할까요? 어린애 때부터 걸음마만 해도 "어이구, 잘한다. 어이구, 잘한다." 엄마는 아이가 걸음마를 떼는 것만 봐도 너무너무 신기하고 너무너무 좋아서 "아이고, 잘한다. 잘한다."라고 합니다. 엄마의 '잘한다.' 소리에 아이는 더

신이 나가지고 더 뛰잖아요. 인간은 칭찬을 받을 때 삶의 성취감과 자신감으로 행복합니다. 칭찬으로 성취감과 자신감이 있는 아이는 자신의 꿈을 향해 열심히 잘 갑니다.

칭찬은 고래도 춤추게 한다는 말이 있습니다. 예전에는 놀이공원에 가면 가장 인기있는 프로그램 중에 하나가 돌고래 쇼였습니다. 돌고래는 사람만큼 똑똑하다고 합니다. 돌고래를 새끼 때부터 훈련을 시키는데, 가장 어려운 묘기가 춤을 추게 하는 것이랍니다. 조련사가 훈련을 시키며 잘 따라하면 생선 등의 먹이를 상으로 주는데, 잘 못했어도 사람에게 하듯이 "너는 참 잘할 수 있어!" 말을 해주며 먹이도 주고 칭찬도 해주니 돌고래들 스스로가 금방 틀린 데를 바로잡아 조련이 잘 되더랍니다. 그래서 칭찬은 고래도 춤추게 한다는 말이 나왔답니다.

하지만 이 사바세계는 이원성二元性이어서, 이런 칭찬의 긍정적인 면도 있고 부정적인 면도 있습니다. 칭찬에 중독이 되면 부작용이 나타납니다. 어릴 때부터 칭찬에 익숙한 아이들은 칭찬의 달콤함에 빠져 명예욕이 강해집니다. 남에게 잘 보이고 싶고 남보다 더 나아 보이고 싶고 주위 사람들에게 어떻게 하든지 내가 대단한 사람으로 보이고 싶어 하는 것입니다. 나중에는 누가 알아주지 않아도 스스로 잘난 척을 하면서 교만이나 오만을 떨게 됩니다.

그래서 우리가 아이들을 교육할 때 칭찬과 야단을 번갈아 잘 써야 하는 것입니다. 지금 부모세대가 되는 30, 40대의 새내기 부모들은 사실 고생을 모르고 자란 세대입니다. 그리고 전체보다는 개인주의로 살아온 가치관을 가지고 있기 때문에 자기 것은 특별하다는 관념이 작용하는데, 자기가 낳은 아이가 얼마나 특별하겠습니까. 그래서 '내 자식을 위해서 하늘에 별도 달도 있는 것이고, 이 세상 천지만물이 우리 자식을 위해 있는 것이다.' 이런 태도로 아이를 키웁니다. 잘했을 때 칭찬을 하는 것은 기본이고 잘못된 행동에도 야단을 쳐서 바로잡으려는 마음조차 없이 칭찬 일변으로 공주와 왕자로 키웁니다. 하지만 이렇게 오냐오냐 대접받으며 공주병 왕자병에 물든 아이들이 힘든 세상을 잘 헤쳐 나갈 수 있을지 걱정입니다.

사람이 나이가 들면 삼지三知, 즉 세 가지를 잘 알아야 현명하다고 했습니다. 이것은 멈춰야 할 때 멈출 줄 알고, 분수를 지킬 줄 알고, 욕심을 내려놓고 만족할 줄 하는 것입니다. 이 세 가지 마음을 적절히 쓰는 사람이 행복한 삶을 가꿀 수 있습니다.

이걸 못하니 어떻습니까? 명예욕으로 그냥 높은 자리에만 올라가려 하고, 높은 자리에 오르면 부정부패를 저질러 자기 뱃속만 채우려고 합니다. 부정부패로 국민의 피를 빨아먹은 자들이 잘 되는 것을 못 봤습니다. 그와 같은 명예욕은 어렸을 때 칭찬중독에서부터 자라납니다. 잘하나 못하나 칭찬만 하는 부모 밑에서 아이는 자기만 아는 괴물로 자랍니다. 부모는 자기를 늘 칭찬하고 자존심 대단한 왕자로 대하는데 세상 사람들은 자기를 그냥 데면데면하게 보면 복수심까지 일어나 모든 사람을 자기 발아래에 두고 싶어 합니다. 그래서 세상을 지배하려는 명예욕과 재물욕 두 힘을 숭배합니다. 어렸을 때부터 칭찬만 해줄 것이 아니라 잘못된 행동은 바로잡도록 야단을 쳐야 합니다. 예를 들면, 아이들이 어릴 때 '지지'라는 것을 가르치잖습니까. 아직 말을 잘 못 알아들을 때, 손 대면 안 될 것에 손을 대면 '지지'라고 그러지요. 그치라는 소리에요. 그만두라는 소리에요. 그것은 안 된다는 따끔한 소리잖아요. 그렇게 아이들 교육을 따끔하게 훈육해야 합니다.

옛 어른들은 백일 무렵부터 인생의 진리를 아기들에게 가르쳤습니다. "곤지곤지 잼 잼! 도리도리 잼 잼!" 이 율동에 지극히 오묘한 뜻이 있습니다. 요즘 젊은 부모들도 이걸 아기들에게 가르치는지는 잘 모르겠습니다. 곤지곤지는 아기가 손가락으로 손바닥 중앙을 찌르게 합니다. 곤은 하늘을, 지는 땅을 뜻합니다. 아기들에게 입으로 곤지곤지 잼 잼 따라하게 하고, 손 역시 따라 움직이게 하는 것은 빨리 말을 배우고 손힘을 키우는 동시에 하늘과 땅의 이치를 알아야 한다는 가르침입니다.

또 고개를 흔들게 하는 '도리도리'를 돌 무렵에 시키지요. 목 근육에 힘이 생기라고 아기들에게 '도리도리'를 시키는데, '도리'라는 것은 이쪽도 보고 저쪽도 보고 이치를 살펴 내 도리를 할 줄 알아라, 살필 줄 알라는 소리입니다. 그러니 '도리도리'는 마음과 몸으로 마땅히 해야 하는 두 가지 도리道理를 뜻합니다.

'잼 잼'을 경상도에서는 '조막, 조막'이라고 합니다. '곤지곤지 잼 잼, 도리도리 잼 잼'에서 손을 폈다 쥐었다 하는 동작을 아기에게 시키는 것은 손 운동을 시키는 목적도 있고, '아가야! 인생은 빈손으로 왔다가 빈손으로 가는 것임을 알아라.' 인생 공부를 시키는 것이라고 합니다. 삼성그룹 창업자인 고 이병철 회장은 자기 방에 '공수래공수거'라고 쓴 액자를 걸어 놓고 살았다고 합니다.

우리 인간이나 동물이나 중생은 모두 빈손으로 왔다가 빈손으로 가는데 왜 이 사바세계에서 고통을 받으며 이렇게 일을 하며 살아야 할까요? 많은 사람을 이익되게 하기 위함입니다. 빈손으로 와서 빈손으로 가는 인생입니다만, 번뇌와 망상에 전도된 우리들은 그 진리를 잊어버리고 "뭔 남의 이익이냐? 나만 잘살면 되지!" 이러면서 살아갑니다. 장자는 인생을 나비 꿈이라고 했습니다. 나비가 장자 꿈을 꾼 것인지, 나무 아래서 낮잠을 잔 장자가 나비 꿈을 꾼 것인지, 누구의 꿈인지 모른다고 했지요. 우리 인생도 꿈이라고 하는데, 그 허망함 속에서 시간을 아껴 부처님 공부를 해야 합니다. 그런 생각을 가지고 '도리도리' 할 줄 알고 '지지' 할 줄 알고 '잼 잼' 할 줄 아는, 어릴 때 배운 것을 잊지 말고 평생을 산다면 인생이 꿈이라 해도 잘살다 갈 것입니다.

초등학교에 들어가면서부터 본격적으로 진리를 배웁니다. 어린 아이들이 다니는 초등학교에서 무슨 진리냐고요? 산수시간에 더하기, 빼기 다음에는 곱하기, 다음에는 나누기를 하고, 그 다음에 분수分數를 배우잖아요. 분수는 어떤 정수를 0이 아닌 정수로 나눈 몫을 가로선(ㅡ)을 써서 나타내어 선 밑의 수를 분모라고 하며 위의 수를 분자라고 합니다. 자기 분수껏 살아라 할 때 분수와 초등학교 산수시간에 배운 분수의 한자가 같아요. 그러니 초등학교 때 배운 분수를 잊지 않고 자기 분수를 알고 평생을 살면 편안한 지경에서 행복할 수 있습니다. 그런데 어릴 때 배운 분수를 지키지 못해서, 남한테 욕을 먹고 패가망신하는 것입니다. 또한 초등학교 국어책에 보면 주제 파악이 나옵니다. 평생 살아도 주제 파악을 못하고 정신 못 차리고 사는 사람이 얼마나 많습니까? 그러니까 자기 분수를 지키고 주제 파악을 하면서, 꿈을 가지고 살지만 도전할 때 도전하고 물러설 때 물러설 줄 알아야 그게 잘 살아가는 것입니다. 속된 말로, 화투판에서도 욕심을 부려 계속 고 고 하다보면 고박에 피박까지 써버리잖아요. 인간살이도 그와 같은 것입니다. 물러날 때 물러날 줄 알고 도와줄 때 도와줄 줄 알고 칭찬해줄 때 칭찬해줄 줄 알아야 되는 것입니다.

상불경보살님은 어떻게 했느냐? 이 보살님 같은 경우에는 경전을 공부한 것도 아니고 지극하게 뭘 한 것도 아니고 오로지 이 『법화경』에 나오는 '당신이 부처'라는 소리 그것 하나만 믿고 평생을 '당신은 부처입니다.'라는 소리를 했던 것입니다. 그것이 자기의 심근이 되고 신심이 되어서 누구에게나 '당신은 부처입니다.' 칭찬을 한 것입니다. 많은 중생에게 '나는 보잘 것 없지만 당신은 부처입니다.' 하고 수희 찬탄을 한 것입니다. 우리 주위에 이와 같이 하심하여 자신을 낮추고 옆의 사람을 부처님 보듯 하는 사람이 있습니까? 모셔 놓고 쳐다만 보는 게 부처님이 아닙니다. 가만히 앉아 공양받고 예배만 받는 게 부처님이 아닙니다. 현실 속에 살아 있는 부처가 되어야 합니다.

울다 웃다 변화무쌍한 게 사람살이입니다. 팔순잔치를 한다고
하더니 돌아가셨다고 장례식장에 오라는 것이 인생입니다. 무슨
일이 벌어질지 1초 앞도 모르는 우리들입니다. 다만 오늘 이렇게
변화무쌍하고 바람이 불고 폭풍이 치고 태풍이 불어오더라도 내
일이면 쨍하고 해 뜰 날이 있다는 희망과 소망으로 미래를 보며
살아가는 것입니다. 이런 속에서 상불경보살님은 만나는 사람 모
두가 부처를 이루는 그와 같은 미래를 보았던 것입니다. "당신은
언젠가는 부처가 될 것이다."

상불경보살님에게서 우리가 배울 점은, 주위 사람들을 칭찬하
고 기운을 나게 하고 용기를 주는 마음을 내야 한다는 것입니다.
남편부터, 자녀부터, 일가친척부터 주위 사람들까지 모든 사람을
나중 어느 때 부처님이 될 분으로 알고 대한다면 당연히 칭찬이
나오고 지극한 정성으로 대할 것입니다. 여러분이 상불경보살님
처럼 가족과 주변 사람들을 부처님으로 보고 공경하면 누가 가장
큰 이득을 볼까요? 바로 여러분 자신입니다. 무학대사님이 뭐 눈
엔 뭐만 보이고 부처님 눈에는 부처만 보인다고 말씀하셨지요. 여
러분이 모든 사람을 부처로 볼 때 여러분이 아뇩다라삼먁삼보리
에 가까운, 깨달음에 가까이 간 것입니다. 부처님 법이 하늘에 있
거나 산속에 있거나 절집 안에만 있는 것이 아닙니다. 본인의 생
활 속에 있는 것입니다. 생활하며 만나는 가족과 일가친척과 회사
동료와 주위 사람들 모든 사람에게서 살아 움직이는 부처님 법을

보아야 합니다. 부처님의 실상당처가 바로 나와 모든 사람에게 있음을 알아야 합니다. 상불경보살님이 이런 마음으로 만나는 모든 사람에게 "당신은 꼭 깨달아 부처님이 되십니다."라고 하신 것입니다. 우리가 부처님을 지극히 믿고 의지하고 따르면 부처님 실상당처와 내 생활이 합쳐지게 되고, 그런 삶이 바로 깨달음에 이르는 길입니다.

이렇게 본질을 알아야 합니다. 하지만 본질은 놓치고 껍데기만 쥐고 허송세월하는 경우를 자주 볼 수 있습니다. 예를 들어 보겠습니다.

여러분은 절에 왜 가십니까? 부처님을 만나서 열심히 기도하고 가는 것이지요. 그런데 다른 보살들 만나서 수다나 떨고 스님과 앉아 차나 마시려고 하는 이것은 법도가 아닙니다. 절에 오면 불·법·승 삼보三寶의 순서대로 만나는 것이 가장 좋은 방법입니다. 부처님께 먼저 절을 올리고 그 다음 늘 가지고 다니는 『법화경』을 부처님께서 직접 설하고 계신다는 마음으로 독송하십시오. 그리고 공부에 궁금한 것이 있다든지 중요하게 상담이 필요하면 스님을 찾아가세요. 스님들도 시도 때도 없이 찾아오는 신도님들로 공부할 겨를이 없다는 것을 아시기 바랍니다. 그리고 절에서 자기 혼자 공부하는 학습프로그램을 만들면 좋습니다. 절을 하는 것도 좋은 기도방법입니다. 절을 하는 공덕이야 몇 천 가지이지만 우선 두 가지만 말씀드리면, 첫 번째로, 절을 하면 참회의 공덕이 있습니다. 매일 108배로 몸과 마음과 입으로 지은 죄를 참회한다면 그 사람은 맑고 향기로운 부처님의 자녀가 될 것입니다. 절의 두 번째 효능은 건강입니다. 매일 108배를 하면 만병이 침범하지 못합니다. 체력도 좋아져 절에 오는 비탈길도 훨훨 날듯이 오를 것입니다.

사경도 좋은 기도방법입니다. 저는 『법화경』 사경을 권합니다만, 각자가 좋아하는 경전으로 하면 됩니다. 그런 다음에야 비로소 수다를 떨건 차를 마시건 해야 합니다. 이렇게 항상 본질이 무엇인지를 생각하고 잊어버리면 안 됩니다.

수행을 어렵게 생각할 필요가 없습니다. 절을 하고 경을 읽고 상불경보살님처럼 남을 칭찬하고 남을 도우며 착하게 살면서, 스스로 부처님을 닮아가려는 노력이 수행입니다. 이와 같이 살면 우리 주위가 맑아지고 밝아지며, 업력에 끌려 다니는 삶이 아니라 부처님의 가피와 원력이 가득한 삶으로 바뀝니다. 분수를 알고 어리석은 욕심과 분노에서 벗어나 자기 자신을 수긍하고 인정하는 데서 행복이 자연스럽게 일어나는 것이지, 억지로 찾는다고 나타나는 것이 아닙니다. 상불경보살님처럼 내가 하심하고, 내가 상불경보살님처럼 심지어 두들겨 맞더라도, 욕을 먹더라도 이 모든 고통과 고난과 괴로움과 힘듦을 이겨나갈 수 있어야 합니다.

상불경보살은 이 『법화경』의 한마디 말을 받아들여 믿고 "당신은 부처가 될 것입니다."라고 이야기했습니다. 그 말을 믿지 않고 상불경보살을 헐뜯고 때리고 비방했던 사람들은 부처님과의 인연이 박해지고 수없는 생을 아비무간지옥에 떨어져서 고통을 받았습니다. 다행히 사람으로 와도 천한 사람으로 왔으며, 이렇게 수 없는 고통을 받으며 수억 겁이 지나서야 비로소 영취산에서 『법화경』을 설할 때 부처님의 제자로 동참할 수 있었던 것입니다. 그 상불경보살은 지금의 석가모니부처님이셨습니다. 이러한 사실들을 여기에서 공개적으로 밝히신 것입니다. 왜 그랬을까요? 『법화경』을 수지 독송하고 사경하고 널리 알리는 것이 얼마나 큰 복력인지 알라는 것입니다.

우리 모두는 부처를 이룰 수 있는 종자를 가지고 있습니다. 그러니 누구나가 미래에 부처님이 될 수 있습니다. 남편도 부처, 자식도 부처, 이웃집 아주머니도 부처, 이런 생각을 가지고 내가 나를 버리고 하심하며 내 가족을 대하고 이웃을 대한다면 가정이 편안해지고 사회가 편안해질 것입니다.

問 저희 딸이 결혼한 지 6년이 되었는데, 자식은 낳지 않고 둘이서 여행만 다닙니다. 사위가 벌써 마흔이 넘었는데, 걱정입니다.

答 따님이 결혼을 했으면 출가를 한 겁니다. 그럼 출가외인이니 신경 쓰지 않아도 되지 않을까요. 사서 걱정하는 꼴입니다. 들어보니 따님과 사위의 금슬이 좋은 것 같습니다. 그러면 자식을 낳든 말든 신경 쓰지 마세요. 보살님 혼자서

신경 쓰고 골치 아파 하고 있는 상황입니다. 따님 부부는 지금처럼 사는 걸 좋아하잖아요? 보살님만 신경을 끊으면 됩니다. 한번 생각을 해보면, 후사라는 것은 깊은 인연으로 점지가 되어야 있는 것이지 일방적으로 노력만 한다고 되는 것이 아닙니다. 걱정하다 힘만 빠지는 일이에요. 그러니까 결론은, 때가 되고 시기가 되어야 한다는 것이죠. 같은 나무에서도 빨리 익는 열매가 있고 좀 늦게 익는 열매가 있습니다. 그러니 따님은 좀 늦게 열매를 맺는 나무로 생각하세요. 요즘 뭐 마흔 서너 살이 되어 첫 아이를 보는 경우도 많다고 합니다. 제가 보았을 때는, 자꾸 아이를 낳으라고 부담 주면 안 되고, 부처님께 기도하는 것이 가장 좋은 방법입니다. "제가 외손자든 외손녀든 보고 싶습니다." 이런 마음으로 순리에 맞게 자식이 생기도록 기도하는 것밖에 없습니다.

 합장하겠습니다.
거룩하고 대자대비하신 부처님 감사합니다.

늘 많은 사람에게 천대를 당하고 쫓기고 어려움을 당했지만 한 번도 어렵다는 생각, 힘들다는 생각을 하지 않으시고 모든 중생을 다 부처 보듯이 하셨던 상불경보살님을 따라서 우리들도 내 가족, 내 주위, 내 이웃을 이와 같은 도리로 섬기겠습니다. 우리 모두 하심하고 마음에 나라는 존재를 없애 구경에는 성불하게 되기를 간절히 기도드립니다.

나무석가모니불 나무석가모니불 나무시아본사석가모니불.

18

물길을 열어주듯 갈 길을 제시하라

여래신력품

나이를 먹을수록 세월이 빨리 지나가는 것 같습니다. 언제 어느때 가는지도 모르게 모든 것은 지나가고 모든 것은 사라지고 맙니다. 영원 무구한 것이 없으므로 내 것이라고 다툴 것도, 내 것이라고 집착할 것도 없습니다. 그래서 불자의 도리를 하고 산다는 것은, 모두 함께 간다는 생각을 가지고 늘 세상을 아우를 수 있는 마음을 가지며 사는 것이라고 하겠습니다. 항상 불자다운 생각과 행동으로서 부처님을 닮아가도록 노력해야 합니다.

부처님은 지혜와 자비이십니다. 모든 중생을 이익되게 하기 위해 지혜의 팔만사천법문을 설하신 것입니다. 그 바탕이 대자대비의 자비심입니다. 자비심으로 주위 사람들을 보듬고 함께 살아야 하는데, 요즘 4포세대니 5포, 심지어 7포세대라고 하여, 꿈과 희망을 포기하고 살아야 하는 젊은 친구들의 사정이 너무나 안타깝습니다. 요즘 열정 페이라는 것이 있다고 합니다. 회사의 직원을 뽑되 '돈에 신경 쓰지 말고, 너의 열정을 보여 봐. 이것도 기회야.'라며 임금을 몇 달씩 주지도 않고 아니면 정말 얼마 안 되는 돈을 임금으로 지급하는 등 이렇게 하는 잘못된 사람들도 많습니다. 적게 주고 많이 착취하려는 탐욕입니다.

하지만 세상 이치를 아는 사람이라면 이번 세상만이 다가 아니며 다음 생에 가서라도 갚을 건 갚아야 한다는 것을 압니다. 지금 저지른 죄의 과보가 모두 자기가 받은 고통의 원인이 된다는 것을 압니다. 이런 이치를 알아 서로 안아주고 보듬어주고, 조화를 이루어 상생하며 함께 사는 것이 부처님 자녀로, 불자의 도리로 사는 삶의 태도입니다.

이번에 공부할 내용은 여래신력품입니다. 여래신력품에서 밝히는 부처님의 위신력이 어느 정도인가 하면, "넓고 긴 혀를 내미시어 위로는 범천에 이르게 하셨고 온갖 털구멍에서 한량없고 수없는 밝은 광명을 놓아 모든 시방세계를 두루 다 비추셨다. 그러자 많은 보배나무 아래 사자좌에 계신 모든 부처님도 모두 그와 같이 넓고 긴 혀를 내미시어 한량없는 광명을 놓으셨다."라고 합니다.

그리고 석가모니 부처님과 보배나무 아래에 계신 모든 부처님들께서는 신통력을 나타내시기를 백천 년을 채우신 뒤에야 혀를 거두셨습니다. 이에 대해 '무슨 놈의 혀가 그렇게 길어서…'라고 생각한다면 이는 사람의 한계로, 중생의 소견으로 그렇게 생각하는 것입니다. 자기 분별로 부처님을 재단하는 것이죠. 혀가 범천에 닿았고, 모든 털구멍으로 광명을 두루 비추셨다는 뜻은 과연 무엇일까요? 그와 같이 모든 세계에, 많은 중생들을 제도하기 위한 설법을 하셨다고 일단은 생각하시면 됩니다. 부처님께서 혀를 내미시어 이렇게 범천까지 올라가게 했다는 소리는, 그와 같이 범천부터 모든 세계가 부처님의 설법에 귀를 기울였다는 것입니다.

석가모니 부처님이 인도 카필라바스투 성의 왕자로 사바세계에 오셔서 붓다가야 보리수 아래에서 일체종지 깨달음을 얻으시고 이 세상에 법을 전하시고 쿠시나가르 사라쌍수 나무 아래에서 열반하셨습니다. 대략 2,500년 전에 석가모니 부처님이 전 우주의 모든 부처님들과 함께 한 이 장엄한 광경이 우리들 개념으로는 이해가 안 되기에 앞에서 공부한 여래수량품에서 석가모니 부처님으로 오시기 전 본래부터 부처였다는 것을 밝히신 것입니다.

모든 부처님들이 혀를 내밀어 설법하시는 기간을 백천 년이라 했습니다. 그 백천 년 사이에 부처님께서 현세의 석가모니 부처님으로 오셔서 우리 중생들을 위하여 부처를 이루는 길, 붓다가야 보리수 아래에서 성도하셔서 가르침을 베푸신 것입니다. 설법을 하시는 백천 년 긴 세월 중에 지구 역사 속에 부처님으로 오셔서 지구 중생을 구제하신 것입니다.

하지만 꼭 백천 년 만을 말하는 걸까요? 아닙니다. 부처님께서는 지금 이 순간에도 설법을 하시고 계십니다. 부처님께서는 태양이나 달과 같이 항상 중생들과 같이 계시며 다 보시고 다 아십니다. 그렇지만 부처님께서는 방편으로 열반에 드셨습니다. 중생들은 근기가 하열하여 자기 눈으로 직접 보아야만 믿기 때문입니다.

그런데 『법화경』에서 부처님은 영원히 열반에 들지 않고 "나는 너희들과 함께 있다."라고 말씀하셨습니다. 이렇게 믿고 따르고 의지하여 부처님의 자식으로서 부처님 집으로 완전히 들어가서 살게 되면 부처님의 신통묘용한 힘을 얻어, 백천 년이 아니라 백천만 겁이 지나도록 항상 부처님과 함께할 수 있는 것입니다.

이스라엘 민족은 예수를 죽인 벌로 2,000년 동안 나라 없이 떠돌았습니다. 그러면서도 후손들의 교육에 치중해서 10년 100년이 아니라 2,000년 만에 나라를 만들었습니다. 인구가 한 1,500만 명 정도가 됩니다. 나라 크기는 경상도만 합니다. 어찌 보면 참으로 지독한 사람들입니다. 이 이스라엘 민족이 로마에 의해 쫓겨나고, 그 땅에 중동 사람들이 들어와 2,000년 동안 살았는데, 갑자기 나타난 이스라엘 민족이 그 땅은 2,000년 전에 우리들 땅이었으니 너희들은 떠나라고 주장합니다. 사실 이건 억지도 이런 억지가 없는 것이죠. 그래서 이스라엘이 팔레스타인과 가자지구에서 끝없이 전쟁을 하는 것입니다.

제2차 세계대전이 끝나고 100여 개 국에 흩어져 살던 이스라엘 민족이 2,000년 만에 내 땅이니 내놓으라고 억지를 부리는 것은 세계적으로 힘이 있기 때문입니다. 이들이 미국과 세계 여러 나라에서 경제·문화·금융·정치의 80퍼센트 이상을 장악하고 있습니다. 그래서 미국의 대통령이 이스라엘의 눈치를 보고 있다는 소리를 하는 것입니다. 뒤에서 미국을 좌지우지 조종을 하고 있다는 것이죠.

그런데 그 사람들의 종교를 유대교라고 합니다. 그 유대교에서 변형된 것이 천주교이고 개신교입니다. 그 종교가 어디에 제일 많이 뿌리를 내렸을까요? 바로 대한민국입니다.

1,700년이란 세월을 흘러온 불교는 조선시대 500년 동안 억불정책으로 핍박받고 탄압받으며 백성들과 떨어져 산중으로 쫓겨가서 살았습니다. 그리고 그 기운이 팍 빠지고 있던 구한말부터 일제시대를 거쳐, 특히 6·25전쟁 이후 물질적 지원 등을 통해 교세를 확 일으켰습니다. 기독교는 들어온 지 그리 오래되진 않았지만 지금 기독교인들이 얼마나 많습니까. 그들은 지금도 공격적으로 선교를 합니다. 심지어 이 절집에까지 옵니다.

우리 불교에서 그렇게 하는 것을 봤습니까? 마음이 곧 부처이고 중생이 곧 부처라는 등의 소리만 하고 있습니다. 21세기 지금 세상에 맞지 않고 어울리지 않는 모습입니다. 500년 동안 이렇게 해서 뒷방 신세로 산골짜기에 앉아 있었으면서도 지금도 여전히 그 모습 그대로인, 그야말로 고여서 썩어가는 물이 되어 있습니다. 물꼬를 터줘야 합니다.

지난 정권에서 4대강 사업에 보라는 보는 다 막아가지고 어떻게 됐습니까? 물이 썩고 있습니다. 올 여름에 보니까 녹조가 심하여 강이 죽어가고 있다고 합니다. 녹조현상으로 독소가 생겼으니 물고기 등 수중생물이 죽고, 수중생물이 죽으면 강이 죽습니다. 죽은 강물은 농업용수로도 쓸 수 없습니다. 이렇게 대한민국 4대강이 죽어가고 있습니다. 손바닥만한 큰이끼벌레인가 듣도 보도 못한 변종이 생기고, 이끼가 낙동강 700리의 반을 덮고 있습니다.

흐르는 물은 썩지 않습니다. 불교도 마찬가지입니다. 지금까지 이렇게 꽉 막혀 있던 것을 과감히 터주어야 합니다. 물꼬를 트고 물길을 내듯, 재가불자들이 생활 속에서 신행이 되고 포교가 되어 진정한 불자가 되고, 나아가 많은 불자들이 절에 와서 법회에 동참할 수 있게 하는 등 불교 부흥의 붐이 일어나야 합니다. 부처님 가르침을 전하기 위해 우리가 이렇게 앉아만 있을 것이 아니라 이제까지 정체되어 있던 모든 물꼬를 터 썩은 물은 내보내고 새 물을 받아 자정을 해서 맑은 물이 도도히 흐르는 강을 만들어야 합니다.

우리가 먼저 변해야 합니다. 고여서 썩은 물에서는, 독소가 있는 연못에서는 연꽃이 필 수 없습니다. 우리가 변해서 썩은 물을 내보내고 새 물을 받아들여야 합니다. 스님들과 재가불자들이 힘을 합쳐야 합니다. 재가불자들이 사찰에 와서 같이 절을 하고, 기도를 하고, 같이 참선을 하고, 같이 자비행을 하고, 이럴 때 불교가 새로 일어날 수 있습니다.

그런데 요즘 절에 가보면 대부분 나이 드신 보살님들만 앉아 있습니다. 50대도 드문 지경입니다. 젊은 사람들은 다 어디로 갔을까요? 이것이 지금 한국불교의 현실입니다. 현실을 직시해야 합니다. 다시 물꼬를 터서 새롭게 흐르는 불교가 되도록 하려면 재가불자들의 불심이 다시 증장되도록 만들어야 하고 함께 갈 수 있도록 만들어 줘야 하는 것입니다. 재가불자가 없는 절이 무슨 소용이 있고, 가르침을 받는 불자가 없는 스님들이 무슨 의미가 있겠습니까?

지금 이것도 저것도 아닌 혼돈의 이 시대가 어떻게 보면 바로 여래신력품으로 다시 뭉쳐 하나가 되어야 할 시점입니다. 세계의 모든 한민족이 불법을 함께 수행하고 업을 정화하는 동수정업同修淨業으로 함께해야 한다는 말입니다.

우리 한민족이 전 세계에 얼마나 퍼져 있을까요? 전 세계 173개국에 나가 있다고 합니다. 이때 우리 불교도 해외포교에 적극적으로 임해야 할 때라고 봅니다. 세계 평화를 위해 부처님 법이 전 세계에 포교되어야 합니다. 역사적으로 보면, 종교 갈등으로 인해 수많은 사람들이 죽거나 고통 받아 왔습니다. 하지만 불교만큼은 그게 없습니다. 불교만큼 평화적인 종교가 없습니다. 불자들은 모든 것을 자업자득自業自得이고 자작작수自作作受로, 일어나는 모든 일은 내 탓이라고 받아들입니다. 그러니 다른 사람, 다른 종교와 분쟁이 안 일어나는 것입니다. 내가 짓고 내가 받는 것이니 누굴 원망할 것이 없다는 말입니다. 이런 마음이 사람 간에도 나라 간에도 종교 간에도 평화를 주는 것입니다.

21세기는 과학을 비롯하여 모든 부문이 융합합니다. 융합으로 경계가 무너지고 서로 합하여 하나를 만듭니다. 부처님 법에 불이不二 법문이 있습니다. 둘이 아니고 하나다, 이 말씀이 융합을 뜻합니다.

이제 불교도 사회의 흐름에 부응하지 않으면 안 됩니다. 그래서 요즘 절에서는 템플스테이도 하고 힐링과 명상치유센터도 하며 현대인들의 병폐를 다스리는 여러 가지 프로그램을 운용하고 있습니다. 이렇게 절에서 스님들이 노력하며 앞서서 끌고, 재자불자들은 뒤에서 밀며 법륜을 굴려야 합니다. 하지만 한번 생각해볼 일입니다. 과연 내가 불교를 위해서, 그리고 부처님을 위해서 무엇을 하였는가.

부처님의 위신력을 믿고 따르고 의지하고, 법화경을 수지 독송하고 사경하고 함께 기도하는 등 물꼬를 터주고 흐르는 물이 되도록 해주어 널리 포교가 되면, 그 속에서 재가불자가 점점 늘어나고 절이라는 도량이 활력이 넘쳐나게 될 것입니다. 이것이 곧 여래의 신력입니다.

우리가 새롭게 변화를 주고, 새롭게 만들어 나가고, 새롭게 이어져 나가고, 끝없이 노력하고 정진하면 어제보다는 오늘이, 오늘보다는 내일이 더 나아질 것입니다. 게다가 우리는 세상에서 제일 강한 빽을 가지고 있습니다. 무엇이 가장 강력한 뒷배일까요? 두말할 것도 없이 바로 부처님입니다. 항상 부처님을 믿고 살며, 항상 부처님을 의지하고 살며, 항상 내가 부처님의 가장 소중한 자식이라는 자부심을 가지고 살면 부처님 권속이 되어 더 이상 두려울 것이 없습니다. 그리하여 늘 부처님 법을 널리 전하는 마음을 내고 실천하는 것이 바로 범천에까지 혀가 올라가고 수많은 신통력을 보이신 여래의 신력인 것입니다.

포교는 가장 가까운 데서부터 해야 합니다. 그리고 그것은 정성이 기본입니다. 한 번 두드리고, 열 번 두드리고, 절대 포기해서는 안 됩니다. 더불어 부처님 법대로 살면 됩니다. 바깥 경계를 순리대로 받아들이고, 그것을 잘 소화시켜서, 진리의 모습으로 내보내는 것, 이것이 불자로서의 삶입니다.

그런데 가장 가까운 가족에게 정성을 쓰지 않고, 양가 부모님께 효도하지 않고, 주위 사람을 행복하게 해주려는 마음을 내지 않으면서 절에 와서 부처님께 아무리 빌어도 한 방울 가피도 받지 못하는, 시쳇말로 도로 아미타불입니다. 내가 조상님께 잘하고 부모님에게 잘 해야 내 자식도 나에게 잘하는 것입니다. 자식은 부모의 그림자를 보고 자란다고 하지 않습니까.

문득 저쪽 기독교 동네는 그런 게 참 잘 되어 있다는 생각이 들었습니다. 그 사람들은 교회에 나가서도 "우리 하느님, 우리 하느님" 하며 기도하고, 또한 나름대로 믿음이 깊으니까 집에서도 늘 "우리 하느님, 우리 하느님" 하며 지냅니다. 어느 날 목사님이 심방을 갔더니 그집 애들이 "엄마, 하느님 왔어!" 이러더랍니다. 저는 참으로 부러웠어요. 신앙이 일상화되어 있고 가족화되어 있다는 상징이잖아요. 우리 불자들도 이런 점은 배워야 합니다. 가정에서 남편과 아이들에게 본을 보여야 가족을, 그리고 일가친척과 주위 사람들을 부처님의 바른 법 앞으로 인도할 수 있는 것입니다.

여래신력품대로 하면 정말 신심 나는 불교, 신명 나는 불교, 그리고 생활 속 불교가 되도록 만들어 갈 수 있고 포교해 갈 수 있습니다. 여래신력품을 함께 공부하고, 법화경을 수지하고 독송하고 설법을 들은 공덕은, 마치 부처님의 혀가 범천에까지 올라갔듯이, 다시는 육도에 윤회하지 않는 그런 엄청난 인연 공덕을 짓는 것입니다. 부처님께서 팔만사천법문 중에서도 이『법화경』을 계속 말씀하시는 이유는 법화경이 믿음의 경전이고, 이 경전을 공부함으로써 복덕이 증진되고, 구경에는 깨달음을 얻어 부처의 자리까지 갈 수 있기 때문입니다. 따라서 모든 분들이 이 법화경을 수지독송하고 널리 유포하여 포교의 공덕을 짓는다면 이것이야말로 부처님 제자로서의 도리를 다하는 것이라고 할 것입니다.

問 제 가족 중에, 그리고 주변에 청소년이 많이 있습니다. 청소년들이 요즘 진로 때문에 고민도 많고 목표 설정이 안 되어 있어서 방황하는 경우도 많습니다. 그런 청소년들한테 좋은 말을 해주고 싶은데 어떤 말이 도움이 될지 조언을 부탁드립니다.

答 젊은 세대와 지금 자라는 청소년들에게 부모세대와 사회는 미안한 마음을 가져야 합니다. 청년들은 연애, 결혼, 출산, 취업, 집, 인간관계, 미래희망 이런 일곱 가지를 포기하고 산다고 해서 칠포세대라 한답니다. 청소년들은 수포라고 하여, 수학을 포기한 학생들이 절반쯤 된다고 합니다. 게다가 지금 한창 혈기왕성한 시기이니, 감정이나 분위기에 휩쓸려 어떤 사고를 칠지, 어디로 튈지 모릅니다. 그런 때 아이들이 믿고 의지할 사람이 필요합니다. 항상 믿고 인정해주고 칭찬해준 사람이 그들의 의지처가 될 것입니다.

또한 중요한 것은 아이들의 꿈을 찾아주는 것입니다. 자기가 하고 싶은 일, 잘할 수 있는 일을 하게 하는 것이죠. 여행가가 될 수도 있고, 요리사가 될 수도 있고, 미용사가 될 수도 있습니다. 우리나라 교육의 가장 큰 문제는 획일적인 것입니다. 다 좋은 대학에 가고 좋은 직장에 들어가는 것이 한결같은 목표입니다. 사람이 행복하게 살려면 자기 성취감이 있는 일을 해야 합니다. 자기 적성에 맞는 즐거운 일을 찾을 때 행복할 수 있는 것입니다. 교육의 목표는 좋은 대학이 아니라 학생 한 명 한 명이 자기가 좋아하고 잘할 수 있는 일이 무엇인지를 찾도록 도와주는 것에 있습니다. 자동차를 고치는 일에 재미있어 하는 아이가 있으면 그 일을 하게 하고, 글 쓰는 일이 좋다면 작가가 되게 하면 됩니다. 이렇듯 자기 적성에 맞는 일을 찾아주고, 또한 세파를 이겨내는 의지력도 길러주어야 합니다.

합장하겠습니다.

거룩하고 대자대비하신 부처님 감사합니다.

오늘도 여래신력품으로서 부처님의 위신력이 어떠한지 모든 것을 보고 듣고 배웠습니다. 저희들이 부처님의 자식으로서, 또한 부처님을 믿는 제자로서 모두가 함께 이고득락하는 그날까지 부처님을 믿고 따르고 의지하고 기도하는 그런 불자로 거듭나기를 간절히 서원합니다.

나무석가모니불 나무석가모니불 나무시아본사석가모니불.

19
대를 이어 유전되게 하라

촉루품

2016년 현재 우리나라 GDP가 세계 11위라고 합니다. 한마디로 이제 경제대국이라는 말이죠. 그야말로 기적적인 일이라고 할 수 있겠습니다. 어느 누가 이런 성취를 상상이나 했겠습니까. 돌이켜 보면, 70년 전에는 이미 반세기에 걸친 일제의 엄청난 착취에 우리 삶은 피폐해질 대로 피폐해져 있었고, 곧 이은 전쟁의 참화는 최소한의 터전마저 쑥대밭으로 만들었습니다. 그야말로 아무것도 없는 맨땅에서, 고통과 굶주림 속에서 오늘날의 기적을 이루어낸 것입니다.

그러나 한편으로 그런 엄청난 발전을 해오는 동안에 우리가 잃어버린 것도 너무 많습니다. 오랜 세월 지켜온 우리의 전통들을 마치 고물이라도 되는 양 아무 고민없이 내다 버린 것입니다. 지킬 건 지키고, 이어받을 건 이어받으면서 새로운 것을 받아들이고 창조해야 올바른 발전을 기대할 수 있을 것입니다. 과연 우리가 물질적, 경제적으로 부유해진 만큼 마음도 그만큼 부유해졌는지 돌아볼 필요가 있습니다. 혹 물질적, 경제적으로 풍요해진 것과는 반대로 마음은 그만큼 더 피폐해지고 황폐해지지 않았는지요?

저는 촉루품의 주제를 '대를 이어 유전'하게 하는 것으로 잡아보았습니다. 올바르게 유전되어야 행복한 미래가 보이기 때문입니다. 그렇다면 무엇을 유전시키고, 어떻게 유전시켜야 할까요?

부처님께서는 촉루품囑累品 첫머리에서 이렇게 말씀하셨습니다.

"그때, 석가모니 부처님께서 법상에서 일어나 큰 신통의 힘을 나타내시어 오른손으로 한량없는 보살마하살의 이마를 어루만지시며 이렇게 말씀하시었다. 내가 한량없는 백천만억 아승지 겁의 오랜 세월 동안 닦아 익혔던 이 얻기 어려운 아녹다라삼먁삼보리의 가르침을 이제 그대들에게 맡기노라. 그러니 그대들은 마땅히 일심으로 이 법을 유포시켜 더욱 널리 이익이 되게 하라!"

촉루품에서 촉囑은 당부, 부탁을 뜻합니다. 어떤 당부인가 하면 이 『법화경』이 아녹다라삼먁삼보리이니 일체중생에게 대를 이어 널리 알리라고 당부하시는 것입니다. 루累는 새끼를 많이 치라는, 왕성하게 번식하여 묶어 놓으라는 뜻을 가지고 있습니다. 즉 촉루품은 『법화경』을 세상에 널리 펴달라고 부처님께서 보살마하살들에게 당부하시는 것입니다. 부처님이 얻으신 아뇩다라삼먁삼보리를 대를 이어 유포하고 전하라는 당부이자 부탁인 것입니다.

"이 얻기 어려운 아뇩다라삼먁삼보리를 이제 그대들에게 맡기노라. 그러니 그대들은 마땅히 이 법을 수지하고 널리 펴서, 일체 중생들로 하여금 어디서나 듣게 하고 알게 하여라."

예를 들어 선생님이 되려면 교육대학에서 4년 동안 배워서 졸업한 후 학교에 선생님으로 부임하여 학생들을 가르칩니다. 이렇듯 부처님께서 보살마하살에게 아뇩다라삼먁삼보리를 가르치신 후, 너희들이 이 법을 수지한 다음 오직 한마음으로 널리 펴서 모든 중생들에게 가르치라는 당부의 말씀이 촉루품입니다. 즉 아뇩다라삼먁삼보리를 대대손손 유전시켜라, 이런 말씀인 것이죠.

우리가 살아가면서 전해내려 온 전통을 지키고 물려주는 것이 민족성입니다. 21세기는 전통을 이어가고 유전시켜 주기에 참 어려운 시대입니다. 정신이든 물질이든 우리 전통은 이제 거의 끊어졌다고 생각됩니다. 예를 들어, 그릇을 한번 볼까요. 우리가 전통적으로 써오던 놋그릇은 일제 강점기 때는 무기로 만든다고 다 빼앗겨 버리고, 그나마 남아 있던 것들은 양은그릇에 밀려 다 퇴출당해 버렸습니다. 조상 대대로 내려오던 그림이나 글씨, 책, 장신구 등도 돈 몇 푼에 다 팔아재꼈습니다.

또한, 지금은 대부분 아파트 살림이고 젊은 주부들은 장을 담아 먹지 않으니 항아리가 다 사라졌습니다. 김치항아리도 사라지고 전기로 돌아가는 김치냉장고가 그 자리를 차지했습니다. 우리가 살아가면서 전통을 지키고 이어가야 되는데 번거롭고 귀찮다는 생각이 미풍양속을 몰아내고 전통을 항아리 깨듯 다 깨버렸습니다.

디지털 세상에서 자라는 젊은 세대는 아날로그 개념으로 사는 부모세대나 할아버지세대를 보며 느리고 고리타분하다고 합니다. 세대차이가 난다고 하고 또 이해가 안 된다며 어른들의 삶의 형태를 다 무시하고 외면해 버리니 도덕과 윤리조차도 사라져 버렸습니다. 가정마다 옛날부터 내려오던 법도나 어른한테서 배웠던 가치관 등이 모두 실종된 것입니다.

핵가족화가 되면서 부부나 자식들과만 즐거움을 누리려 하고, 일가친척이나 이웃이나 주위를 살펴볼 줄 모르며, 우리 민족 고유의 미풍양속을 망각한 채 살아가고 있는 것입니다. 내가 쉬운 대로 살고, 내가 편한 대로 살다보니 자기 기분, 자기 감정대로 행동하여 결국 사회가 무질서해지는 것입니다. 요즘 감정조절에 실패한 운전자들이 보복 운전을 하는 것을 텔레비전에서 보니 심각하더군요. 자기 성질을 못 이겨서 상대 차 앞에 팍 끼어들고 들이박기까지 하더군요. 모두 마음의 문제입니다.

현대인의 마음은 늘 방황하고 힘들어하고 고민하고 답답해하고 불안정합니다. 왜 그럴까요? 다 깨버리고, 다 내다버리고, 다 단절하고 나니까 결국 곁에 서로 의지하고 돌봐줄 아무것도 남아 있지 않기 때문입니다. 뿌리가 없는 나무와 다를 바 없습니다. 그러니 옆에서 누가 조금만 건드려도, 마치 뿌리가 약한 나무는 바람에 쉽게 뽑히는 것처럼, 사생결단식으로 즉각 반응하여 앞뒤 가리지 않고 행동하는 것입니다. 그래서 뿌리를 튼튼히 하고 전통을 지키는 게 중요합니다. 뿌리가 튼튼해야 여유가 생기고 남을 배려할 줄도 알게 됩니다.

촉루품은 바로 온 우주에서 가장 귀한 『법화경』 아뇩다라삼먁삼보리를 모든 사람에게 나누어주라는 부처님의 당부입니다. 부처님이 "이 경전을 누구에게 설법할래?"라고 여러분에게 물어보면 뭐라고 답하실 것입니까. 모든 중생에게 이 『법화경』을 전해야 하는데, 지금 우리들이 할 수 있는 것은 가장 가까운 사람에게 전하는 것입니다. 내 가족, 일가친척, 이웃 사람들에게 이 법을 전하려면 우선 모범이 되고 본이 되는 삶을 살아야 합니다. 남에게 주는 쌀 한 톨을 아까워하는 인색한 사람이라면 아무리 좋은 법을 전해도 사실 그것은 『법화경』을 전하는 것이 아니라 『법화경』을 욕 먹이는 것입니다.

법을 전하려면 우선 하심하고 교만심을 없애고 믿음을 내야 합니다. 부처님께서 항상 나를 지켜보고 계시므로 불자로서의 도리를 어기는 행동을 하면 안 된다는 결심이 있어야 합니다. 이러면 교만심보다는 하심하는 마음이 생기고, 결국에는 모든 것을 수용할 수 있는 마음이 생깁니다. 이것이 우리가 지금 당장 챙겨야 할 일입니다.

믿음이 중요합니다. 절에 다니며 '이 뭣고?'만 찾을 일이 아니라, 진실로 부처님을 믿고 의지하고 부처님을 공경하고 공양하고 찬탄하고 예배하면서 불자의 도리를 할 줄 알아야 합니다. 그래야 불교가 이 땅에 다시 꽃 피울 수 있습니다.

그렇다면 부처님께서는 왜 여러 사람에게 부촉해서 『법화경』을 전하라고 당부했을까요? 이 법이 제일이고, 믿음이 제일이기 때문입니다. 법화경으로 모든 권속들을 끌어나가고, 믿음으로 모든 것을 행해야 하기 때문입니다. 그렇다면 무엇을 끌고 가는 것일까요? 바로 우리의 마음입니다. 부처님께서는 고통 받고 상처 받고 괴로워하고 방황하는 우리의 마음을 끌고 가서, '그 마음을 내려 놓아라, 너의 진실된 마음을 나에게 다오.' 하시며, 우리를 참 불자로 거듭나게 해주십니다.

그럼으로써 내 자식, 내 남편, 내 가족밖에 몰랐던 마음을 되돌려, 부처님께 모든 것을 회향하고, '너와 나'가 아니라 '우리'로 바뀌게 됩니다. 많은 불자들이 서로 어울려서 살며, 믿음이 제일이라는 것을 믿고 발심하도록 도와주고, 부처님의 가르침을 따르고 의지하는 불제자가 되도록 이끄는 것이 바로 이 촉루품입니다.

진실된 믿음이 생기려면 아상을 끊어야 합니다. 아상을 끊으면 부처님 곁으로 가서 부처님과 나란히 설 수 있습니다. 아상을 꼿꼿하게 세워놓고는 어느 것도 이룰 수 없습니다. 우리들의 마음자리에 응어리지고 앙금지고 우울하고 불안한 모든 것을 부처님 앞에 다 내려놓고 펑펑 눈물을 흘리면서 진실로 참회하고 진정으로 발심했을 때 마음자리가 넓어지고 분별의 경계도 무너지게 됩니다.

부처님께서 이 촉루품에서 말씀하시고자 하는 바는, '많이 전하라. 많은 사람이 읽도록 해라. 그래서 많은 사람을 부처님의 이 바르고 큰 법에 귀의하게 만들고, 그렇게 함으로써 불국정토를 이루어라.'는 것입니다. 즉 『법화경』은 사람과 하늘을 이익되게 하는 경전이고 우리를 부처가 되도록 이끌어주는 경전이니, 어떻게 하든지 간에 많은 사람에게 설법하고 유포하여, 더 많은 사람들이 이 경전 속으로 들어와서 살도록 하라는 것입니다.

그러시고도 행여 믿음이 약해질까봐 촉루품의 마지막에 『법화경』의 공덕에 대해 다시 한번 강조하십니다. "지혜로운 사람이라면 경전을 지니는 공덕과 이익에 대해서 듣고 내가 열반한 뒤에도 응당 이 경전을 수지할지니 그 사람은 의심의 여지없이 불도를 성취하리라."

결론적으로, 부처님은 모든 중생에게 편함과 안락과 행복을 주는 그런 분이시기 때문에 부처님을 기꺼이 믿고 따르고 의지하고 『법화경』을 전하여 그 복덕자량으로 거듭나라고 하는 것이 촉루품의 가르침이라고 생각합니다. 부처님 당부처럼 내가 『법화경』의 전통을 잇고, 다시 그 전통을 전해주는 부처님 자녀가 되기 위해서는, 항상 기도하고 참회하고 공경하고 예배하는 그런 불자로 거듭나야 할 것입니다.

問 저는 가끔 꿈을 꾸는데, 그 꿈이 잘 맞는 편입니다. 그런 꿈에 대해서 불교에서는 어떻게 보는지 궁금합니다.

答 부처님과 불보살님들이 주시는 가피加被가 현증가피顯證加被, 몽중가피夢中加被, 명훈가피冥勳加被 이렇게 세 가지라고 합니다. 현증가피는 현실에서 이루어지는 가피이고, 몽중가피는 꿈에서 불보살님들에게 가르침이나 어려운 지경을 벗어나는 상징이나 방법을 받는 가피를 말합니다. 명훈가피는 가피 중에서 가장 복된 가피입니다. 생각하는 대로 이루어지는 가피입니다.

보살님이 질문한 것은 일종의 몽중가피인데요, 꿈에서 받는 가피는 경전을 공부하다 막힌 부분을 불보살님의 가르침으로 알게 되거나, 앞날에 일어날 일을 보는 예지력입니다. 앞날에 일어날 어려움을 헤쳐 나가는 방법도 가피로 받는다고 합니다. 물론 지금 질문한 분이 꿈에서 어느 정도의 가피를 받는지는 모르겠습니다만, 저는 부처님을 믿고 의지하고 따르는 사람은 누구나 부처님의 복력, 복덕을 받는다는 것을 믿습니다.

그러나 꿈에 일어난 내용에 대해 자기식의 해석으로 집착하면 곤란해집니다. 현실에서도 그렇고 꿈에서도 그렇고 항상 그 나라는 존재에 대한 집착으로 분별하고 꿰어 맞추곤 합니다. 이것을 아상我相이라고 합니다. 아상을 버려야 합니다. 모든 걸 공으로 알고 다 비워야 합니다. 이렇게 비우는 공부를 많이 하면 나라는 존재는 없어지고, 오히려 부처님의 가피, 복력은 더 많이 받을 수 있습니다.

 합장하겠습니다.
거룩하고 대자대비하신 부처님 감사합니다.

오늘 이 촉루품으로 『법화경』을 대를 이어서 받아들이고 공부하고 유전시키라는 부처님의 뜻을 알 수 있었습니다. 이 법계 모든 중생이 『법화경』을 받아들여 불국토가 될 때까지 늘 유전되게 하시고, 부처님의 가르침대로 살아가는 불제자로 거듭나게 하옵소서.

나무석가모니불 나무석가모니불 나무시아본사석가모니불.

20
수승한 공덕과 이익

약왕보살본사품

우리가 이 세상을 문제없이 살아가면 좋겠지만 인간은 평생 문제
와 맞닥뜨려 그 해답을 얻어야 합니다. 초등학교 때부터 시작하여
대학 다닐 때도 그렇고, 졸업 후에는 취직시험을 보아 문제를 풀
어야 합니다. 문제를 풀어야 직장에 들어가든 자격증을 얻든 하
니, 전부 문제를 가지고 살아가는 셈입니다. 그런데 나이가 들면서
그런 시험문제 말고 또 다른 문제들에 부딪칩니다. 결혼, 사회·직
장 생활, 가정살림을 살다보니 문제가 쉼 없이 쏟아져 들어옵니다.
교과서를 외우고 수학공부를 해서 풀 수 있는 문제들이 아닙니다.
학교나 취직 시험은 지식으로 풀어야 하지만 삶에서 맞닥뜨리는
문제는 지혜로 풀어야 합니다. 이번 장에서는 약왕보살본사품을

가지고 인생의 문제들을 지혜롭게 풀어가는 방법을 찾아보도록 하겠습니다.

　우리가 어머니 태속에 있다가 어머니의 산도産道를 빠져 나올 때 굉장히 고통스럽다고 합니다. 그래서 고통의 길을 빠져 나온 아기가 악! 하고 비명을 지르듯이 우는 것입니다. 그 첫울음의 뜻이 '이 세상 어떻게 살까?', 이 소리라고 합니다. 어렵고 힘들고 고통스러운 문제들을 인간은 태어나면서부터 가지고 나오는 것이죠. 어머니 태속에서는 힘을 들이지 않고 영양을 공급 받았는데 이제 태어나고 보니 어머니 젓을 힘껏 빨아야 배고픔을 면할 수 있는 현실, 이것이 인간이 태어나서 처음으로 해결해야 할 문제입니다. 그것부터 시작해서, 맛있는 과자를 먹으려면 예쁜 짓을 해야 문제가 해결된다는 것을 알게 됩니다. 유치원을 가기 전에도 조기교육이라 해서 오만 곳을 다 보내고, 한글도 모르는 애를 데려다가 'Go, go' 하고 영어로만 이야기를 하라고 합니다. 유치원을 졸업하고 초등학교에 들어가면 본격적으로 시험문제에 매달려야 합니다. 중학교에 들어가면서부터는 학교에서 치열한 경쟁을 해야 하고 방과 후에는 수학학원, 논술학원으로 사교육을 더 많이 합니다. 많은 아이들을 이렇게 몰아붙여 교육시켜도 결국 1등하는 아이, 꼴등하는 아이는 나올 수밖에 없습니다. 등수를 결정하려는 시험이니 1등과 꼴찌가 있어야 하기 때문입니다. 부모들은 내 마음 같이 되는 게 없다고 가슴을 쳐도 어쩔 수 없는 것이 경쟁인 것입니다. 고등학교에 들어가면 더 치열해집니다. 원하는 대학을 가기 위해서 오로지 공부에만 매달립니다. 고3이라는 타이틀이 걸린 자식이 있으면 그 한 해는, 좀 과장하면 온 집안사람이 벌벌 떤다고 하더군요. 숨소리도 크게 한 번 못 내고, 직장에서 하루 종일 일하느라 녹초가 되어서 들어온 아버지도 자식이 "좀 조용히 해주세요." 하면 아무 소리도 못하고 들어가고, 이렇게 눈치 봐가면서 뒷바라지했는데 겨우 "엄마, 시험 망쳤어." 하는 소리를 들으면 부모는 죽을 맛이겠지요.

저희 절에서도 지금 열심히 수능 기도를 올리는 보살님들이 절을 할 때 보면 무릎에서 우두둑 소리가 납니다. 그래도 자식을 위해서 그렇게 절을 하는 것이죠. 그러면서 부처님께 공양 올리고 절을 하고 기도를 하고, 어떤 때는 그 전날 딸이 시험을 잘 못 봤다고 눈물을 뚝뚝 흘려가면서 기도를 하기도 합니다. 고3병, 지금 시급히 해결해야만 하는 급한 문제입니다. 그런데 제가 봐도 성적과 학벌이 미래를 좌우하는 우리 현실에서 대학에 매달리는 부모들에게 뭐라고 조언하기도 어렵습니다. 안타까운 현실입니다. 마음은 다들 S대를 원하지만 들어갈 숫자는 정해져 있죠. 엄마들이 이런다고 합니다. 중학교 3학년 때는 "우리 애는 S대를 갈 거야." 고등학교 1학년이 되어서는 "우리 아들은 S대는 안 되어도 서울 어느 대학은 갈 거야." 2학년이 되어서는 "아 조금 낮춰 잡았어. 지방에 있는 대학에는 갈 거야." 그러다 "이도저도 대학만 가면 좋겠다." 3학년이 될 때까지 이렇게 자식을 따라 실망하면서 보내게 되더랍니다.

꽤 오래된 이야기입니다만, '행복은 성적순이 아니잖아요'라는 영화가 있었습니다. 물론 좋은 대학을 나오면 사회에서 평균 수준으로 살 수는 있을 것입니다. 그러나 그 직업이 자신이 하고 싶은 일이 아니라면 평생을 하기 어려울 수 있습니다. 지금 장년층이나 오십대 나이의 가장들을 보면 그렇게 먹고살기 위해 하기 싫은 일을 하며 달려온 자신들의 인생을 너무나 불행해 합니다. 하지만 가정을 챙기려고 참고 억누르고 일을 하다 스트레스로 병이 나는 것입니다. 자식들이 그런 인생을 살기 바라지 않으시겠지요? 자식들이 하고 싶은 일을 찾아 즐겁게 일하며 사는 계기를 만들어주는 것이 부모의 역할입니다. 거기에다 자식들이 부처님을 믿고 의지하고 따르는 인생을 살게 한다면, 그들은 이미 고난과 장애가 없는 성공한 인생을 시작한 것입니다. 자식을 공부와 경쟁 속으로만 밀어붙이지 말고 부처님 법을 만나게 하고, 『법화경』과 인연을 맺어주는 게 중요합니다.

약왕보살본사품은 부처님께서 『법화경』의 신위가 어느 정도인가 약왕보살의 내력을 통해 설법하시는 것입니다. 수왕화보살이 부처님께 약왕보살에 대해서 묻자 부처님은 '약왕보살이 배움을 얻고자 아주 고생을 했고, 심지어 자기 몸을 태워 소신공양을 하였다'고 말씀하십니다. 소신공양이란 자기 몸에 좋은 향을 바르거나 마시고 난 뒤에 몸에 불을 붙여 수억 겁이 되도록 타고, 그 향기가 진동케 하는 것입니다. 이렇게 약왕보살은 고행을 하고 소신공양을 하면서 오로지 아뇩다라삼먁삼보리 얻기를 서원했던 보살입니다.

이 약왕보살이 삼매를 얻고는 매우 기뻐서 어떻게 말했느냐 하면, "내가 현일체색신삼매를 얻은 것은 모두 『법화경』을 들은 덕분"이라고 하였습니다. 현일체색신삼매는 보현색신삼매普現色身三昧라고도 합니다. 모든 중생을 교화하기 위하여 중생들의 근기에 맞추어 몸을 변화시키는 것을 의미합니다. 이 색신삼매를 얻고 삼매에 들자 허공 가득히 만다라화와 전단향 가루가 비 오듯 내리는데, 이 향은 6그램의 값이 사바세계와 맞먹는 가치를 가지고 있다고 합니다. 이렇게 가격을 따질 수 없는 그런 향을 뿌리며 부처님께 공양을 하였다고 합니다.

부처님께 공양을 올리는 것은 최고의 공덕입니다. 우리들은 이 삶에서 과연 부처님께 어떤 공양을 어떤 마음으로 올립니까? 부처님을 위해서 몸을 바치는 그런 거룩함을 보였던 분이 후세 약왕보살입니다.

약왕보살본사품에서 『법화경』 공덕을 찬탄하는 이야기 중에, "만일 어떤 사람이 삼천대천세계에 칠보를 가득 채워서 부처님과 대보살과 벽지불과 아라한들에게 공양하더라도 그 사람의 공덕은 이 『법화경』을 수지하되 한 사구게만이라도 받아 지니는 것만 같지 못하다."고 나옵니다.

『법화경』 사구게는 제법종본래 상자적멸상 불자행도이 내세득
작불(諸法從本來 常自寂滅相 佛子行道已 來世得作佛)입니다. 이 세상
의 모든 것은 본래 스스로 고요하고 청정하므로 우리가 이와 같이
닦고 닦으면 내세에는 부처를 이룰 것이라는 뜻입니다. 이 사구게
에서 하나만 지녀도 그 공덕이 한량없다는 말입니다.

그러니 우리들이 『법화경』을 수지하고 독송하고 사경하고 유포
하면 그 공덕이 얼마나 클 것이며, 그에 따른 공력과 복력이 먼 후
대 자손에게까지 유전되는 것입니다.

"수왕화보살이여, 마치 모든 시내와 개천과 강들의 모든 물 가
운데에 바다가 제일이듯이 이 『법화경』도 그와 같아서 모든 여래
가 말씀하신 경 가운데서 가장 깊고 크다."고 말씀하셨습니다. 골
짜기, 골짜기 흐르는 물은 다 어디로 갑니까? 강이 되고, 강에서
흘러서 바다로 들어가는데, 바다에 들어가면 다 어떻게 됩니까.
한 맛이 됩니다. 동서남북 다 가서 찍어 먹어보아도 짠맛 한 맛입
니다. 부처님께서는 이렇게 바다가 제일 넓고 큰 것과 같이 『법화
경』이 제일이라는 말씀을 하신 것입니다. 그 다음에 산으로 비유
를 하십니다. 토산, 흑산, 소철위산, 대철위산과 열보산 등 모든 산
가운데에서도 수미산이 제일이듯이, 이 『법화경』도 그와 같이 모
든 경전 가운데서 가장 으뜸이라는 것입니다. 또 모든 별 가운데
달이 가장 제일이듯이 이 『법화경』도 그와 같이 천만 억 모든 경전
가운데 가장 밝게 비추인다고 하였습니다. 이와 같이 『법화경』을
보고 듣고 지니고, 그와 같이 행하고 믿고 따르고 의지하고, 부처

님께 공경하고 공양하고 참회하고, 이것이 제일입니다.

부처님 앞에 가서 공경하고 공양 올리는 마음은 어때야 할까요? 아무리 좋은 음식도 더럽고 오염된 그릇에 담으면 먹을 수 없습니다. 그와 같이 먼저 마음그릇을 깨끗이 해야 합니다. 그것이 참회입니다. 먼저 진실로 참회를 해서 업장을 녹인 다음에 기도를 해야 합니다.

참회는 부처님 앞에 다 드러내놓는 것입니다.

조개가 진주를 숨겨놓고 있듯이 참회를 밑바닥까지 하는 것은 여간 힘든 일이 아닙니다. 인간들은 좋아하지만 진주를 품고 있는 조개는 얼마나 힘들겠습니까. 조개는 아프고 힘들어도 거기다가 핵을 자꾸 갖다 끌어 모으고, 그렇게 생기는 아픔을 줄이기 위해 진주알이 커진다고 합니다. 우리는 이와 같이 아픈 상처나 죄악을 커지도록 만들어서는 안 됩니다. 없애야 될 깊은 상처와 죄악을 은폐하고 숨기고 감추어서 진주처럼 아프면서도 자꾸 커지면, 그것이 죽을 때 지옥문을 여는 키를 만들어 가는 것입니다.

제가 절에 오시는 분들에게 부처님께 참회하라고 하면 생뚱맞은 표정으로 '저는 참회할 게 별로 없는데요?' 이렇게 대답을 많이 합니다. 진실로 자신을 깊숙이 들여다보면, 보이기 싫고 들키기 싫은 것들이 누구나 있습니다. 자기가 저지른 죄가 있으면 그것을 참회하고, 그것이 상처라면 상처를 준 사람을 용서해야 깨끗한 그릇으로 거듭나는 것입니다. 마음속에 있는 트라우마, 마음속에 내가 은폐하고 감추고 속고 속이는 이 마음을 다 드러내고 진실로 참회하여야 바른 불자가 되는 것입니다. 이렇게 부처님 앞에서 바닥까지, 후련하게 다 털어놓고 드러내야 진실된 참회가 되고, 그런 다음에 기도를 해야 부처님 가피를 받을 수 있습니다. 단순히 무릎에서 부드득 부드득 소리가 날 때까지 절을 한다고 기도가 아닌 것입니다.

제가 시골출신이라 밭이나 논을 보면 그 주인의 성격을 대충 알아볼 수 있습니다. 참 성격 깔끔하네, 이 양반 참 부지런하네, 밭만 봐도 나오고 논만 봐도 나옵니다. 왜 그러냐 하면, 어느 밭에 가 봤는데 잡초가 무성하여 곡식보다도 잡초의 키가 더 크면 그 밭주인은 보나 안 보나 게으름에 빠진 것입니다. 그런 밭을 보면 '얼마 안 가서 남의 것이 되겠지' 싶은 예감이 듭니다. 그리고 2, 3년 지나면 밭이 깔끔해요. '어? 여기 주인이 바뀐 모양이네!' 이렇게 됩니다. 어김없이 주인이 바뀐 것입니다.

소를 봐도 그렇습니다. 옛날에 우리가 클 때는 집집마다 소 한 마리는 키웠지요. 소가 농사 밑천으로 밭일 논일을 다 했습니다. 그런데 농사를 잘 짓는 집의 소를 보면 기름기가 줄줄 흐르고 누런 털이 반질반질합니다. 그런데 어느 집 소는 엉덩이에 똥으로 칠갑을 하고 제대로 못 먹어 비쩍 말라 있으면, 그 집 살림이 어떤지 그냥 알 수 있습니다. 즉 근검절약하고 부지런하게 열심히 살려고 노력하는 사람들이 밭도 말끔하고 소도 깔끔하고 집안도 깨끗하고 안팎으로 소지가 잘 되어 있습니다. 반면 그렇지 못한 집은 지붕을 이지 않아서 비가 줄줄 새고, 연장이 이곳저곳에 널브러져 있고, 마당 여기저기에 잡초가 무성하고, 이런 집은 얼마 못 갑니다.

이와 같이 사람살이를 깔끔하고 담백하고 정확하고 잘 살아가려면 어떻게 해야 할까요? 내 자신이 나를 다스릴 줄 알아야 됩니다. 고삐 풀린 망아지처럼 이리 첨벙 저리 첨벙 뛰어다녀서는 제 인생을 똑바로 살지 못합니다. 소가 자기 새끼를 지키려 할 때는 힘이 세서 호랑이도 이긴다고 합니다. 그런데 그 힘센 소를 7, 8살 된 아이들이 능숙하게 끌고 다닙니다. 소를 자유자재로 부릴 수 있는 이유는 코뚜레에 있습니다. 송아지가 어느 정도 크면 일을 시키려고 코에 구멍을 뚫습니다. 아무리 힘센 소도 코뚜레만 잡히면 꼼짝 못하고 끌려 다닙니다. 코끼리도 어릴 때부터 쇠기둥에 묶어놓고 길들입니다. 다 자란 코끼리가 힘을 써서 작은 쇠기둥을 뽑지 못하는 것은 어릴 때 길들여졌기 때문입니다.

코뚜레로 소를 길들이는 것은 미친 소처럼 난동을 부리는 마음을 다스리는 법입니다. 여러분과 저에게 코뚜레를 꿰어서 끌고 가는 주인이 누구입니까? 바로 부처님이십니다. 내가 이미 코뚜레에 잡혀 발버둥을 쳐봤자 소용없다는 사실을 아는 것이 중요합니다. 그냥 하심하고 아상을 죽이고 부처님을 믿고 의지하고 따르는 삶에 맞춰 살게 되면 부처님은 팔만사천 가지가지 방편으로 우리를 이끄십니다.

앞서 배운 촉루품에서『법화경』이 바로 아뇩다라삼먁삼보리임을 부처님께서 밝히셨습니다. 그것이 바로『법화경』에서는 위없는 수승한 공덕이 있다는 것입니다. 복덕자량이 있어야 깨달음을 얻는다 했습니다.

공덕과 복덕은 한 뿌리입니다. 짓는 것 공덕이 있어야 그 속에서 복덕이 나오는 것입니다. 사과나무를 심어야 열매가 열리듯, 공덕을 심어야 복덕이라는 열매가 열리는 것입니다. 이와 마찬가지로 부처님을 믿고 따르고『법화경』을 의지하는 공덕이 있어야 니르바나, 열반이라는 복덕이 있는 것입니다. 단순히 하늘나라, 천당 이런 것이 아니라, 모든 고통과 괴로움이 없는, 피안의 언덕, 욕계 색계 무색계를 완전히 떠난 부처님의 세계로 들어가게 되는 것입니다.

이 약왕보살본사품에서는『법화경』에 대해서 토산, 흑산, 소철위산, 대철위산, 십보산 등의 여러 산 가운데서 수미산이 제일이듯이 이『법화경』또한 그와 같아서 모든 경전 가운데서 가장 으뜸이라고 말하고 있습니다. 불교에서 산 중에 제일 높은 산은 수미산이고, 경전 중에 제일 수승한 경전은『법화경』이라는 말입니다. 그러니 어느 경전을 가지고 공부하고 독송하고 사경해도 좋지만, 기왕이면 경전의 왕인『법화경』을 가지고 하는 것이 더 낫지 않겠습니까.

또한 물로 비교해 보자면, 물에는 시냇물도 있고 강물도 있고 연못물도 있지만 모든 물이 모이는 바닷물이 제일이듯이, 우리 살림살이가 태평양 바다 같이 넓고 깊어지려면 『법화경』을 수지하고 독송하고 사경해야 합니다. 바다는 아무리 받아들여도 받아들인 바가 없지 않습니까? 그와 같은 경이 바로 이 『법화경』입니다. 여러 경을 놓고 보면, 산천에서 흐르는 물과 같은 경도 있고 강물과 같은 경도 있고 연못과 같은 경도 있지만, 그중에서 이 바다와 같은 경전은 바로 『법화경』입니다. 우리가 『법화경』을 수지하고 독송하고 함께 산다면 이 바다와 같은 마음을 갖게 될 것입니다.

부처님이 『화엄경』을 설할 때 들어간 선정을, 번뇌가 끊어진 부처의 마음 가운데 삼세의 모든 법이 뚜렷이 나타났다 하여 해인삼매라고 합니다. 넓은 바다에 그렇게 도장을 받은 것처럼 살아가는 그 마음, 어머니의 품성과 성품으로 사는 것이 바로 『법화경』의 가르침대로 살아가는 것입니다. 또 태양이 능히 모든 어두움을 한순간에 없애듯이 이 『법화경』도 또한 그와 같아서 일체 착하지 못한 어두움을 깨뜨립니다. 내 마음속에 있던, 숨겨놓고 괴로워하며 들킬까봐 불안하고 초조해하던 것을 부처님 앞에 와서, 이 『법화경』 앞에 내어놓으면 마음속에 있는 모든 어두움이 깨집니다. 참회하고 기도하라는 얘기가 바로 여기에서 나오는 것입니다. 이 『법화경』을 수지하면서 부처님 앞에 와서 이와 같이 참회한다면, 아무리 짙은 어두움일지라도 태양이 비춰서 일시에 깨뜨리듯이, 우리의 근본에 있는 나쁜 업력을 다 깨뜨려준다는 부처님 말씀입니다.

우리들이 보이지 않게 은폐하고 덮어놓고, 그것을 남이 볼까봐 알까봐 불안하고 하는 마음을 부처님 앞에 다 드러내놓고 진참회하고, 이『법화경』을 의지하고 부처님을 믿고 따르는 그런 불제자로 거듭나야 합니다. 그럴 때 '나'라는 이 존재가 몸뚱이를 버릴 때 바로 부처님 곁으로 갈 수 있는 복력이 있는 것입니다. 이것이 바로 약왕보살본사품의 가르침입니다.

問 저는 시부모님을 모시고 20여 년을 살았습니다. 그래서 그런지 웬만한 일은 다 제가 그냥 속으로 삭히고 살고 있습니다. 누가 나쁜 말을 해도 제가 참고 견디면서 살려고 노력을 하는데, 때로는 마음에 상처가 되어 그게 정화가 안 될 때가 종종 있습니다. 그럴 때는 어떻게 해야 하는지 말씀해 주십시오.

答 보살님 얼굴만 봐도 남들을 편하게 해주는 분인 줄 알겠습니다. 누구와 싸울 일이 있더라도 보살님 얼굴을 보면 싸우기 싫어서 그냥 웃고 말 것 같습니다.

그렇지만 아무리 좋은 사람이라도, 아무리 좋은 마음을 내었더라도 중생의 마음에도 뭐가 있을까요? 색견色見이 있습니다. 분별하고 구분 짓는 게 있다는 것이죠. 그것이 어긋났을 때 본인 스스로도 속이 상하고 눈물이 납니다. 어떤 때는 남편이 잘해주는데도 내 마음에 차지 않으면 눈물이 납니다. 그리고 이제 시집에 내가 할 만큼 했고, 꼭 잘했다는 상을 내려는 것은 아니지만 그래도 애쓰고 노력하고 살려고 하는데 남들이 몰라주면 '내가 이렇게 살아야 되나?' 이런 서운함이 있습니다. 그런데 인간에게 기대어서 인간에게 보상받으려 하면 보상은커녕 상처만 받는 경우가 허다합니다. 그러니까 그 서운함을 그냥 부처님 앞에 가져가는 것입니다. 그걸 가져가 부처님께 절을 하면 '아이고, 왔나? 네 마음 안다.' 그렇게 위안 받고 위로 받았을 때 그게 바로 가피입니다. 그러면서 부처님 아버지와 영원히 함께 갈 수 있는 것입니다. 남편이든 자식이든 일가친척이든 세간의 인연은 다 일시적인 것입니다. 그러니까 그런 시선들에 일일이 마음 쓰지 말고, 부처님을 믿고 가슴에 쌓였던 것은 부처님께 가서 기도하면서 풀어내는 지혜로운 불자가 되기를 바랍니다.

 합장하겠습니다.

거룩하고 대자대비하신 부처님 감사합니다.

오늘은 약왕보살본사품으로서 내 안에 있는 모든 잘못, 내 안에 감추어진 모든 거짓, 내 안에 모든 고통스러운 문제들을 부처님 앞에 와서 드러내길 바라는 부처님의 자비한 모습을 보았습니다. 오늘부터 진실로 참회하고 내 가슴에 숨겨두었던 모든 것을 드러내고 부처님 앞에 더 다가가는 불제자로서의 삶을 영위해 나가기를 간절히 기도드립니다.

나무석가모니불 나무석가모니불 나무시아본사석가모니불.

21

감탄과 칭찬이 있는 인생과 삶

묘음보살품

묘음보살님은 타방보살입니다. 타방他方이라는 것은 우리 지구 사바현장의 보살이 아니고 정광장엄세계에 계시는 보살님으로서 석가모니 부처님을 친견하려고 우리 세계로 오신 분입니다. 정광장엄세계 정화수왕지부처님께 석가모니 부처님 친견을 허락받고 우리 세계로 오시는 연유는『법화경』설법을 듣기 위해서입니다. 묘음보살이 우리 세계로 오기 전 삼매에 들어 삼매의 힘으로 영취산에서『법화경』을 설법하시는 부처님 앞에 보석으로 된 연꽃 팔만사천 송이를 공양 올렸습니다. 석가모니 부처님께서 묘음보살님의 내력과 묘당상삼매부터 일선삼매와 모래알처럼 많은 가지가지의 큰 삼매에 들었던 말씀을 하셨습니다. 또한 우리 세계 보살님들은 묘음보살님의 장엄한 모습과 신위를 감탄하고 칭찬하십니다. 그 부분에서 저는 묘음보살품의 주제로 '감탄과 칭찬이 있는 인생과 삶'을 떠올렸습니다. 칭찬은 고래도 춤추게 하고 감탄은 함께 기뻐하는 것으로, 지금 대한민국 사람들 관계에서 가장 중요한 덕목으로 보았기 때문입니다. 감탄해주고 칭찬해주고 받아주면서 인정할 줄 아는 그런 삶들을 우리가 함께 해보자는 마음으로 주제를 잡은 것입니다.

요즘은 사람들 관계가 깊은 맛이 없습니다. 제가 언젠가 신문에서 커피녀와 빵녀라는 이상한 내용의 칼럼을 읽은 적이 있습니다. 한 엄마가 자식 때문에 학교에 불려가서 선생님한테 사정을 하고 사과를 하고 집에 오니 답답했나봅니다. 친구들을 만날 생각으로 여기저기에 SNS를 막 날렸는데, 그 시간에 바빠서 그런지 아무도 나오는 사람이 없었다고 합니다. 갑자기 빵녀 생각이 퍼뜩 떠올랐답니다. 그런데 이 빵녀라는 친구는 평소에는 보고 싶은 사람이 아니었다고 합니다. 누군가 만나서 하소연하고 싶은데 연락이 안 오니까 빵녀한테까지 연락을 한 것입니다. 그러니까 빵녀가 이렇게 말했다고 합니다. "아! 나 오늘 시장도 가야 되고 어디도 가야 되고 참 바빠. 하지만 네가 나오라니깐 내가 일단은 가서 들어줄게." 이런 토씨를 붙이면 괜히 또 기분 나쁘잖아요. 그렇게 커피만 마시는 커피녀와 커피와 빵 두 가지를 다 먹는 빵녀가 만났습니다. 카페에서 빵과 같이 커피를 먹는데, 그게 꽤 비싼 모양이에요. 저렴한 커피숍에서 커피만 한잔 먹어도 되는데 빵녀 친구를 불러낸 죄로 빵을 사줘야 되잖아요. 비싼 빵을 이 빵 저 빵 막 시키고 "참, 이 집은 턱없이 비싸다. 그지?" 이런 식으로 얄밉게 이야기를 하는 거예요. 그때 이제서야 카톡을 본 지인들의 카톡 답장이 쏟아져 들어옵니다. 요즘 가족끼리 식사를 하러 가도 다들 스마트폰만 들여다보는 세상이잖아요. 커피녀가 이야기하다 말고 카톡만 들여다보고 있자 앞에 앉은 빵녀는 어떻게 되겠어요? "야, 너 사람 불러놓고 뭐하는 짓이니?" 이렇게 빵녀가 한마디 합니다. 그래도 커피녀는 아랑곳하지 않고 "내가 아침에 연락을 해서 어쩔 수 없어서 그래." 이렇게 말하고 머리를 처박고 카톡질만 하는 거예요. 그러니까 결국 자기가 무시하는 빵녀에게 못난 자식에 대해 하소연하기 싫다는 것이죠. 결국 둘이서 별 말도 없이 그냥 차만 한잔 마시고 빵만 먹고 카페를 나옵니다. 커피녀가 우물쭈물하다 보니 빵녀가 카드를 꺼내 계산을 해줘서 내심 좋으면서도 한편으로는 기분이 나빠집니다. 찝찝하고 그러면서 "이 집은 뭐 이렇게 커피 값이 비싼지 몰라." 이렇게 커피녀는 투덜거리고, 빵녀는 속이 부글부글 끓지만 "오늘 즐거웠어, 그래도." 교양 떤다고 이렇게 말합니다. 이런 인간관계에서 무슨 칭찬이 나오고 감탄이 있겠습니까. 지금 시대의 인간관계를 빗댄 칼럼으로, 내내 씁쓸했습니다.

하지만 여기에 사람들의 심리에 대한 통찰이 들어 있습니다. 저 사람은 껄끄럽고 꺼림칙하고 만나봐야 별 볼일도 없다고 생각하면서도 그 사람에 대해서 궁금해 하는 그런 동시다발적인 성격을 가지고 있다고 합니다. 어떻게 생각되는지요? 이렇듯 요즘 사람들의 관계는 표피적이고 경박하고 이득에 따라 짧기도 하고 길기도 합니다.

앞에서도 나왔습니다만, 칭찬은 고래도 춤추게 한다는 말이 있습니다. 칭찬은 용기를 주고 자신감을 강하게 합니다. 또한 감탄은 타인이나 사물에 깊이 합하는 일체화의 감정입니다. 감탄을 많이 받는 아이들이 자라면 성취감이 높고 종교적으로 수행하는 사람이 된다고 합니다. 굳이 심리학자들의 말을 끌어들이지 않더라도, 칭찬과 감탄은 다른 사람을 복되게 하고 사람관계를 깊고 넓게 합니다. 아이가 노래를 하면 그냥 칭찬해주고 감탄해주세요. 노인이 70살이 넘은 나이에 미술을 공부해도 칭찬하고 감탄해주세요. 실제로 미국에서 70살 무렵에 취미로 시작한 그림으로 세계적인 화가가 되어 90살 넘어서까지 활동한 분도 있었습니다. 처음 그 노인을 가르치던 봉사자가 노인을 칭찬하고 감탄해준 것이 출발점이었습니다. 그러니까 모든 존재를 칭찬하고 감탄하세요. 이것이 부처님 대자비심의 핵심이며 모든 보살들의 보리심인 사무량심四無量心입니다. 모든 중생을 내 부모나 자식으로 보는 자慈, 모든 중생의 슬픔을 함께하고 위로하는 비悲, 모든 중생의 기쁜 일에 함께 기뻐하는 희喜, 모든 중생을 위한 행위와 마음을 주는 자도 받는 자도 없다는 무주상보시無住相布施로 회향하는 사捨를 한량없이 행하는 방편으로 칭찬과 감탄이 있습니다. 그래서 묘음보살품 주제를 '감탄과 칭찬이 있는 인생과 삶'으로 정한 것입니다.

번뇌·망상으로 이루어진 고통의 바다에서 허우적거리는 우리 중생들끼리 서로 칭찬하고 감탄해주며 위로하고 살아도 모자란 판에 서로 헐뜯고 미워하며 죽일 놈 살릴 놈 하는 것은 스스로에게 너무도 불쌍한 일입니다. 잘못 없고 흠 없는 사람 없습니다.

타인의 단점은 감싸주고 장점은 칭찬해주고 감탄해주어야 합니다. 칭찬을 해주는 습관을 들이고 감탄해주는 습관을 들여 주위 사람들을 행복하게 해주어야 합니다. 그래야 『법화경』을 전해도 "『법화경』은 내가 잘 모르지만, 저런 사람이 귀하게 여기는 것이면 한 번 읽어봐야 하겠구나!" 이런 마음이 생기는 것입니다. 막말로 칭찬해주고 감탄하는 게 돈이 드는 것도, 몸이 축나는 것도 아닙니다. 마음을 내면 되는 칭찬과 감탄에 인색한 것은 우리들이 어리석은 탓입니다. 그게 무명입니다.

특히나 우리나라 사람이 못하는 게 무엇일까요? 다른 사람을 칭찬할 줄 모르고 감탄할 줄 모릅니다. 남편이 못만 하나 박아줘도 "당신 아니면 누가 해주겠어?", 혹 무거운 소파를 움직여 청소라도 해주면 "그래, 당신 아니면 누가 이렇게 해주겠어?" 이렇게 감탄할 줄 알면 남편도 신이 납니다. 자식한테도 마찬가지입니다. 공부를 하다가 지쳐서 오면 "그래, 공부하느라 힘들지?" 하고 간식을 챙겨주며 "엄마는 지금 성적도 참 감사하단다." 이런 칭찬을 해주며 어깨를 다독여주면 아이가 힘내서 공부도 잘하고 바르게 성장합니다. 이렇게 감탄사를 자꾸 연발해 줄 때, 사람은 감탄을 먹으면 자긍심을 가지게 되어 있습니다. 남편이 못 박은 게 마음에 안 든다고 "그래, 그것 하나도 제대로 못해!" 이렇게 성질부리면 다시는 못을 박지 않으려고 할 것입니다. 그렇지 않을까요? 남편이 찌들고 피곤하고 힘들게 일하다 하루 쉬는 날 소파를 들고 청소를 해달라고 하면 얼마나 귀찮겠습니까. 그럴 때 어리석은 여자는 남편에게 윽박지르듯 강하게 말하고, 현명한 부인은 남편이 좋아하는 음식과 말로 원하는 바를 얻어 냅니다. "당신이 아니면 누가 해주겠어요?" 부드럽게 말해주고 끝난 뒤에는 "고마워요. 당신이 해주니까 이렇게 깨끗하네." 이런 감탄을 하면 남편은 "또 할 거 없어? 하는 김에 다 해줄게." 이렇게 되는 것입니다. 자긍심이 생긴 것입니다. 칭찬과 감탄이야말로 두루두루 행복해지는 지름길인 것입니다.

사회가 물질만능으로 바뀌다 보니 예전에는 상상도 못할 일들이 비일비재하게 일어나고 있습니다. 돈을 둘러싸고 부모 자식 간에 패륜이 일어나는가 하면, 형제들끼리 유산다툼을 하는 것은 더 이상 뉴스거리도 아닙니다. 가진 사람들이 더하다고, 모든 사람들이 부러워할 정도로 많은 재산을 가진 재벌들이 돈다툼을 벌이고 있는 것을 보면 불쌍하고 안타깝기까지 합니다.

톨스토이의 책에 이런 이야기가 있습니다. 왕이 백성들을 모아 놓고 말합니다. "아침에 출발하여 저녁까지 돌아온 만큼의 땅을 주겠다." 그 소설의 배경이 아마도 넓고 넓은 시베리아 아닌가 싶습니다만, 어쨌든 대부분의 사람들이 욕심 때문에 조금만 더, 조금만 더 하다가 너무 멀리 가서 해가 질 때까지 돌아오지 못한다는 이야기입니다. 너무 욕심을 부리면 결국 아무것도 얻지 못한다는 교훈입니다. 내 주머니 속의 몇 만 원이 다른 사람의 억만금보다 귀하다는 것을 생각해야 합니다. 남의 재산을 헤아려 무엇을 할 것입니까. 지금 가진 것에 만족하는 게 행복에 이르는 길입니다.

이건 실화인데요, 형제가 있었는데 형은 육군 참모총장까지 했던 분이고, 동생은 평범하게 살았습니다. 어느 날 총장 출신의 형이 형수하고 싸우고 동생 집으로 피난을 왔어요. 형을 잘 대접하고 돌려보낸 동생이 하는 말이 걸작이에요. "말 타본 형님보다 개도 못 타본 내가 훨씬 났구먼!" 출세한 형보다 평범하게 산 자신이 더 행복하다는 표현이지요. 얼마나 멋있습니까. 부귀영화도 잠시 있다 지나갑니다. 모든 것은 변한다는 사실만이 진리라고 합니다. 지금의 고통도 지나가고, 지금의 즐거움도 지나가는 것입니다. 회사를 서로 차지하려고 형제가 싸우고 부모의 유산을 놓고 가족끼리 싸우는 사람들의 모습은, 먹이를 조금 더 먹으려고 으르렁거리며 싸우는 동물들과 다를 게 없습니다.

미국에 패터슨이라는 큰 부자가 있습니다. 이 사람의 아들이 정신병을 앓았습니다. 다니던 대학교를 그만두고 뉴욕 시내 지하철에서 삼일 낮밤을 누가 자기를 잡으러 온다는 공포심이 만든 환상에 도망을 다니기도 하였습니다. 하지만 돈이 많은 아버지를 둔

덕분에, 최고 좋은 의사에 최고 좋은 약을 써서 병이 나았습니다. 다시 대학교에 복학을 해서 우리나라 말로 하면 사법고시를 패스하고 변호사 일을 할 정도로 성공한 사람이 되었답니다. 여기까지는 그냥 있을 수 있는 이야기입니다. 그런데 패터슨이 이 일을 겪으면서 다행히 자신의 아들은 나았지만 정신병을 앓는 사람들이 너무나 많은 것을 알게 되었습니다. 그리고 그런 고통을 받는 사람들을 위해서 7,100억이라는 천문학적인 숫자의 자신의 전 재산을 기부를 하게 됩니다. 이것이 우리가 말하는 진실한 회향입니다. 자기 아들이 병이 나아서 성공하는 것을 보고, 누구나 제대로 치료를 받으면 정신병에서 벗어날 수 있거나 악화되지는 않는 것을 알고 전 재산을 기부한 것입니다. 고통에 대처하는 자세의 문제입니다. 패터슨은 아들로 인한 고통에서 큰마음을 깨우쳐 회향한 것입니다. 돈은 이렇게 써야 합니다. 이런 마음의 자세를 우리나라 부자들도 배워야 합니다.

지금 사회에 잘난 사람은 너무 많은데 배려하는 사람은 적습니다. TV에서 패널로 나온 사람들을 보면 하나같이 잘나서 톡톡 튀는 솔깃한 말들은 잘하는데 상대를 배려하는 따뜻한 마음들은 없더군요. 사려 깊게 서로 배려하고 도와가면서 토론하는 것이 아니라 전부 자기주장이나 자기 잘난 척만 합니다. 그런데도 그런 사람들이 유명해지는 이 사회가 문제 있는 게 아닐까요? 지금 대한민국은 누구나 1등이 되고 머리가 되려고 날뛰고 있습니다. 누구도 꼬리가 되려고 안 합니다. 꼬리 없는 머리가 어디 있습니까? 세상의 우두머리가 되려고 노력하는 것이야 뭐라 할 수 없지만, 누구나 다 상위 1퍼센트가 될 수 없다는 사실을 잊어먹고 사는 것이 문제입니다. 머리가 되려고 노력하다가 꼬리가 되면 그냥 그렇게 나는 꼬리다 하고 마음 편히 잘 살면 됩니다만, 머리가 못 된 사실에 분노하고 좌절하며 살기 때문에 우리 사회가 건강하지 못한 것입니다.

지금 이런 현실은 우리의 가치관, 인생관이 물질만능주의에 물들어 있기 때문입니다. 그렇다면 그 치료약은 당연히 정신주의를 쓰면 될 것입니다. 저는 먼저 가정에서 옛 어머니들의 마음이 다시 부활하기를 바랍니다. 예전에 시골에서 보면, 우리 어머니들은 자고 일어나면 부엌에 가서 손이 시려도 참아가며 찬물로 쌀을 씻어서 자식들과 남편과 시부모들을 위해 따뜻한 밥을 짓고 된장 하나라도 정성들여 끓여서 밥상에 올렸습니다. 어려운 시절이라 밥이 적으니 어머니는 누룽지만 드셨습니다. 생선을 하나 사도 몸뚱이는 어른들이나 자식이나 남편에게 다 주고 자기는 맨날 대가리만 드셨습니다. 어두일미라고 그러시면서요. 어릴 때는 진짜 어두일미인 줄 알았는데, 실제로 어두일미던가요? 살아보니 아니잖아요. 어머니들은 가족을 위해서 그렇게 배려하고 희생했던 것입니다. 그러면서도 오로지 기도할 줄 아는 그런 보살님들이 계실 때는 나라가 이렇게 되지는 않았습니다. 절에 와서도 그런 분들은 이런 마음으로 기도를 했습니다. "어쨌든지 우리 자식들이 남 앞에 가면 꽃이 되고 잎이 되더라도 죄를 안 짓고 살도록 해주십시요"라고. 이렇게 우리 어머니들은 가족을 대할 때 정성을 다하고, 당연히 기도도 진실한 마음으로 하고, 공양 하나를 바쳐도 지극한 마음으로 했습니다. 심지어 어떤 분은 쌀을 이고 절에 올라가다가 방귀가 나오니 부정하다고 다시 집에 가서 다른 쌀로 바꾸어 와서 부처님께 공양 올렸습니다. 그런 분들이 바로 어머니 세대입니다. 이처럼 어머니 세대의 밑바탕에 희생이 있었기 때문에 오늘 후손들이 이만큼 사는 것입니다.

남편과 자식한테 칭찬해주고 감탄해주는 일이 어려운 일입니까? 마음만 먹으면 아주 쉬운 일입니다. 쉬운 일이지만 대부분의 사람들이 행하지 않으며, 행하기만 하면 그 결과는 상상 이상입니다. 칭찬과 감탄을 받으면 상대는 자긍심을 느끼고 긍지를 가지게 됩니다. '내가 이렇게만 해도 되는구나!' '앞으로 내가 더 노력해야 되겠구나!' 이렇게 생각하고, 나아가 '내 가정은 내가 지켜야지.'에서 한발 더 나아가 '우리 집사람이 저렇게 절에 가서 기도하는데 나도 한번 가 봐야지.' 하게 되는 것입니다. 이렇게 그 마음속에 보살심이 싹트게 하고, 그 마음속에 부처심이 싹트게 하는 것입니다. 마찬가지로 자식들도 '우리 엄마 같은 사람이 어디 있겠나?' 하면서, 나아가 '아, 부처님을 믿어야 되겠구나!' 하는 것입니다.

이렇게 칭찬하고 감탄하는 습관만 들이면 어느 순간 인드라 망이 되어 한 가족이 전부 절에 함께 가고 집에서도 함께 수행하는 그런 집안이 됩니다. 칭찬과 감탄으로 자긍심을 심어주고 긍지를 심어주니 온 가정이 불자 가정으로 된 것입니다. 그리고 이런 가정이 되면 당연히 남편이나 자식이 성공하게 되어 있습니다. '수신제가치국평천하'라고 했습니다. 집안에서 서로 칭찬하고 감탄하며 자긍심과 긍지가 생기면 학교나 직장, 인간관계에서 자신감 있게 맡은 일을 해나가고, 상대를 배려하며, 행동이 이치에 맞으니 성공할 수밖에 없습니다. 이게 바로 행복으로 가는 지름길입니다. 아무리 돈을 쫓아본들 불만만 쌓이고 결국에는 불행이 기다리고 있습니다. 마음만 바꾸면 행복이 우리 곁에 있는 것입니다.

이제 회향을 해야 합니다. 성공한 다음에는 바깥으로 회향하는 삶을 살아야 합니다. 나보다 못한 사람을 도와주고, 나보다 힘들어하는 사람에게 용기를 주는 삶을 살아야 합니다. 앞에서 말한 패터슨이라는 부자처럼 나누는 삶을 살아야 합니다. 이것이 부처의 삶이고, 보살의 삶입니다. 또한 우리 불자들이 지향해야 할 삶의 모습입니다.

칭찬하고 감탄해 주면 자긍심과 긍지를 갖게 되고, 자긍심과 긍지는 사람을 성공으로 이끌며, 성공하면 사회를 위하여 회향하는 삶을 살도록 하여 우리 가족은 물론이고 온 사회가 행복해지는 것, 이것이 바로 묘음보살품에서 말하고자 하는 것이라고 생각합니다.

問 아들이 몇 년 간 어느 아가씨와 사귀었습니다. 그런데 그 아가씨와 사귀는 것을 제가 좀 반대를 했습니다. 그로 인해서 아들과 저의 사이가 멀어지고, 아들도 엄마가 반대하니 여자친구와도 자꾸 다투게 되고 결국 헤어졌습니다. 제가 원하는 대로 되었지만, 아들과의 사이는 여전히 좋지 않습니다. 어떻게 해야 할까요?

答 어머니께서 아들과 사이가 좋아지기를 바라면서 질문을 하신 것 같은데, 원인은 어머니가 제공한 것입니다. 아들을 화나게 만든 것이죠. 요즘시대는 소위 삼포시대라고, 젊은이들이 결혼도 포기하고 연애도 포기하고 애 낳는 것도 포기하고 산다고 합니다. 이런 시대에 몇 년씩 연애를 한 것은 둘이 이리저리 잘 어울리기 때문이었겠지요. 아들 생각에 여자친구가 인물도, 마음씨도 예쁜데 엄마가 자꾸 반대를 하니까, 마음이 편안하지 못하여 자꾸 어긋나 언쟁을 벌였을 것이라고 생각됩니다. 그러다 결국 헤어지고 나니 그 마음이 어떨까요? 상처가 남는 거죠. 그 상처는 오래갈 상처입니다. 결자해지라고, 보살님이 준 상처는 보살님이 풀어주어야지 별 수 없습니다. 위로하고 어루만져 주세요. "그래, 엄마가 미안하다. 나는 네가 정말 더 잘되길 바라서 그랬는데 우리 아들 마음이 너무 아프면 지금이라도 그 아가씨와 다시 만나는 건 어때?" 이렇게 진심으로 얘기하세요. 엄마가 마음을 비우고, 자기 욕심을 다 내려놓고 '내 아들이 좋다면'이라는 생각

을 가진다면 모든 일은 해결됩니다. 그리고 기도하세요. 아들을 위하는 진실한 마음으로 기도하면 그 마음이 아들에게 전해질 것입니다. 참회하고 기도하고 하심하는 마음을 가지고 아들을 대한다면 모든 일이 원만히 해결될 것입니다.

 합장하겠습니다.
거룩하고 대자대비하신 부처님 감사합니다.

오늘은 묘음보살품으로써 우리들이 서로 칭찬해주고 감탄해주는 것이 삶에 어떤 활력이 되고 성공의 지름길이 되는지를 알았습니다. 또한 우리가 가진 것을 세상에 널리 회향하는 법도 배웠습니다. 저희들도 그와 같은 삶을 살기를 간절히 원하오니 거룩하신 부처님이 도와주시고 일체 보살님이 도와주셔서 저희도 하루빨리 성불에 이르게 되기를 간절히 기도합니다.

나무석가모니불 나무석가모니불 나무시아본사석가모니불.

22

보살과 동반자

관세음보살보문품

예로부터 우리나라는 관음신앙의 뿌리가 유독 깊습니다. 우리 민족은 오랜 세월 관세음보살님을 의지해서 위안 받고, 관세음보살님을 믿고 따르면서 고난을 이겨냈다고 해도 틀리지 않을 것입니다. 그래서 그런지 우리나라에는 관음기도처가 많습니다. 특히 유명한 곳으로는 강화 보문사, 남해 보리암, 양양 홍련암을 들 수 있는데, 이를 3대 관음성지라고 합니다.

　어머니같이 친근하고 자비로운 관세음보살님에 의지하여 우리 민족이 이만큼 성장하고 발전하였다고 저는 생각합니다. 관세음보살님의 가피력과 영험담은 무궁무진하게 많습니다. 관세음보살님이 중생을 생각하시는 그 마음을 기록한 이야기들을 읽으면 저도 모르게 가슴이 뭉클해집니다. 이번 장에서는 우리가 관세음보살님을 어떻게 믿고 따르고 의지하면서 관세음보살과 동행하는 삶을 살 수 있는지, 이 방법을 함께 보도록 하겠습니다.

우리가 우리 가족, 우리 집안, 우리 사회, 우리나라, 이렇게 우리라는 관계를 말하지만 결국은 각자 인생을 사는 것입니다. 아무리 가족중심이 중요해도 자신만큼 중요한 것은 없습니다. 죽을 때 가족이 함께 갈 수 없잖아요. 인드라 망으로 모든 중생이 엮여 있지만 단독자로서 사는 삶입니다. 제가 늘 하는 말로 부처님의 자녀로 살라는 말은, 육체적으로 내가 낳은 자식도, 가장 가까운 내 남편도, 일가친척도, 사회도, 대한민국이라는 나라도, 지구에 함께 사는 동업중생同業衆生들도 각각 한 존재로, 부처님 자녀로 동등한 것입니다. 부처님 자녀로 이렇게 중요한 내 인생에 정말로 핵심은 당연히 부처님 아버지를 믿고 의지하고 따르는 삶이 되어야 하는 것입니다. 부처님 자녀가 안 되면 만 날 천 날 남의 인생의 들러리를 서다가 한평생 가버리게 되니 억울한 일입니다. 그러면 우리가 흔히 하는 말로 앙꼬 없는 찐빵이에요. 내 인생에 핵심이 있느냐, 없느냐? 내가 왜 태어나고 무엇을 위해 사는지, 삶의 절대가치가 무엇인지 알고 획득해야 하는 것입니다. 저는 그런 대로 복이 있어 출가를 하고 부처님을 만나고, 숙세의 인연으로 관세음보살님을 만났습니다. 저는 이 사실에 너무도 행복합니다.

부처님은 지혜와 자비로 우리를 이끄십니다. 모든 중생을 구제하기 위해 부처님은 여러 방편을 쓰십니다. 석가모니 부처님, 아미타 부처님, 모든 부처님 옆에는 협시보살님들이 계십니다. 모든 부처님은 법신法身, 응신應身, 화신化身, 이렇게 삼신三身의 원리로 행하십니다. 여러분은 집에서 남편에게는 여보나 누구 엄마로 불리고, 자녀들에게는 어머니로 불리고, 절에서는 스님들에게 받은 법명을 앞에 붙여 누구누구 보살이라고 불립니다. 이렇듯 정해진 역할에 따라 명칭이 달라지지요. 부처님들도 마찬가지입니다.

앞 여래수량품에서 석가모니 부처님은 원래부터 부처님이셨지만 부처의 길을 보이기 위해 이 현세에 오셨다고 하셨습니다. 본성이 체현된 깨달음의 원리가 법신입니다. 응신은 중생을 교화함에 상대방의 근기에 따라 그에 맞는 모습을 나타내어 설법하는 부처님을 뜻합니다. 부처님께서 보리수 아래에서 아뇩다라삼먁삼보리 무상정등정각無上正等正覺을 얻으셔서 법신세계로 떠나시려다 범천과 제석천의 간곡한 요청으로 이 세상에 남으셔서 모든 중생의 근기에 따라 팔만사천법문을 설하신 보신부처님입니다. 화신은 중생 구제를 위해 실질적으로 움직이시는 인격적인 면의 부처님을 말합니다. 응신부처님이 더 많은 중생을 제도하시기 위해 삼매력으로 만든 일종의 분신입니다.

관세음보살은 아미타부처님의 왼편에 계신 보살입니다. 이분은 지혜와 자비로 모든 중생의 구제를 위해 지옥까지 찾아가시는 보살님입니다. 관세음보살님도 상황에 따라 수많은 분신으로 나투시는데, 대표적인 모습이 33가지입니다. 그중 중생을 향한 관세음보살님의 자비심을 잘 드러내고 있는 것이, 천 개의 손과 천 개의 눈을 가진 천수천안관세음보살千手千眼觀世音菩薩입니다. 모든 중생에게 도움의 손길을 내밀어야 하기에 천 개의 손이 필요하고, 어느 곳이든 고통이 있는 곳을 보셔야 하기에 천 개의 눈이 필요한 것입니다.

관세음보살보문품은 무진의보살이 석가모니 부처님께 어떻게 해서 관세음보살은 관세음이라는 이름을 가지게 되었는가를 질문하는 것으로부터 시작합니다. 무진의보살의 질문에 부처님께서 대답하십니다. 모든 중생이 관세음보살님을 믿고 의지하면 칠난七難을 면하고 삼독三毒을 없애고 이구二求를 이룬다고 말씀하십니다. 입으로 관세음보살님을 지극히 정성을 다해 부르면 설사 큰불에 만날지라도 불이 태우지 못하며(火難), 큰물에 빠질지라도 죽는 일이 없으며(水難), 바다에서 큰바람을 만나 죽음에 임박했더라도 벗어날 것이며(風難), 죽음의 칼이 목전에 다다랐을지라도 그 칼이 저절로 부러지며(劍難), 나찰 등 아무리 사나운 마귀라 할지라도 해를 끼치지 못하며(鬼難), 죄가 있거나 죄가 없거나 감옥의 고통을 맞게 되더라도 자유로워지며(獄難), 원수나 도적도 스스로 사라지는(賊難) 등 일곱 가지 재앙(七難)을 면한다고 말씀하셨습니다. 또 무명의 뿌리로 중생의 선근을 해치는 탐·진·치 삼독을 없애고, 이구二求라고 해서 아들을 원하면 복덕자량과 지혜를 갖춘 아들을 주고 딸을 원하면 세상 모든 사람들에게 사랑과 공경을 받는 딸을 준다고 말씀하셨습니다.

우리가 우리 인생에서 핵심이 되고 실상이 되려면 관세음보살님과 동행하는 삶이 되어야 합니다. 그러기 위해서는 관세음보살님 같은 마음을 습관 들여야 합니다. 내가 관세음보살 앞에 가서 기도하고 참회가 저절로 나오게 하고, 보살님의 사업에 저를 써달라고 서원을 해야 합니다. 관세음보살님과 동행을 하는 삶이란 그분의 자비심에 눈물이 나고, 관세음보살님을 위해 내가 할 일이 뭐가 있는지 열심히 찾아서 행하는 것입니다.

우리 절에 나오는 한 여학생의 이야기입니다. 그 아이가 고등학교 2학년일 때 일입니다. 12월쯤에 이야기를 나누다 제가 고등학교 2학년이 끝나기 전에 부처님께 3천배를 한 번 하고 3학년 올라가서 열심히 공부하는 게 어떻겠냐고 하였습니다. 이 학생이 "네, 해볼게요." 하고 쉽게 응답하더니, 어느 날 정말 3천배를 하러 왔습니다. 그리고 절을 하며 느낀 마음을 글로 쓴 것을 나중에 제가 보게 되었습니다.

3천배를 할 때 700, 800배 할 때까지는 '할 만하네. 이거 뭐, 이까짓 것.' 그런 가벼운 생각으로 했다는 거죠. 그런데 1,000배가 넘어가기 시작하니까 다리가 아프고 팔이 아프고 그만하고 싶은 마음이 생기면서 머릿속에 오만 가지 번뇌 망상이 올라오고, 1,500배가 넘어가니 아무 생각이 안 나고 무념무상이 되더랍니다. 그리고 3천배를 끝까지 하니 겨울인데도 온몸에 땀이 비 오듯이 나고 몸과 머리가 맑아지더랍니다. 그렇게 3천배를 하고 난 뒤에 그 마음속은 계속 목욕하며 때를 다 밀어낸 듯 깨끗한 상태가

지속되고, 자신이 왜 살아야 되는지, 어떻게 살아야 하는지를 알게 되었다고 합니다. 이처럼 '절'이란 말 그대로 '저절로' 이루어지게 하는 힘이 있다는 말입니다. 사찰을 절이라 하는 것은 절을 하는 곳이라는 뜻도 있습니다.

요즘은 대학을 가려면 자기소개서를 제출해야 한다고 합니다. 제가 이 학생의 자기소개서를 본 것입니다. 찬찬히 읽어보니 이 아이 마음이 관세음보살님과 동행하는 마음임을 알 수 있었습니다. 더불어 이 학생의 마음의 부처님 마음이고 관세음보살님 마음이라는 확신이 든 것이 학생 아버지에게 한 가지 이야기를 더 들었기 때문입니다. 어떤 말을 들었나 하면, 자기 아버지한테 "아빠, 제가 작년부터 기도하고 난 뒤에 학교에서나 친구들과 관계에서 적극성이 생기고, 제 스스로 공부하는 것도 즐겁고, 뉴스에서 나쁜 일을 당한 사람들이나 주위에 불행한 사람들을 보면 가슴이 아파 눈물이 나요. 그리고 절에 가서 관세음보살님을 보면 항상 마음이 편안하고 감사해요." 이런 말을 했답니다.

이 학생의 마음이 더더욱 예쁜 것이, 자기가 받은 용돈들을 모아 백만 원이라는 거금을 만들어 부모에게 말하더랍니다. "저도 부처님께, 관세음보살님께 불사를 하고 싶어요." 그리고는 아무에게도 얘기하지 말라고 하더랍니다. 왜 그러느냐고 물었더니, 이제 곧 대학입시를 보는데, 그것을 바라고 불사를 하는 것처럼 여길까봐 그렇다고 하더랍니다. 즉 대학시험은 자기 노력껏, 자기 실력으로 보는 것이고, 불사에 참여하는 것은 그 어떤 것을 바라서 하는 것이 아니라는 것이죠. 이 얼마나 대견하고 보살스러운 마음입니까.

이게 바로 관세음보살님과 동행하는 삶입니다. 기도하고 참회하며 끊임없이 관세음보살님과 같은 마음을 먹어가는 것이죠.

그런데 우리 현실은 어떻습니까? 기도를 한답시고 맨날 부처님께, 관세음보살님께 부탁하는 기도만 합니다. '이것만 들어주세요. 이것만 해결해 주세요.' 이러지 않습니까? 이런 기도는 백날 천날 해도 소용없습니다. 우리 한번 '내가 과연 부처님을 위해, 관세음보살님을 위해 한 일이 무엇이 있는지' 생각해보시기 바랍니다.

아버지는 딸에게 "나도 미처 하지 못하는 일을 하는구나. 내 딸이지만 참으로 자랑스럽다."고 칭찬해주고 감탄해주었답니다. 칭찬과 감탄에 대해서는 앞의 묘음보살품에서 살펴보았습니다. 아이들은 칭찬과 감탄을 먹고 사는 존재입니다. 그것이 삶의 목표가 됩니다.

여러분도 자녀나 손주들을 사랑한다면 부처님과 관세음보살님을 만나게 해야 합니다. 이 학생처럼 어린 나이에 부처님을 아버지로 섬기고 관세음보살님과 동행하는 확고한 신심이 있으면 앞으로 자기 삶의 확고한 주인이 되는 것은 물론이고, 나아가 중생을 위한 보살의 삶을 살게 될 것입니다.

관세음보살님을 지극히 의지하고 믿고 따르는 자는 아무리 벗어나기 어려운 지경에 처하더라도 구해주신다 하여 구고구난 관세음보살救苦救難 觀世音菩薩이라 합니다. 모든 세상의 중생들을 구제할 때까지 성불하지 않겠다는 대자비의 서원을 세운 분이 바로 관세음보살님입니다. 즉 33응신이라 하여 구제해야 할 때와 상황에 맞추어 33분의 변화한 모습으로 중생을 구제하시고, 그것으로도 모자라 천 개의 눈으로 살피고 천 개의 손으로 모든 중생들을 보살핍니다. 물론 1,000이란 숫자는 그만큼 많다는 상징입니다.

그런데 이와 같은 관세음보살님의 마음을 조금이라도 닮으려고 하는, 관세음보살님과 함께 그 일을 해야겠다는 생각을 가진 불자가 얼마나 될까요? 우리 중생들은 만날 오욕락(五慾樂: 식욕, 성욕, 수면욕, 재물욕, 명예욕)을 즐기고 살다가, 즉 부처님과 동떨어진 삶을 살다가 어느 날 자기가 감당할 수 없는 고통과 고난이 닥치자 급하니까 그때서야 관세음보살님을 찾습니다. 무조건 가피를 입고 영험을 받으려고만 할 것이 아니라, 그러기 위해서는 내가 어떻게 해야 하는지를 생각해야 합니다. 관세음보살님과 동행하는 삶을 살 때, 불제자로서의 도리를 다하고 살 때 가피와 영험이 함께하는 것입니다.

항상 우리와 함께 존재하면서 중생들을 고난에서 구제해주시고 미혹에서 벗어나게 해주시느라 천수천안으로, 33응신으로 나투시는 관세음보살님의 그 마음을 알아야 합니다. 그리고 믿고 따라야 합니다. 믿음이 제일입니다. 관세음보살님을 믿고 따른다는 것은 내가 바로 관세음보살이 되는 것입니다. 행주좌와 어묵동정 모든 행동이 관세음보살님의 마음, 관세음보살님이 원하시는 것에 기초할 때 그것이 관세음보살님과 함께하는 삶, 동행하는 삶이 되는 것입니다.

부처님을 의지하지 않고 관세음보살을 의지하지 않고 우리가 성불하는 길은 없습니다. 믿고 따르고 의지하고 공경하고 찬탄하지 않고는 불교의 미래, 불자의 미래가 없습니다. 믿고 따르고 의지하고 공경하고 찬탄하고 예배하는 그 마음속에서 불심이 충만해지는 것이고, 그 가운데서 부처님이 가르쳐주신 팔만사천법문이 지혜의 방편이 되어 성불의 길로 이끄는 것입니다.

問 제 친한 친구가 요즘 무슨 일이 있는 것 같은데 말은 안하고, 찾아가겠다고 해도 오지 말라고 하면서 친구들을 다 피하고 있습니다. 걱정이 많이 되는데, 친구를 어떻게 대해야 마음이 열릴까요?

答 친구를 걱정하고 사랑하는 마음이 참으로 따뜻하군요. 친구를 배려하는 마음은 아름답지만 그렇게 마음을 닫은 사람은 여간해서 마음을 열게 하기 힘듭니다. 부처님이나 관세음보살님 같은 분들은 세상 모든 중생을 위로하고 고통에서 건져 줄 수 있지만 우리 중생들은 한계가 있습니다. 결국 자기 살림 자기가 잘 살아야지 누구도 대신 살아줄 수 없는 것입니다. 사실 부모자식 간에도 각자 인생이고 각자 살림입니다. 그 친구가 그렇게 주위 사람들을 피하는 데는 분명 무슨 일이 있을 것입

니다. 그리고 주위 사람들을 피하는 것은 그 일을 털어 놓아도 해결이 안 되거나, 주위에 알려지면 부끄러운 일이거나, 아니면 주위 사람들이 피해를 볼 수 있는 문제일 수도 있습니다. 그렇지만 친구 분을 모르쇠하지 말고 밝은 목소리로 그냥 저냥 전화했다고 하며 세상 돌아가는 얘기, 주위 친구들 얘기를 지나가듯 해주세요. "너 무슨 일 있니?" 이렇게 말하면 그 친구는 더 속으로 숨을 것입니다.

그리고 종교, 신앙을 갖게 해주는 것을 권하고 싶습니다. 어떤 종교라도 괜찮지만, 기왕이면 불교가 더 좋겠지요. 절에 가서 힘들고 절박하고 어렵고 고통스러운 마음을 다 드러내놓고 절도 하고 부처님께 매달려도 보는 경험을 하게 된다면, 친구분도 닫힌 마음에서 깨어나 마음을 열고 참된 불자가 될 수 있을 것입니다.

 합장하겠습니다.
거룩하고 대자대비하신 부처님 감사합니다.
오늘은 관세음보살보문품으로 모든 중생의 고통과 고난을 다 보시고 다 아시고 다 구제해 주시는 관세음보살님의 자비심을 보았습니다. 저희들도 관세음보살님의 마음으로 관세음보살님과 동행하는 삶을 사는 참다운 불자가 되도록 노력하겠습니다. 항상 부처님을 찾고 관세음보살님을 의지하여 더 노력하고 더 정진하는 참된 불제자가 될 수 있도록 이끌어주시길 간절히 기도드립니다.
나무석가모니불 나무석가모니불 나무시아본사석가모니불.

23

장애를 없애주고 막아주는 삶과
장엄할 줄 아는 삶

다라니품·묘장엄왕본사품

요 몇 년 사이에 우리나라에 유난히 큰일들이 많이 일어나는 것
같습니다. 세월호 참사로부터 시작해서, 시도 때도 없는 북한의 위
협과 핵실험, 거기다가 지진까지, 온 국민이 불안감을 안고 살아
가고 있습니다. 더욱이 국민의 안전을 책임지고 국민을 이끌어야
할 국가가 이런 큰일들을 안정적으로 관리하고 해결할 컨트롤타
워 역할을 못하고 있으니 국민들의 걱정이 더 큽니다. 인간은 고
苦의 존재로서 한 평생을 살아가는 동안 고난이 없고 역경이 없고
고비가 없을 수가 없습니다. 그렇다면 과연 부처님께서는 이 과정
을 어떻게 보시고, 어떻게 극복하게 하시는지 다라니품과 묘장엄
왕본사품을 통해 보도록 하겠습니다.

미국의 지미 카터 대통령을 아시죠? 땅콩농장을 하다 정치에 입문하여 대통령까지 지낸 분으로 정직하고 어려운 사람 편에 서는 것으로 정평이 있습니다. 그는 전직 대통령으로 세계 평화에 많이 노력하여서 팔레스타인, 북한도 다녀오고 지구촌에 집 없는 사람들의 집을 지어주는 운동도 하는 분입니다. 이분이 암도 이겨내고 강연을 많이 다니는데, 그 내용을 얼핏 신문에서 보니, 후임 대통령들을 절대 비판하지 않고, 정치권에 정쟁을 일으키지 않으며, 국익과 보편적인 가치를 높이는 내용이 많다고 합니다. 그는 현직 대통령으로 있을 당시에는 인기가 없고 국민들에게 지탄을 받았는데, 퇴임 후에는 전직 대통령으로서 세상을 위해 자기 역할을 잘한 것입니다. 소위 미친 존재감을 드러낸 것이죠. 이런 카터 대통령을 보면서 알 수 있는 것은, 혹 첫 단추가 잘못 끼워졌거나 잘못되었더라도 바른 노력으로 고쳐 살 수 있다는 것입니다.

누구나 자신의 지난 삶에서 지우고 싶은, 지우개로 지우고 싶은 일들은 당연히 있습니다. 남에게 드러내기 힘든 일이 트라우마가 되는 것입니다. 다른 사람이나 세상이 알면 안 된다고 생각하는 것이 약점이 되고 단점이 되어 트라우마가 됩니다. 그걸 해결하지 못하고 속으로 계속해서 끌어안고 살면 우울증이 되고 조울증이 되고 정신병이 되는 경우가 많습니다. 우리가 "이제 속이 다 시원하네!" 이런 표현하지요. 속에 꽁꽁 숨겨 놓았던 말 못할 것들을 탁 하니 토해내거나, 풀리지 않아 자신을 괴롭히던 문제가 한순간 해결이 되었을 때 속 시원하다는 말을 합니다. 나를 힘들고 고통스럽고 우울하게 했던 기분들을 이제 다 확 들춰내 버리고 나면 대개 치유가 됩니다. 상처를 들춰내지 않고 해결하지 않아도 시간이 지나면 해결될 것 같지만 잠재적 성향으로 있다가 조건이 맞으면 튀어나와 그 존재를 파괴합니다. 그 전에 속 시원히 해결해야 하는데, 부처님 앞에 가서 다 드러내놓고 참회하고 믿고 의지하고 따르는 삶을 사는 것이 가장 좋은 방법입니다.

다라니陀羅尼는 모든 불보살님들의 지혜와 가피가 함축되어 들어 있는 주문입니다. 따라서 다라니품은 부처님께서 약왕보살이나 용시보살이나 비사문천왕이나 지국천왕이나 십나찰녀 등에게 이 『법화경』을 수지하고 독송하고 사경하고 기도하는 법화행자들을 지켜주겠다는 서원을 받는 장면입니다. 예를 들어 국민이 편안하려면 국방이 튼튼해야죠? 그와 같은 것입니다. 국방이 튼튼하려면 육해공군 모두가 적을 제압할 역량이 되어야 합니다. 국방이 튼튼해야 적들이 감히 우리나라를 넘보지 못합니다. 그래야 나라가 안정되고 산업이 발달하여 국민이 편안하게 사는 것처럼 이 『법화경』을 수지하고 독송하고 기도하고 사경하는 이런 불제자들은 다라니로써 지켜주겠다는 서원하고 발원하시는 것입니다.

다라니품은 『법화경』을 독송한 공덕이 얼마나 크냐고 약왕보살이 부처님께 물음으로써 시작합니다. 그 질문에 부처님께서는 "어떤 선남자 선여인이 평생 동안 백천만억 나유타 항하사 부처님들에게 공양하였다면 그 얻은 복덕이 말할 수 없이 많다."고 하십니다. 이어서 부처님은 "그런데 이『법화경』을 독송하고 수지하고 서사하고 그 다음에 많은 사람에게 권선하고 유포하는 것은 그 공덕에 비할 바가 아니다. 엄청난 공덕이 있다."고 말씀하셨습니다. 그 말씀을 듣고 약왕보살님이 서원을 합니다. "그러면 부처님, 좋습니다. 이『법화경』을 수지하고 독송하고 서사하고 그 다음에 공경 공양하고 찬탄하고 예배하고 이런 법사나 이런 법화행자가 있다면 다라니로써 그들을 철저하게 보호하겠습니다." 약왕보살님이 다라니로 법화행자들을 보호하겠다는 서원을 하자 용시보살님도 비사문천왕도 다라니로 법화행자들을 보호하겠다고 서원하였습니다. 그 뒤를 이어 지국천왕과 열 명의 나찰녀들도 부처님 앞에서 일일이 서원했습니다. 이렇게 이 경을 보호하고, 이 경을 수호하고,『법화경』을 설하는 법사를 보호해서 말세 중생을 구제하는 데 이 경이 제일이라는 것을 제대로 나타내 보이겠다는 그런 말씀과 서원과 다라니를 말씀하셨습니다. 그 외에도 수많은 보이지 않는 허공계 신들이 다라니로써『법화경』을 수지하고 독송하고 사경하는 일체의 법화행자들에게 마구니나 귀신이나 여러 가지 고액이 들려고 할 때는 철저하게 막고, 아예 얼씬도 못하게 이렇게 만들어 가겠다고 서원을 세웁니다. 이렇게 다라니품은 불법의 정수인『법화경』과 법화행자를 보호하고 모든 난관과 장애를 없애주니 우리 중생은 믿고 의지하여 마음 편히『법화경』과 함께 하라는 복된 소식입니다.

우리가 나이만 먹는다고 어른이 되는 것은 아닙니다. 철이 들지 않으면 어린애와 똑같은 것이죠. 이렇게 나이만 먹고 늙어가는 아이 같은 어른이 있는가 하면, 나이에 따라 생각의 폭과 지견이 함께 넓어지는 나이에 걸맞은 어른이 있습니다. 그런데 요즘은 나이를 먹어도 철없이 사는 사람이 너무 많다고 합니다.

나이가 들수록 깊게 사려하고 앞을 판단하여 지금의 현실에서, 자신의 위치에서 어떤 행동을 해야 올바른 생활일까 가늠해야 합니다. 가족이나 일가친척이나 사회와 나라를 위해 내가 해야 할 역할은 내가 다 한다는 결심을 해야 합니다. 하늘은 스스로 돕는 자를 돕는다고 그러지 않습니까? 우선 자신이 노력해야 합니다. 내가 해야 할 일은 스스로 해야 합니다. 씨앗을 뿌리고 잡초를 제거하고 땀을 흘리는 노력을 한 다음 그 결과에 대해서는 부처님께 맡겨 놓는 것입니다. 씨앗도 뿌리지 않고 열매만 달라고 하는 것은 잘못된 기도입니다.

먼저 내 마음에 있는 트라우마나 괴로움이나 힘듦이나 응어리진 것을 다 털어놓고, 나아가 부처님을 믿고 내 모든 것을 맡기며, 부처님을 칭송하고 찬탄하고 공경하고 공양하고 예배하고 부처님께 기도하는 그런 불제자가 되어야 합니다. 따라서 '이거 해주세요, 저거 해주세요' 하고 막무가내식으로 잔뜩 요구만 해서는 절대 이루어질 수가 없습니다. 부처님이 영험이 없는 게 아니라 우리가 가피를 입을 준비가 되어 있지 않기 때문입니다.

마치 엄마에게 매달리는 아이 같은 그런 믿음이 있어야 합니다.

엄마 품에 안겨 있는 아이를 보면 어떻습니까? 옆에서 폭탄이 터져도, 사나운 물살이 흐르는 강물을 건너도, 앞에서 강도가 나타나도, 전혀 두려워하지도 무서워하지도 않습니다. 엄마만 붙들고 있으면 괜찮은 줄로 아는 것이죠. 이런 믿음이 필요하다는 것입니다. 우리 중생들은 마치 아이가 엄마을 믿는 것과 같은 마음으로 부처님을 믿고 자신을 맡길 때, 부처님은 엄마와 같은 마음으로 아이를 돌보고 보살펴주는 것입니다. 부처님께서는 '너희들이 어렵고 힘들고 고통스럽더라도 이『법화경』을 믿고 따르고 의지하고 기도하고 찬탄하고 공경하고 공양하면 이 다라니품으로써 너희들의 고통과 괴로움을 막아주고, 힘듦을 막아주고, 구경에는 너희들의 삶에 창대함만 남겨 주리라'는 것입니다. 아이가 엄마에게 무조건적으로 매달리는 그런 매달림의 기도가 있어야 합니다.

불자행도이佛子行道已 하니 내세득작불來世得作佛이라, 불자로서의 도리를 다 하면서 살면 당연히 부처가 되는 것입니다. '나는 부처가 될 거야', '부처가 되어야지' 이렇게 말로만, 생각으로만 해서는 백날 천날 소용없습니다. 부처님께, 관세음보살님께 모든 것을 믿고 맡기고 불자로서의 도리를 다하면 절에 와서 부처님 상호만 보아도, 관세음보살님 상호만 보아도 평화로움이 있고 행복함이 있게 될 것입니다.

묘장엄왕본사품에 보면 묘장엄왕은 부인 정덕왕비와의 사이에 두 아들이 있었습니다. 정장, 정안 두 왕자는 운뢰음수왕화지부처님께 귀의하여 『법화경』을 수지하고 독송하며 깨달음을 얻어 부처님의 법화정법 안에서 평온한 마음으로 살았습니다. 그런데 아버지 묘장엄왕은 불교를 믿은 것이 아니라 외도를 믿었습니다. 이런 아버지에게 부처님의 『법화경』을 받아들이게 하는 방편으로 어머니 정덕왕비는 두 왕자에게 신통력으로 허공에서 걷고 눕고 여러 가지 변화의 모습을 보여주게 하였습니다. 아들들의 신통한 모습을 본 묘장엄왕은 "아들들아! 너희는 그것을 어디서 배웠느냐? 너희 선생은 누구냐?"라고 물었습니다. "저희들의 선생님은 바로 부처님입니다." 부인과 아들에게 감화된 묘장엄왕은 부처님께 나아갔습니다. 묘장엄왕은 나중에 부처가 되리라는 수기를 받고 동생에게 왕위를 물려주고 부인과 두 아들과 함께 출가하여 깨달음을 얻습니다.

이처럼 아버지를 부처님에게 이끌기 위해 왕비와 두 아들이 힘을 합한 결과 결국에는 묘장엄왕은 부처를 이루리라는 수기를 받게 됩니다. 여러분도 여러분 집의 가장을 부처님 앞에 데려오기 위해 노력해야 합니다. 정덕왕비가 현명하게 두 왕자를 시켜서 아버지를 이끌었듯이, 여러분도 그 방법을 한번 써보시기 바랍니다. 자녀들에 대한 아버지의 사랑은 이용하는 것입니다. 가령 만약 애교덩어리 따님이 있으면 아버지에게 절에 함께 가자고 애교를 부리게 해보세요. 아들에게는 "아버지, 아버지가 절에 가면 저는 왠지 S대학에 갈 것 같습니다." 이런 말을 하게 여러분이 코치를 하세요. 부모는 자식이 뻔히 보이는 거짓말을 해도 모른 척하고 속아 넘어갈 때가 있습니다. 하물며 자식이 좋은 뜻으로 하는 말에 남편은 감동을 할 것이고, 그 감동이 거듭되면 분명히 온 가족이 함께 부처님 앞에 오게 될 것입니다.

어머니의 당부로 두 왕자가 신통으로 아버지를 부처님 법으로 이끈 것과 여러분이 자녀들로써 아버지를 이끄는 것은 다르지 않습니다. 우리가 묘장엄왕본사품에서 배워야 하는 교훈은 이런 것입니다.

절은 억지로 오는 곳이 아닙니다. 억지로 와서는 아무것도 얻어갈 수 없습니다. 절 문턱만 넘어도, 불보살님 상호만 봐도 저절로 편안해지고 행복감을 느낄 수 있어야 합니다. 시간이 날 때마다 온 가족이 공기 좋은 절에 와서, 부처님께 절하고, 부처님께 마음속 아픔을 다 드러내서 풀어버리고, 스님의 법문을 듣고, 소박한 나물반찬으로 공양하고 차 한잔 하는 그런 삶을 온 가족이 함께 맛보며 살아야 합니다. 비록 고통과 고난 속에서 살아갈 수밖에 없는 중생살이지만, 이렇게 부처님 품안에서 부처님을 믿고 맡기며 살아간다면, 이것이 곧 부처살이, 보살살이가 될 것입니다.

그런 다음에는 부처님 앞에 장엄해야 합니다. 내 모든 것을 바쳐서 부처님께 공양할 줄 알아야 합니다. 즉 내가 제일 좋아하고 내가 제일 아끼는 것이라도 부처님 앞에 아낌없이 바칠 줄 알고 공양할 줄 아는 그런 마음이 있어야 합니다. 이것이 장엄보살입니다. 우리가 이와 같은 믿음을 가지고 부처님 전을 장엄하고 도량을 장엄하고 불사를 하고 보시를 해 나가는 게 바로 이 다라니품과 묘장엄왕본사품에서 이야기하는 것입니다.

다라니품에서 우리는 법화행자들이 모든 불보살님과 신장님들로부터 다라니로써 한량없는 지킴을 받는다는 것을 알았습니다. 묘장엄왕본사품에서는 온 가족이 함께 행복한 법화행자의 삶을 사는 교훈을 얻었습니다. 그리고 법화행자의 삶은, 항상 불보살님을 믿고 맡기고 찬탄하고 공양하며, 『법화경』을 수지하고 독송하고 사경하는 것이라는 것을 보았습니다. 온 가족이 매일 시간을 정해 『법화경』을 독송하거나 사경하면 어떨까요? 상상만으로도 행복하지 않습니까. 그 상상을 행동으로 옮길 때 온 가족이 동수정업同修淨業하는 참다운 인연이 될 것입니다.

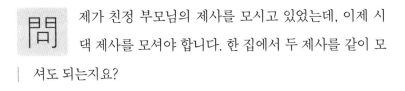

問 제가 친정 부모님의 제사를 모시고 있었는데, 이제 시댁 제사를 모셔야 합니다. 한 집에서 두 제사를 같이 모셔도 되는지요?

答 친정 부모님이 따님들만 보셨는지, 어떤 이유인지 모르나 어쩔 수 없는 경우에는 그렇게 하는 것이 옳습니다. 며느리가 돌아가신 친정 부모의 제사를 모셔야 할 때는 시댁에 어쩔 수 없는 미안함과 아픔이 있을 것입니다. 그리고 그런 현실을 누구보다도 이해할 수 있는 사람이 내 옆에 있는 남편입니다. 남편이 이런 상황들을 잘 이해하여 '그래 그렇게 하자'고 하면

아무런 문제가 아닐 것입니다.

조상을 위하는 바른 제사를 올리면 어떤 인연으로든 후손은 복을 받습니다. 그러니 친정 부모의 제사나 시댁 제사나 가릴 이유가 실제로는 없습니다. 이런 점을 보아 친정 부모의 제사를 모시는 것 또한 질문한 보살님 가정을 위한 것입니다. 제사가 남자로 이어지는 유교적 관습 속에서도 돌아가신 장인 장모의 제사를 모시는 남편에게 복덕이 있습니다. 제사는 조상의 은덕을 기리고 고마움을 표하는 가장 좋은 방법입니다. 그러니 바른 제사는 관습과 허례허식이 아니라 마음임을 명심하세요. 그렇게 자손으로서 정성을 다하면 사위도 복을 받고 외손자도 복을 받고 두루두루 좋은 일입니다.

 합장하겠습니다.
거룩하고 대자대비하신 부처님 감사합니다.

오늘은 다라니품으로서 불보살님이 항상 저희를 지켜주시고 안아주고 보살펴주시는 것을 새삼 알게 되었습니다. 또한 묘장엄왕본사품으로서 온 가족이 함께 부처님을 믿고 의지하고 따르는 법을 배웠습니다. 우리 중생들의 장애를 없애주고 근심과 걱정을 없애주며 늘 오롯이 보듬어주시는 부처님께 지심으로 정례합니다. 부처님의 거룩함을 닮아 모든 중생이 다 이고득락할 때까지 부처님을 믿고 따르는 불제자로 거듭나겠습니다.

나무석가모니불 나무석가모니불 나무시아본사석가모니불.

24
외적인 아름다움과 내적인 아름다움

보현보살권발품

이번 장은 『법화경』의 마지막 품인 보현보살권발품입니다. 제가 앞서 낸 책 2권의 주제는 각각 법화정법, 법화신행이었고, 이번 세 번째 책은 법화행자가 주제입니다. 그러니 이번 장이 이 세 권 시리즈 전체의 마지막이 되는 셈입니다.

　보현보살님은 문수보살님과 함께 석가모니 부처님을 협시하며, 그 행원行願을 대변하는 보살님입니다. 문수보살님이 부처님 왼편에서 여러 부처님의 지혜의 측면을 맡으신다면, 보현보살님은 오른쪽에 계시면서 자비행원慈悲行願을 행하십니다. 보현보살은 세 가지 덕으로 자비행을 하시는데, 이치를 알아 행하고(理德), 계율을 잘 지켜 행하며(定德), 열 가지 큰 원(十大願)을 완전히 실행(行

德)하는 것입니다. 보현보살님의 십대원은 첫째 모든 부처님께 예배드리고, 둘째 모든 부처님을 감탄하고 칭찬하며, 셋째 모든 부처님께 공양하고, 넷째 과거의 모든 죄를 참회하고, 다섯째 모든 부처님의 공덕을 마음 깊이 감사하고, 여섯째 모든 부처님께 설법을 청하고, 일곱째 모든 부처님이 이 세상에 오래 머무르기를 청원하고, 여덟째 항상 부처님을 따라 배우고 행동하며, 아홉째 항상 고통에 빠진 중생의 구제를 실현하기를 원하며, 열째 스스로 지은 모든 공덕을 모두 다 깨달음에 회향하는 것입니다. 보현보살님은 이 열 가지 서원을 늘 원하시고 행하시기에 『화엄경』에 보현보살행원품이 별도로 있을 정도입니다. 보현보살님의 십대행원은 참회와 함께 그 동안 닦아온 공덕을 부처님과 일체 중생에게 두루 회향한다는 원력이자 행行입니다. 원력이 있어야 행이 일어납니다. 『법화경』의 마지막이 보현보살권발품인 이유가 여기에 있습니다. 그것은 지금까지 배운 『법화경』의 가르침을 실천하라는 부처님의 간절한 당부입니다. 배움은 실천했을 때 가치가 있는 것입니다.

제가 『법화경』을 가지고 법화정법, 법화신행, 법화행자 이렇게 세 주제로 강의도 하고 책도 펴냈는데, 여러분이 『법화경』을 어떻게 받아들이고 어떻게 실행하고 계신지 그 효과에 대해 참으로 궁금합니다. 서당 개 삼 년에 풍월을 읊고, 라면집 개 삼 년에 라면을 끓인다는 요즘 농담이 있듯이, 반복하여 들으면 어느 정도의 이치를 알 수 있습니다. 그러나 아는 것으로 끝난다면 아무 소용이 없습니다. 그래서 부처님이 『법화경』 마지막 품을 보현보살행원품으로 실천을 강조하시며 결론을 맺으시는 것입니다.

'구슬이 서 말이라도 꿰어야 보배'라는 옛말이 있습니다. 우리가 『법화경』을 통하여 알게 된 사실을 구슬이라고 한다면, 꿰어서 값진 보배 목걸이를 만드는 것은 바로 행하는 실천을 의미합니다. 우리가 행동으로 옮길 때 바로 법화행자가 되는 것입니다. 그리고 그것은 『법화경』을 수지하고 독송하고 사경하는 것이며, 이 귀하고 수승한 가르침을 널리 전하여 모든 중생을 성불의 길로 이끄는 것입니다.

만약 듣고 아는 것에만 그치고 행하지 않는다면, 사냥개가 여우를 보고 열심히 쫓아가다가 여우가 나무 위에 올라가버리니까 나무 밑에서 빙빙 돌다가, 나중에는 여우를 잡으러 왔는지 뭐를 잡으러 왔는지 모르는 채 그냥 빙빙 돌다가 돌아가는 그런 꼴이 됩니다. 끝까지 보고 끝까지 추적하고 끝까지 가야 되는데, 그렇게 끝까지 행하기가 어렵습니다. 그래서 『법화경』의 수승한 가르침의 끝을 행이라는 것으로 마무리합니다. 부처님께서는 『화엄경』에서도 보현보살행원품을 제일 끝에 설법하셨습니다. 『법화경』에서도 역시 보현보살권발품을 제일 끝에 설법하셨습니다. 그 이유는 단 하나, 실천하라는 당부입니다.

보현보살권발품에서 제가 또 본 것은, 외적인 아름다움과 내적인 아름다움에 대한 것입니다. 요즘 우리나라는 성형공화국이라는 말이 무색할 정도로 외모지상주의에 빠져 있습니다. 외모를 가꾸는 데 초등학생부터 노인에 이르기까지, 남녀노소 구분도 없습니다. 살을 빼기 위해 며칠씩 굶는 건 다반사고, 얼굴에 칼 한번 안 댄 젊은 여성을 찾기가 어려울 정도라고 합니다. 문제는, 어느 정도 선을 지키면 되는데, 이게 밑도 끝도 없이 결혼을 해서도, 아이를 낳아서도, 나이를 먹어서도 그렇다는 데 있습니다. 한마디로 철이 안든 것이죠. 게다가 물질만능주의에 빠져서 결혼을 할 때도 사람 됨됨이보다 연봉을 먼저 따지고, 그 집안 경제력을 따지고, 결혼해서는 남편을 돈 벌어오는 기계 정도로 취급합니다. 이러면 집안이, 가정이 행복한 공간이 될 수가 없습니다.

앞에서도 한번 말씀드렸습니다만, 얼굴이 예쁜 여자와 살면 3년이 행복하고, 마음이 예쁜 여자와 살면 30년이 행복하고, 지혜로운 여자와 살면 3대가 행복하다고 합니다. 그러니 지혜로워야 합니다. 그렇다면 어떻게 해야 지혜로워질까요?

우리 인간은 무명에 덮이고, 탐진치 삼독에 사로잡혀 끊임없이 육도에 윤회하고 있습니다. 지옥, 아귀, 축생, 아수라, 인간, 천상을 들락날락하며 살고 있으니, 인간의 마음이 착하고 깨끗하기보다는 악하고 오염되어 있습니다. 천상에서의 삶을 제외하고, 나머지는 다 탐욕과 분노와 어리석음이 지배하는 삶이기 때문입니다. 그래서 중국의 순자는 인간은 근본 종자가 악하다는 성악설을 주장하기도 했습니다. 하지만 그나마 절대적으로 다행인 건 인간으로 태어난 것입니다. 수행과 공부를 통해 니르바나, 영원한 해탈의 세계로 갈 수 있기 때문입니다.

윤회의 원인인 무명無明은 세상 지식으로는 그 뿌리를 뽑을 수 없습니다. 무명과 육도윤회에서 해탈하는 방법은 친히 그 과정을 보여주신 부처님의 지혜밖에는 없습니다. 부처님의 팔만사천 가지가지 이 방편법이 알고 보면 전부 지혜의 눈을 뜨는 비방입니다. 팔만사천법문에는 어느 근기, 어느 상황의 중생이라도 자신에게 맞는 방법이 있습니다. 중생의 업력을 없앤 자리에 부처님의 지혜를 가득 채워서 내면의 아름다움을 꽃 피워야 합니다.

화무십일홍花無十日紅이라 했습니다. 열흘 이상 붉은 꽃은 없다고, 아무리 아름다운 꽃도 시간이 지나면 시들어 추한 모습으로 떨어집니다. 마찬가지로, 아무리 때빼고 광내고 가꾸며 정성을 들여도 세월 앞에 장사 없다고, 외모는 늙고 병들어 가게 되어 있습니다. 내면의 아름다움을 키우고, 내면의 지혜를 키우고, 내면의 성숙함을 키울 때 그것이 바로 부처님 앞으로 가는 것이고, 관세음보살님 앞에 가는 것입니다. 이것이 보현보살권발품에서 보이는 가르침입니다.

마음자리를 잘 쓰는 것이 바로 지혜로운 것이고, 지혜를 잘 공부하고 닦는 데서 깨달음을 얻는 것입니다. 그런 깨달음이 쉽게 올까요? 노력하지 않고 깨달음을 얻을 수 있을까요? 호떡을 굽는 생활의 달인이 되려고 해도 피나는 노력을 해야 되는데, 하물며 부처님의 자식이 되고 결국 부처가 되려는 공부 길에 노력이 없으면 안 되는 것입니다. 보현보살권발품에서 꼭 우리가 배워야 할 것이 이 실천하려는 노력입니다. 법화경전을 열 번 들었어도 천 번 들었어도 만 번 들었어도 한 번 듣고 『법화경』을 수지하고 독송하고 사경하고 주위에 알리는 사람보다 못한 것입니다. 듣기만 하고 머리끝으로 알기만 하는 사람들을 깨우쳐주고자 보현보살권발품으로 실천하는 노력을 당부하시는 것입니다. 즉 우리들 마음속에서는 '『법화경』을 수지하고 독경하고 사경해야지' 하면서도 실천하지 못하는 사람들이 너무 많기에 보현보살권발품이 있는 것입니다. 실천하고 노력하는 것은 무엇 때문이냐 하면, 습관을 들이려고 하는 것입니다. 습관이란 숨 쉬는 것처럼 자연스럽게 행하는 것입니다. 그런데 나쁜 습관은 빨리 들고 빠져나오기 힘든 반면에 좋은 습관은 습관들이기가 힘들고 쉽게 깨어지는 수가 많습니다. 그것은 우리가 중생으로 탐·진·치 삼독인 무명에 사로잡혀 있기 때문입니다. 그러나 우리는 부처님 자녀로 살고자 하는 인생의 목표가 뚜렷하지 않습니까. 더욱이 부처님이 마지막으로 설하신 최상승 『법화경』을 공부하는 법화행자로서 보현보살님처럼 원력을 세우고 행을 해야 하잖아요. 그리고 그 행이 바로 『법화경』을 수지하고 독경하고 사경하고 주위 사람에게 널리 전하는 일입니다. 그 실천을 하려는 노력을 칼날처럼 세워 어느 일이나 상황에도 흔들리지 않는 습관을 들여야 합니다.

가정은 가족들이 세상사에 지친 몸을 쉬고 새롭게 충전해서 다시 세상으로 나가는 그런 공간입니다. 그리고 그 중심은 바로 주부입니다. 남편은 종일 생계를 위해 밖에서 동분서주하고, 아이들 역시 학교로 학원으로 바쁘게 생활합니다. 남편과 아이들 사이에 아내와 어머니로서의 존재가 있으므로 가정이 있는 것입니다. 가족은 서로 도와주는 사람입니다. 가족은 그 사람이 잘나고 못나고를 떠나 끝까지 함께하는 사이입니다. 남편과 자녀들이 힘들고, 어렵고, 고통스러울 때 내가 다 알고 받아들여 이해하면 가정이 행복합니다. 그리고 혹시 남편에게 짜증나고 자녀들이 귀찮고, 내가 왜 이러고 살지 하는 허무를 느끼는 상태에 있다면 근본을 바꾸는 노력을 해야 합니다. 우리가 보현보살권발품 속에서 배운, 실천하는 노력을 해야 합니다. 나쁜 부정적 습관에서 벗어나기가 쉽지 않지만 언제까지 그렇게 살 수는 없습니다. 또한 생활 속에서 내 습관이나 버릇으로 인해 가족이나 주위 사람들을 힘들게 하고 있다면 부처님을 믿고 의지하고 따르며 살려고 노력해야 합니다. 『법화경』을 수지하고 독송하고 사경을 하면서 자신과 가정과 주위가 어떻게 변하는지 지켜보시기 바랍니다. 먼저 가정이 밝아지고 그 다음 일가친척과 주위 사람들이 밝게 보이고 흙탕물이 가라앉듯이 맑게 변화할 것입니다. 그러면 하지 말라고 해도 『법화경』 공부를 실천하고 노력하여 행하는 습관이 들고, 그때부터 보현보살님의 행원에 동참하는 것입니다.

가족은 가장 가까운 사이라 가깝기 때문에 오히려 서로 상처를 주는 경우가 많습니다. 너무 편안하다는 핑계로 남편이 아내를, 부모가 자녀를 무시하는 경우에 상처를 입습니다. 심리학자가 말하기를, 사람이 제일 분노가 일어날 때는 자존심이 상했을 때라고 합니다. 남편에게 생소한 경제용어나 정치용어를 물어보았을 때 "자네는 설명해 줘도 몰라."라든지 "알아서 뭐하게?" 이런 식으로 무시하면 아내는 마음에 상처를 입습니다. 또 엄마가 자녀에게 "누구 집 누구는 이번 시험에서 몇 등을 했는데, 너는 누굴 닮아서 이렇게 공부를 못하니!" 하며 비교하여 무시하면 아이들은 어린 가슴에 깊은 상처를 받습니다. 그런데 정말 누굴 닮아 공부를 못하겠어요? 엄마 반 아빠 반 닮았겠지요. 유전자가 어딜 가나요.

이런 이득 하나 없는 짓거리에서 벗어나야 합니다. 칭찬하고 감탄해주세요. 설령 아이의 시험 성적이 잘 안 나와도 속상한 마음을 칭찬과 감탄으로 바꾸세요. "엄마는 공부가 인생의 전부라고 생각하지 않아. 우리 아들은 착하잖아. 미래에는 여러 사람에게 착한 일을 하는 사람이 중요한 인물로 대접 받을 거야!" 이렇게 칭찬해주고 감탄해주고 용기를 준다면 아이들은 바르고 성장합니다.

이렇게 가정에서도, 실생활에서도 문수보살님의 지혜가, 보현보살님의 실천이, 관세음보살님의 자비가, 지장보살님의 원력이 필요합니다. 집에서는 남편과 자녀들에게 막 대하고 집안은 돼지우리처럼 관리하면서 절에 와서는 열심히 절하고 청소하며 백날 천날 착한 척해봤자 그것이야말로 헛수고요, 공염불입니다. 여러분이 가정에서 바르게 살며 『법화경』을 수지하고 독송하고 사경하며 주위에 알리는 보현보살의 실천을 따라 할 때 여러분이 보현보살님입니다. 가정에서 먼저 보현보살님처럼 지혜를 앞세운 실행을 하면 그 순간 보현보살입니다.

보현보살권발품 끝에 이런 내용이 있습니다. "만일 어떤 사람이 수행자를 업신여기고 비방하여 말하기를 '너는 미친 사람이다.' 부질없이 이런 행동을 하는 것이요, 끝내 얻을 바가 없으리라고 하면 이와 같은 죄의 대가로 태어나는 세상마다 눈이 멀게 되리라." 왜 이 말을 해놓았겠는가 하면, 모든 사람들이 '믿는다, 믿는다' 하면서 부정을 하고, '잘한다, 잘한다' 하면서 뒤로는 시기·질투로 초를 치고 엉뚱한 짓을 하는 사람들이 많기 때문입니다. 우리는 앞의 다라니품에서, 『법화경』을 공부하는 법화행자는 다라니로써 지켜주고 외호해주고 부처가 될 때까지 장애가 있는 것을 다 막아준다는 것을 보았습니다. 그리고 여기 보현보살권발품에서는 법화행자를 비방하면 태어나는 세상마다 눈이 멀어 장님으로 태어난다는 이야기를 통해 법화경을 진실로 믿고 따르고 의지하라는 것을 강조하신 것입니다. 즉 『법화경』을 가진 사람을 공양하고 칭찬하는 사람은 마땅히 이 세상에서 좋은 과보를 얻을 것이며, 반면 『법화경』을 수지하는 사람을 보고 비방하고 허물을 들춰내면 그것의 사실 여부를 떠나 그 사람은 현세에서 좋지 않은 과보를 받을 것이라는 말입니다.

이렇게 『법화경』의 마지막 품인 보현보살권발품에서 우리는

'우리 중생들이 부처님과 부처님의 진실된 법을 믿고 따르고 의지하고 공경하고 공양하고 찬탄하고 예배하고 기도하는 불제자로 거듭난다면 우리들의 삶이 보현보살의 행이 되어 복덕과 지혜가 넘치고, 구경에는 부처를 이룰 것이다'라는 점을 확실하게 보아야 할 것입니다.

 합장하겠습니다.
거룩하신 부처님 감사합니다.

오늘은 법화행자라는 주제로 오랜 시간 함께한『법화경』공부를 회향하는 뜻깊은 날입니다. 항상 부처님을 닮는 삶을 살고, 법화행자로서『법화경』을 수지하고 독송하고 사경하고 주위에 널리 알리는 불제자로 항상 부처님과 함께하기를 서원하고 발원합니다.『법화경』을 공부한 행복한 마음을 모든 존재에게 회향합니다.

나무석가모니불 나무석가모니불 나무시아본사석가모니불.

효동 일우-雨스님

경북 영일에서 태어나 어려서 33관음을 현몽으로 친견하고, 뜻한 바 마음을 일으켜 대강백 능허 의룡스님을 은사로 16세 때 삼각산 각황사에서 출가 득도했다.

선운 도정스님을 계사로 비구계를 수지한 후 일체의 인연을 끊고 산중에서 홀로 6년을 용맹정진하였다. 이때 지극한 의심으로 석가모니 부처님이 영축산에서 설한『법화경』의 정법을 깨우쳤다.

불기 2539년(1995년) 을해년에 드디어 법화의 진수를 막힘없이 펼쳐 보여 죽산 미륵당에서 은사 능허 의룡 큰스님의 인가로 효동이라는 법호와 전법게, 의발을 전해 받았다. 또 불기 2560년에는 대한불교조계종의 대율사이면서 종단 전계대화상인 무봉 성우 대종사로부터 정통 '자운율맥'을 이어 받았다.

현재 대구 성관음사 주지로 33관음 응신대불을 조성, 불자들에게 가피 받는 참된 불교 신행의 길을 지도하고 있으며, 최근에는 방송과 미디어로 불자들과 소통을 시작하였다. 방송에서는 지극한 믿음으로『법화경』의 수승한 가르침을 익힌 후, 지극한 실천 수행으로 행복한 불자의 길을 갈 수 있다는 신해행증의 정법을 강조해 많은 이들의 무명을 깨우쳐 주고 있다.

『일우스님의 가피 이야기』,『지금 나의 삶이 영원을 노래할 수 있다면』,『믿음-법화신행』,『삶의 브릿지』,『33관음응신예찬품』 등의 저서가 있다.

영축산에 울린 사자후

초판 1쇄 인쇄 2016년 11월 1일 | 초판 1쇄 발행 2016년 11월 7일
지은이 일우 | 펴낸이 김시열
펴낸곳 도서출판 운주사

　　　(02832) 서울 성북구 동소문로 67-1 성심빌딩 3층

　　　전화 (02) 926-8361 | 팩스 0505-115-8361

ISBN 978-89-5746-470-0　03220　　값 15,000원

http://cafe.daum.net/unjubooks 〈다음카페: 도서출판 운주사〉